Scott Foresman

Cuaderno de lectores y escritores

Glenview, Illinois • Boston, Massachusetts • Chandler, Arizona
Upper Saddle River, New Jersey

ISBN 13: 978-0-328-48375-4
ISBN 10: 0-328-48375-3
9 10 V016 15 14 13 12

CC2

Preparados: Mi mundo

Unidad 1: Animales domésticos y silvestres

Unidad 2: Comunidades

Unidad 3: Cambios

Unidad 4: Tesoros

Unidad 5: Buenas ideas

Nombre ______________________________

Registro de lecturas para la Unidad P

Duración de la lectura	Título y autor	¿De qué se trata?	¿Cómo la calificas?	¿Por qué?
De _____ a _____			Buena Regular Mala	
De _____ a _____			Buena Regular Mala	
De _____ a _____			Buena Regular Mala	
De _____ a _____			Buena Regular Mala	
De _____ a _____			Buena Regular Mala	
De _____ a _____			Buena Regular Mala	

Nombre ______________________________

Registro de lecturas para la Unidad 1

Duración de la lectura	Título y autor	¿De qué se trata?	¿Cómo la calificas?	¿Por qué?
De ____ a ____			Buena Regular Mala	
De ____ a ____			Buena Regular Mala	
De ____ a ____			Buena Regular Mala	
De ____ a ____			Buena Regular Mala	
De ____ a ____			Buena Regular Mala	
De ____ a ____			Buena Regular Mala	

Nombre ______________________________

Registro de lecturas para la Unidad 2

Duración de la lectura	Título y autor	¿De qué se trata?	¿Cómo la calificas?	¿Por qué?
De ____ a ____			Buena Regular Mala	
De ____ a ____			Buena Regular Mala	
De ____ a ____			Buena Regular Mala	
De ____ a ____			Buena Regular Mala	
De ____ a ____			Buena Regular Mala	
De ____ a ____			Buena Regular Mala	

Nombre ______________________________

Registro de lecturas para la Unidad 3

Duración de la lectura	Título y autor	¿De qué se trata?	¿Cómo la calificas?	¿Por qué?
De ____ a ____			Buena Regular Mala	
De ____ a ____			Buena Regular Mala	
De ____ a ____			Buena Regular Mala	
De ____ a ____			Buena Regular Mala	
De ____ a ____			Buena Regular Mala	
De ____ a ____			Buena Regular Mala	

Nombre ______________________________

Registro de lecturas para la Unidad 4

Duración de la lectura	Título y autor	¿De qué se trata?	¿Cómo la calificas?	¿Por qué?
De ______ a ______			Buena Regular Mala	
De ______ a ______			Buena Regular Mala	
De ______ a ______			Buena Regular Mala	
De ______ a ______			Buena Regular Mala	
De ______ a ______			Buena Regular Mala	
De ______ a ______			Buena Regular Mala	

Nombre ______________________________

Registro de lecturas para la Unidad 5

Duración de la lectura	Título y autor	¿De qué se trata?	¿Cómo la calificas?	¿Por qué?
De _____ a _____			Buena Regular Mala	
De _____ a _____			Buena Regular Mala	
De _____ a _____			Buena Regular Mala	
De _____ a _____			Buena Regular Mala	
De _____ a _____			Buena Regular Mala	
De _____ a _____			Buena Regular Mala	

Leamos juntos

Nombre ______________________

Título del cuento ______________________

Autor ______________________

Dar un **vistazo a las ilustraciones** puede ayudarte a aprender sobre el cuento.

Mira las ilustraciones del cuento. ¿Qué quieres averiguar sobre el cuento?

Haz un dibujo de la cosa o persona sobre la que tienes una pregunta.

¿Quién es el personaje del cuento? **¿Cómo** siente o actúa el personaje? **Escribe.**

Leamos juntos

Nombre ______________________________

Título del cuento ______________________________

Autor ______________________________

Puedes mirar las ilustraciones de un cuento y **predecir** lo que puede suceder en el cuento.

Puedes **establecer un propósito** para la lectura cuando piensas en por qué quieres leer este cuento.

Mira las ilustraciones del cuento.
¿Qué puedes predecir acerca del cuento?
Haz un dibujo de tu predicción. **Escribe** un rótulo acerca del dibujo.

Verifica tus predicciones. **Lee** la parte que dice en el cuento.
Escribe dónde tiene lugar el cuento.

____

____

Leamos juntos

Nombre ______________________________

Título del cuento ______________________________

Autor ______________________________

Encierra en un círculo las oraciones que son verdaderas sobre un cuento de ficción realista.

Hay animales que hablan como personas.

Hay personajes.

Hay un ambiente.

Habla sobre cosas que pueden ocurrir.

Haz dibujos para mostrar lo que sucede al principio, en el medio y al final del cuento.

Nombre ______________________

Leamos juntos

Poesía: Aliteración

A veces los poemas tienen aliteración, es decir, palabras seguidas que empiezan con el mismo sonido.

Mira mis mitones.
Mira mi gorrito.
Mira mi bufanda.
Mira mi abriguito.
Así ya no tendré frío.
Juego con nieve y río.

Lee el poema de arriba. **Responde** a las preguntas.

1. Mira la línea "Mira mis mitones". ¿Cuáles son las letras del sonido que se repite?

____

2. Escribe un título para el poema usando aliteración.

____

Leamos juntos

Nombre ______________________

Título del cuento ______________________

Autor ______________________

Lee el siguiente cuento.

A los niños les gustan los payasos. Los payasos existen desde hace muchos años.
Cuando había castillos, ya había payasos. Los payasos hacían reír al rey y a la reina.

Si no entiendes alguna palabra del cuento, **vuelve a leer** toda la oración. Hazte preguntas para **verificar** que lo que lees tiene sentido. **Escribe** una pregunta sobre el cuento.

Después, para clarificar, **vuelve a leer** la parte del cuento que responde a tu pregunta. ¿Tienes que hacer alguna corrección a tu pregunta?

Dibuja lo que pasa en el cuento.

Nombre ______________________________

Leamos juntos

Poesía: Aliteración

A veces los poemas tienen aliteración, es decir, palabras seguidas que empiezan con el mismo sonido.

Carola camina a casa
cantando canciones.
Pasa por delante de la escuela
pero no entra.
Va a la fiesta de su abuela.

Lee el poema de arriba. **Responde** a las preguntas.

1. ¿Cómo sabes si este poema tiene aliteración? Escribe un ejemplo.

2. Escribe un título para el poema usando aliteración.

Nombre ______________________

Leamos juntos

Título del cuento ______________________

Autor ______________________

Cuando lees, debes comprender qué cosas pasan en un cuento y por qué pasan.

Al leer, **hazte preguntas** relevantes sobre el cuento y luego busca las respuestas en el cuento.

¿Qué haces si lees una parte de un cuento que no tiene sentido? **Escribe.**

Piensa en el cuento que acabas de leer. **Escribe o dibuja** lo que hiciste para comprender los sucesos del cuento.

Leamos juntos

Nombre ______________________

Título del cuento ______________________

Autor ______________________

Un cuento puede ser **ficción realista**. Estos cuentos son inventados pero podrían pasar en la vida real.

Mira las ilustraciones del cuento. ¿Cómo sabes que es ficción realista? **Escribe.**

Al **resumir** un cuento, dices las partes más importantes que suceden en el cuento con tus propias palabras.

Haz un dibujo del suceso más importante del cuento.

Nombre ________________________

Leamos juntos

Título del cuento ________________________

Autor ________________________

Piensa en lo que sabes acerca de un gato. **Haz un dibujo** de algo que un gato imaginario haría en casa. Escribe una oración sobre tu dibujo.

Cuando **visualizas** un cuento haces imágenes en tu mente de los detalles del cuento.

Leamos juntos

Nombre ______________________________

Título del cuento ______________________________

Autor ______________________________

Haz un dibujo de una zorra y un cachorro.

Haz un dibujo de lo que pienses es el suceso más importante del cuento.

Leamos juntos

Nombre ______________________________

Título del cuento ______________________________

Autor ______________________________

Mira la cubierta y el título del cuento. ¿Dónde crees que tiene lugar el cuento? **Dibuja** el ambiente. **Explica** tu dibujo.

Piensa en el principio, el medio y el final del cuento. **Haz un dibujo** del suceso más importante del cuento. **Incluye** los personajes y el ambiente del cuento.

Leamos juntos

Nombre ______________________

Título del cuento ______________________

Autor ______________________

Subraya las oraciones que dicen algo sobre un cuento de no ficción.

Da información sobre personajes y lugares reales.

Los personajes son siempre animales.

Es una historia inventada.

Da información sobre un suceso.

Los sucesos de un cuento ocurren en un orden. **Haz un dibujo** sobre lo que vio la autora en el parque de animales, justo después de ver las cebras. **Escribe** un rótulo.

Leamos juntos

Nombre ______________________________

Título del cuento ______________________________

Autor ______________________________

Di lo que sabes sobre familias de animales. Luego **mira** las ilustraciones del cuento. **Haz predicciones** de lo que tratará el cuento y sobre lo que puede suceder. **Escribe.**

Verifica tus predicciones. Lee la parte que dice en el cuento. ¿Eran correctas tus predicciones? ¿Qué te sorprendió y por qué? **Escribe.**

Leamos juntos

Nombre ______________________________

Título del cuento ______________________________

Cuando lees a veces te encuentras con una palabra difícil. Entonces vuelves a leer toda la oración para verificar el significado de la palabra. También puedes leer un poco más para aclarar el sentido de la palabra o buscarla en otro texto o un diccionario. Al **verificar y aclarar** encuentras sentido a las palabras o ideas difíciles.

Vuelve a mirar el cuento. ¿Qué parte no comprendiste? **Busca** clarificación sobre lo que no comprendiste en el cuento. **Escribe** qué hiciste para comprender esa parte del cuento.

____

____

____

Haz un dibujo de la parte del cuento que fue más difícil de comprender.

Leamos juntos

Nombre ______________________________

Título del cuento ______________________________

Autor ______________________________

Subraya las oraciones que dicen algo sobre ficción realista.

Es una historia inventada.

Da hechos y detalles.

Dice hechos sobre personas, animales o lugares reales.

Los personajes actúan como personas reales.

Escribe tres detalles sobre los personajes en la selección.

____

____

____

____

____

____

Leamos juntos

Nombre ______________________

Título del cuento ______________________

Autor ______________________

¿Qué sabes sobre dinosaurios? **Escribe** sobre cuándo y cómo vivieron los dinosaurios.

Piensa en qué **sabías** sobre dinosaurios antes de leer el cuento. Luego usa lo que sabes y las claves del texto para **contar más** sobre dinosaurios. **Escribe** una lista.

Nombre ________________________________

Poesía: Aliteración

A veces los poemas tienen aliteración, es decir, palabras seguidas que empiezan con el mismo sonido.

Esmeralda

Esmeralda es estudiosa
y siempre hace sus deberes;
ayuda con los quehaceres
y no es nada pretenciosa.
Pero yo quiero que esperes
a que la oigas reír:
entonces sabrás que Esmeralda
es una niña feliz.

Lee el poema de arriba. **Responde** a las preguntas.

1. En la línea "Esmeralda es estudiosa", ¿cuáles son las letras del sonido que se repite?

____

2. Escribe una línea adicional para el poema de arriba usando aliteración.

____

Leamos juntos

Nombre ______________________________

Título del cuento ______________________________

Autor ______________________________

Puedes **hacer preguntas** sobre lo que vas a leer para comprender mejor el cuento.

Mira las ilustraciones del texto. ¿Qué preguntas te gustaría hacer? **Escribe** preguntas relevantes sobre el cuento.

Busca clarificación sobre el cuento en el texto para responder a tus preguntas. **Escribe** las respuestas.

Leamos juntos

Nombre ______________________

Título del cuento ______________________

Autor ______________________

Haz un dibujo de tu lugar para jugar favorito.

¿Por qué es tu lugar favorito? **Escribe** una oración.

Mira el dibujo que hiciste. ¿**Cómo** lo cambiarías?

Agrega a tu dibujo lo que cambiarías.

Leamos juntos

Nombre ______________________________

Título del cuento ______________________________

Autor ______________________________

Encierra en un **círculo** las oraciones que son verdad sobre un cuento fantástico con animales.

Los personajes son animales.

Es un cuento que puede ocurrir en la vida real.

Los animales pueden hablar.

Los animales actúan como personas.

Piensa en lo **que sabías** acerca de los animales antes de leer el cuento. **Haz dibujos** que muestren qué cosas que sabías te ayudaron a entender mejor el cuento.

Nombre ______________________________

Leamos juntos

Título del cuento ______________________________

Autor ______________________________

Subraya cada oración que es verdad sobre un **texto expositivo.**

Da hechos y detalles.

Habla sobre personas o animales reales.

El cuento puede hablar sobre como actúan personajes que parecen reales.

Es una obra de teatro.

Piensa sobre algo del cuento que fue difícil de comprender.
Escribe qué hiciste para comprender esta parte del cuento.

Leamos juntos

Nombre ______________________________

Título del cuento ______________________________

Autor ______________________________

Haz un dibujo de una semilla y una flor.
¿Qué hace el jardinero para que la semilla se convierta en flor?
Escribe una oración.

Haz un dibujo de Sepo cuando brotaron las plantitas de su jardín.
¿Qué siente acerca de su jardín? **Escribe** una oración.

Leamos juntos

Nombre ____________________

Título del cuento ____________________

Autor ____________________

Encierra en un círculo las oraciones que son verdad sobre un cuento fántastico con animales.

Los personajes son animales.

Es un cuento que puede ocurrir en la vida real.

Los animales pueden hablar.

Los animales actúan como animales reales.

Haz tres dibujos del cielo en diferentes horas del día. Escribe los números en su dibujos para mostrar el orden en el que ocurren.

Leamos juntos

Nombre ______________________________

Título del cuento ______________________________

Autor ______________________________

Haz un dibujo de un animal preparándose para el invierno.
Escribe un rótulo para el animal.
Luego **escribe** una oración que diga lo que hace el animal.

¿En qué se diferencia una obra de teatro a un cuento? **Escribe.**

Leamos juntos

Nombre ______________________________

Título del cuento ______________________________

Autor ______________________________

¿Qué haces si algo en el cuento que vas a leer no tiene sentido? Puedes buscar el significado en otros textos. **Haz un dibujo** de lo que harás. **Escribe** una oración sobre tu dibujo.

Piensa sobre las partes del cuento que no tenían sentido. **Haz un dibujo** de lo que hiciste para ayudarte a comprender lo que ocurrió. **Escribe** una oración sobre tu dibujo.

Leamos juntos

Nombre ______________________________

Título del cuento ______________________________

Autor ______________________________

Encierra en un **círculo** las oraciones que son verdad sobre un cuento de hadas.

Los personajes son a menudo príncipes o princesas.

El cuento sucede hace mucho tiempo.

El cuento da información sobre sucesos reales.

El ambiente es un lugar inventado.

Cuando **visualizas** un cuento, te haces imágenes en la mente basadas en los detalles del cuento.

Haz un dibujo del vestido de Cenicienta u otro objeto del cuento. **Escribe** un rótulo.

Nombre ______________________________

Poesía: Aliteración

A veces los poemas tienen aliteración, es decir, palabras seguidas que empiezan con el mismo sonido.

A este poema le falta una línea. **Lee** el poema.

La tienda del Tío Tomás

En la tienda del tío Tomás,

¡cuántas cosas que comprar!

____

y tejidos para colgar.

Busca una línea que tiene aliteración y enciérrala en un círculo. Luego **escribe** otra línea que tenga aliteración para completar el poema.

Ahora, **lee** en voz alta tu poema completo a un compañero. Pídele que repita la línea de tu poema que tiene aliteración.

Leamos juntos

Nombre ______________________

Título del cuento ______________________

Autor ______________________

¿Qué preguntas tienes sobre el cuento de *La lechera?*
Escribe preguntas relevantes sobre el cuento.

Cuando lees debes buscar respuestas a tus preguntas. Recuerda que algunas veces un cuento no responde a todas las preguntas.

Mira las preguntas que escribiste antes de leer el cuento.
Escribe respuestas a tantas preguntas como puedas.

Leamos juntos

Nombre ______________________

Título del cuento ______________________

Autor ______________________

Haz un dibujo de tu cosa favorita de cuando eras un bebé. **¿Por qué** era esa cosa tu favorita? **Escribe** una oración.

Un cuento de **ficción realista** tiene tres partes. Tiene un principio, un medio y un final.

Piensa sobre el cuento que leíste. **¿Cómo** conocer las partes de un cuento te ayuda a comprender lo que está pasando? **Escribe** oraciones para explicarlo.

Nombre ______________________

Poesía: Aliteración

Leamos juntos

A veces los poemas tienen aliteración, es decir, palabras seguidas que empiezan con el mismo sonido.

A este poema le falta una línea. **Lee** el poema.

¡Oh, Cecilia!

En la cima de un cerro,
Una cebra me encontré.
Como no tenía dueño,
yo Cecilia la nombré.

¡Oh, Cecilia!, vamos a cenar

____

y cerezas al final.

Busca una línea que tiene aliteración y enciérrala en un círculo. Luego **escribe** otra línea que tenga aliteración para completar el poema.

Ahora, **lee** en voz alta tu poema completo a un compañero. Pídele que repita la línea de tu poema que tiene aliteración.

Leamos juntos

Nombre ______________________

Título del cuento ______________________

Autor ______________________

Cuando lees debes comprender qué cosas suceden en el cuento y por qué suceden. **Busca claves** en las ilustraciones antes de leer y luego lee para saber qué quieren decir las claves. También puedes clarificar lo que no entiendes en otros textos. Al **verificar** lo que lees, comprenderás mejor lo que lees.

¿Qué harás si no comprendes lo que lees?

Escribe una oración.

____

Escribiste qué harías si no comprendes parte de un cuento. Vuelve a leer lo que escribiste arriba. Si hiciste eso, **escribe** cómo te ayudó. Si hiciste otra cosa, **escribe** cómo te ayudó.

____

Leamos juntos

Nombre ______________________

Título del cuento ______________________

Autor ______________________

Haz un dibujo de una princesa de un cuento que conozcas.

Escribe una leyenda para tu dibujo.

Luego **escribe** una oración que diga lo que le gusta hacer a la princesa.

Al **resumir** un cuento, dices las partes más importantes del cuento con tus propias palabras.

Resume el cuento que acabas de leer. **Escribe** dos o tres oraciones.

Leamos juntos

Nombre ____________________

Título del cuento ____________________

Autor ____________________

¿Qué es la ficción informativa? **Escribe**.

¿Encontraste partes del cuento o palabras que fueron difíciles de comprender? **Escribe** lo que hiciste para comprender partes del cuento o palabras difíciles.

Leamos juntos

Nombre ______________________________

Título del cuento ______________________________

Autor ______________________________

Cuenta acerca de máquinas que hayas visto.
¿Dónde viste esas máquinas?
¿Qué **trabajos** hacen? Luego haz un dibujo de una máquina que uses frecuentemente.

Resume el cuento que acabas de leer. **Escribe** tres oraciones.

Leamos juntos

Nombre ______________________________

Título del cuento ______________________________

Autor ______________________________

¿**Qué** es una biografía? **Encierra** en un círculo las palabras que hagan verdaderas las oraciones.

Una biografía es un cuento ______. inventado verdadero

Una biografía cuenta ______ sobre la vida de una persona. hechos chistes

Una biografía cuenta sobre una persona ______. mágica real

Puedes pensar cómo **está organizado un texto** para comprender mejor lo que lees. Secuencia es una manera en que puede estar organizado un texto.

Escribe tres sucesos de la vida de Alexander Graham Bell. **Escribe** los sucesos en el orden en que ocurrieron.

Leamos juntos

Nombre ______________________

Título del cuento ______________________

Autor ______________________

Piensa en lo que sabes sobre jardines.
¿Qué cosas crecen en los jardines?
Escribe oraciones para decir lo que sabes.

Escribe lo que aprendiste al leer este cuento sobre cómo las personas ayudan a sus comunidades.

Nombre ______________________________

Pautas para hablar de un libro

- Habla de un libro que te guste.
- Habla claramente y en voz alta.
- Mira a tus compañeros.
- ¡No les digas cómo termina!

Instrucciones

Cuando das una charla sobre un libro, responde estas preguntas.

1. ¿Cuál es el título del libro?
2. ¿Quién es el autor?
3. ¿Qué tipo de libro es?
4. ¿Qué otros libros ha escrito el autor?
5. Comenta qué te gustó más.
6. Di a los demás por qué deben leer el libro.

Leamos juntos

Nombre ______________________________

Antes de escribir

- Piensa en ideas con un amigo.
- Hazle preguntas a tu amigo para ayudarle a escoger un buen tema.

Sugerencias para las conferencias

- Lee el trabajo de tu amigo en voz alta. Presta atención a lo que te gusta.
- Coméntale a tu amigo tres cosas que te gustan. Di: "Me gusta cómo tú ____."
- Lee nuevamente el trabajo de tu amigo en voz alta. Presta atención a lo que no entiendes.
- Hazle dos preguntas a tu amigo.

Te puede ser útil pensar en:

- el título
- el principio
- el final
- las palabras que fueron usadas
- el uso de verbos, sustantivos, adjetivos o adverbios

Leamos juntos

Nombre ______________________

Título de lo que escribí ______________________

Instrucciones Responde estas preguntas sobre lo que escribiste.

1. ¿Cuáles son las dos cosas que más te gustan de lo que escribiste?

2. ¿Qué cosa pudiste haber hecho mejor?

3. ¿Te gusta lo que escribiste? ¿Por qué?

Nombre ______________________________

Vocales *a*,*e*

Di el nombre de cada dibujo.
Escribe en la línea con qué vocal comienza. **Lee** cada vocal.

1.

2.

3.

4.

5.

6.

7.

8.

Escuela + Hogar

Actividad para la casa: Su niño o niña ha identificado las vocales *a*, *e*. Pídale que señale y nombre cosas en casa que empiecen con estas letras.

Nombre ____________________

Dibuja tu personaje favorito de un cuento que te guste.
Di qué está haciendo el personaje.
Di cómo se siente el personaje.

Actividad para la casa Su niño o niña aprendió sobre los personajes de un cuento. Cuando lean juntos un cuento, hágale notar detalles que muestren qué hace un personaje y cómo se siente.

Nombre ______________________________

Traza y **escribe** las letras. Siéntate correctamente.

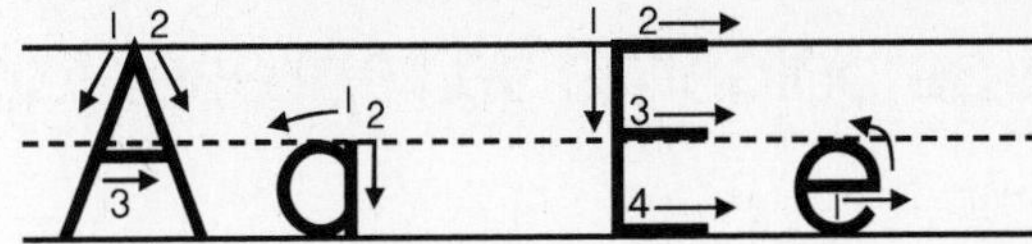

A a

E e

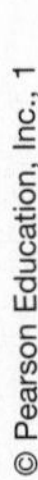

Actividad para la casa Su niño o niña ha practicado la escritura de las letras *A,a,* y *E,e*. Dígale estas palabras: *Ana, eco, azul, Ema, ave, estos*. Pídale que escriba *A, a, E* o *e* para mostrar cómo comienza cada palabra.

Nombre ______________________________

Las palabras se representan con secuencias específicas de letras.

Encierra en un círculo el grupo de letras en secuencia que podría formar una palabra hablada.

1.	oso	p2n	123	s3m	546
2.	237	e8b	476	ti9	eso
3.	530	213	63b	ala	pp2
4.	760	isla	m22	310	614

Mira el primer grupo de letras. **Encierra en un círculo** el grupo de letras que tiene la misma secuencia que el primer grupo de letras.

5.	uno	uno	onu	nou
6.	aro	roa	aro	ora
7.	mesa	esam	asem	mesa

Actividad para la casa Su niño identificó grupos de letras y comparó la secuencia de letras en palabras o grupos de letras tales como *uno*, *onu* y *nou*. Escriba grupos de números y algunas palabras. Pida a su niño que elija las palabras.

Nombre ____________________

Vocal *o*, sílabas con *m*

Di el nombre de cada dibujo.
Escribe en la línea con qué vocal comienza. **Lee** la vocal.

1. ________

2. ________

Di el nombre de cada dibujo.
Escribe en la línea las sílabas *ma, me* o *mo*.
Lee las vocales de cada palabra.

3. ________ pa

4. ________ ta

5. ________ to

6. ________ dir

Escuela + Hogar

Actividad para la casa: Su niño o niña ha repasado la vocal *o* y las sílabas con *m*. Pídale que señale y nombre cosas en casa que empiecen con *o* y con *ma, mo* y *me*.

Nombre ____________________

Sustantivos: Personas, animales y cosas

Un **sustantivo** es una palabra para una persona, un animal o una cosa.

La palabra **niño** dice cómo llamar a una persona.

La palabra **cama** dice cómo llamar una cosa.

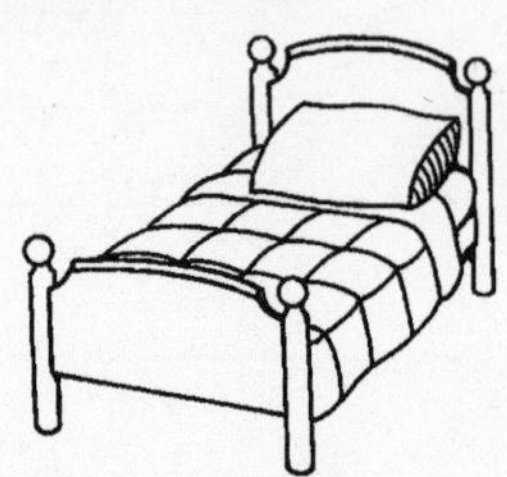

Encierra en un círculo el sustantivo correcto de cada dibujo.
Di una oración con cada sustantivo.

abuela niña

carro autobús

mesa lámpara

mamá papá

Actividad para la casa Su niño o niña aprendió que los sustantivos se refieren a personas, animales o cosas. Por turno, señalen personas, animales o cosas en la casa y digan cómo se llaman.

Nombre ______________________________

Traza y **escribe** las letras. Coloca el papel en la forma adecuada.

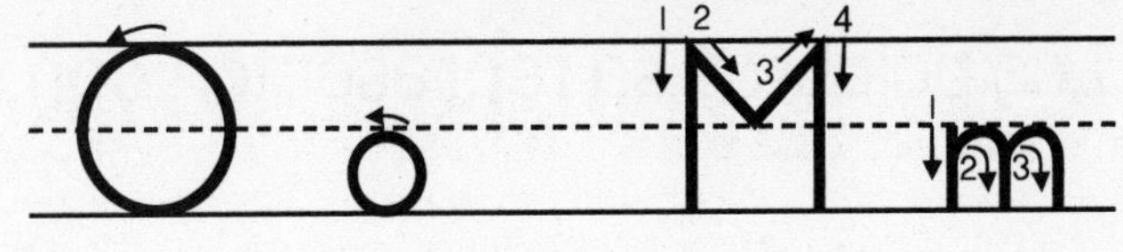

O o

M m

Actividad para la casa Su niño o niña ha practicado la escritura de las letras *O*, *o* y *M*, *m*. Pídale que recorte fotos de revistas de objetos que comiencen con *o* y *m*, que las pegue en una hoja de papel y que rotule cada una con las letras *o* o *m*.

Nombre ______________________

Las palabras se representan con secuencias específicas de letras.

Encierra en un círculo el grupo de letras en secuencia que podría formar una palabra hablada.

1. 3576 mamá t31m 1234 o471

2. mimo 2021 88bt 976a 54em

3. 2631 3142 987c mm32 mono

4. 4226 K310 mesa n325 7624

Mira el primer grupo de letras. **Encierra en un círculo** el grupo de letras que tiene la misma secuencia que el primer grupo de letras.

5. sal sal asl las

6. mil lim mil mli

7. paz zap paz zpa

Actividad para la casa Su niño identificó grupos de letras y comparó la secuencia de letras en palabras o grupos de letras tales como *lim*, *mil* y *mli*. Escriba las letras del nombre de su niño en diferente orden. Pida a su niño que identifique el nombre con las letras en el orden correcto.

Nombre ______________________

Ii

Di el nombre de cada dibujo.
Escribe la vocal *i* en la línea si la palabra comienza con el sonido /i/, como en *islote.* **Lee** la vocal.

1.	2.
3.	4.
5.	6.
7.	8.

Actividad para la casa Su niño o niña identificó el sonido de la vocal *i*. Pídale que use algunas de las palabras de esta página para formar oraciones sencillas. Escriba las oraciones y luego léanlas juntos.

Nombre ______________________

Escoge una palabra para completar cada oración.
Escribe la palabra en la línea.

el mira gusta yo veo

1. No ______________ a mi  .

2. Me ______________ el  .

3. ______________ 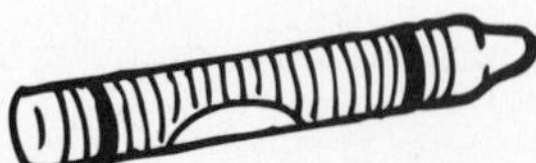 es rojo.

4. ______________ soy un  .

5. Mamá ______________ por la  .

Actividad para la casa Su niño o niña ha aprendido a leer las palabras *el*, mira, *gusta*, *yo* y *veo*. Anime a su niño o niña a señalar estas palabras mientras usted las lee en voz alta.

Nombre ______________________________

Sustantivos: Personas, animales y cosas

Cuenta qué hay en tu cuarto.
Completa las oraciones.
Usa palabras del recuadro o tus propias palabras.

una cama	una alfombra	una lámpara	libros	juguetes

Tengo ______________________________ en mi cuarto.

Tengo ______________________________ en mi cuarto.

Tengo ______________________________ en mi cuarto.

Actividad para la casa Su niño o niña aprendió a usar sustantivos para las personas y las cosas al escribir. Pídale que escriba una oración sobre personas o cosas de otra habitación de la casa. Pídale que identifique los sustantivos de la oración.

Nombre ________________________________

Traza y **escribe** las letras. Sostén el lápiz en la forma adecuada.

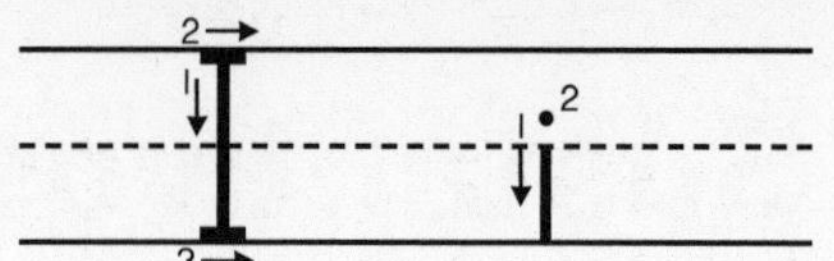

Actividad para la casa Su niño o niña ha practicado la escritura de las letras *Ii*. Busquen juntos objetos en el hogar que comiencen con la letra *i* y pídale que escriba la letra en una hoja de papel cada vez que encuentren un objeto.

Nombre ______________________________

Las palabras se representan con secuencias específicas de letras. **Encierra en un círculo** el grupo de letras en secuencia que podría formar una palabra hablada.

1.	5628	ratón	s42p	12345	u572
2.	3023	mono	66cv	786i	63fn
3.	6432	3543	786d	cosas	kk41

Mira el primer grupo de letras. **Encierra en un círculo** el grupo de letras que tenga la misma secuencia que el primer grupo de letras.

4.	lupa	lupa	luap	pula
5.	niño	oñni	niño	ñoni
6.	pie	pie	iep	eip
7.	lunes	selun	lunes	neslu

Escuela + Hogar

Actividad para la casa Su niño identificó grupos de letras y comparó la secuencia de letras en palabras o grupos de letras tales como *pie, iep* y *eip*. Haga tarjetas de letras individuales con el nombre de su niño. Pida a su niño que ponga las letras en el orden correcto.

Nombre ______________________________

Uu

Di el nombre de cada dibujo.
Escribe la vocal *u* en la línea si la palabra comienza con esa vocal.
Lee la vocal.

1. ______	2. ______
3. ______	4. ______
5. ______	6. ______

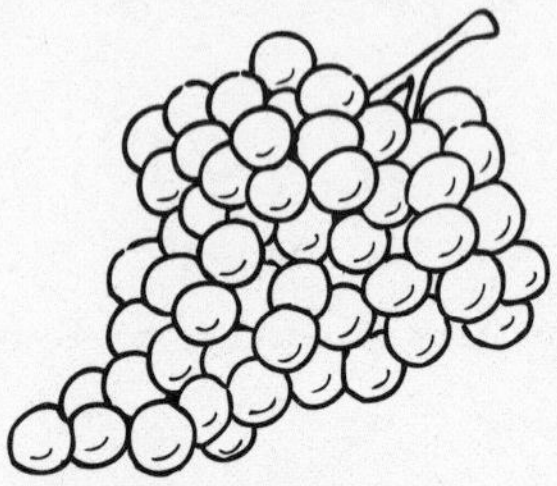

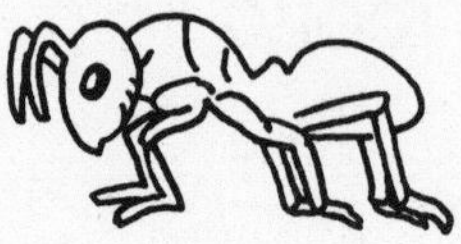

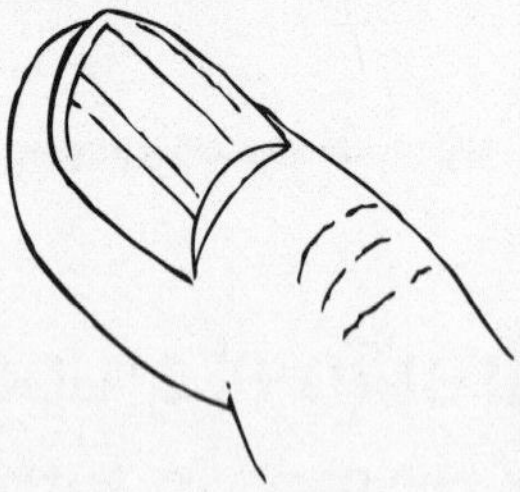

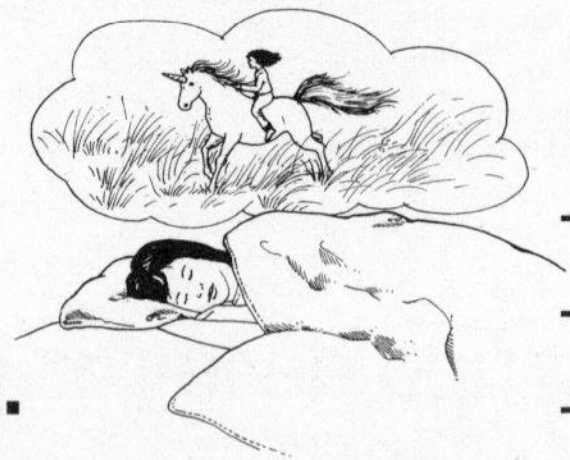

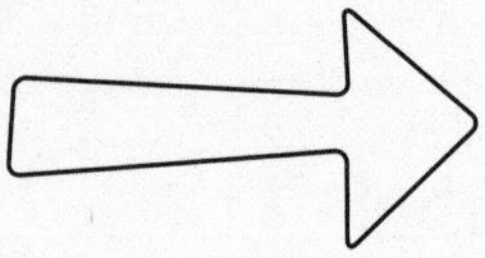

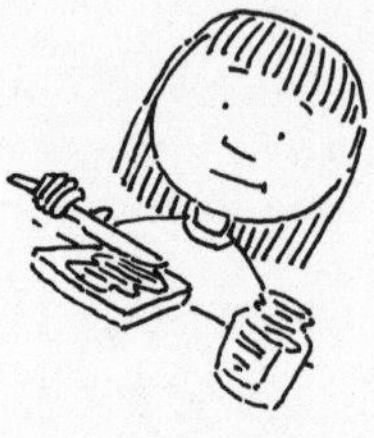

Di los nombres de cada dibujo.
Escribe *u* para completar la palabra. **Busca y lee** las vocales de cada palabra.

7. ______ **no**

8. ______ **rna**

Actividad para la casa Su niño o niña ha identificado la vocal *u* al comienzo de una palabra. Pídale que use algunas de las palabras de esta página para formar oraciones sencillas. Escriba las oraciones y luego léanlas juntos.

Leamos juntos

Nombre ______________________

Lee el cuento.
Dibuja el personaje más importante del cuento.

Teresa tiene un cofre que huele a fresa.

Dentro del cofre guarda un frasquito

que tiene una sorpresa.

Cuando Teresa es niña buena, del frasquito salta una princesa.

Teresa se porta bien para que salga la princesa.

Actividad para la casa Su niño o niña leyó un cuento popular (de fantasía) e identificó el personaje principal. Lea el cuento con su niño o niña. Pídale que nombre el personaje principal (o los personajes) del cuento. Pídale que le cuente cómo es el personaje y cómo actúa.

Nombre ______________________________

Sustantivos: Personas, animales y cosas

Marca la oración que tiene una raya debajo del sustantivo para una persona o cosa.

1
- ⊂⊃ Ellas están sentadas en la cama.
- ⊂⊃ Ellas están sentadas en la cama.
- ⊂⊃ Ellas están sentadas en la cama.

2
- ⊂⊃ Ella está con su mamá.
- ⊂⊃ Ella está con su mamá.
- ⊂⊃ Está con su mamá.

3
- ⊂⊃ Él lee un libro.
- ⊂⊃ Él lee un libro.
- ⊂⊃ Él lee un libro.

4
- ⊂⊃ El niño juega en su cuarto.
- ⊂⊃ El niño juega en su cuarto.
- ⊂⊃ El niño juega en su cuarto.

5
- ⊂⊃ El niño tiene un tambor.
- ⊂⊃ El niño tiene un tambor.
- ⊂⊃ El niño tiene un tambor.

Actividad para la casa Su niño o niña se preparó para tomar un examen de sustantivos para las personas y las cosas. Lean juntos un cuento y pídale que señale en él los sustantivos que se refieren a personas, animales o cosas.

Nombre ______________________________

Encierra en un círculo la cubierta.

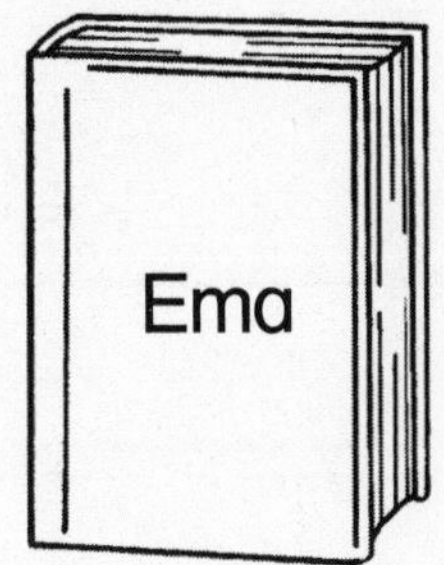

Marca con una X la contracubierta.

Encierra en un círculo el libro que escribió Ema.

Nombre

Traza y **escribe** las letras. Asegúrate de escribir las letras en el tamaño correcto.

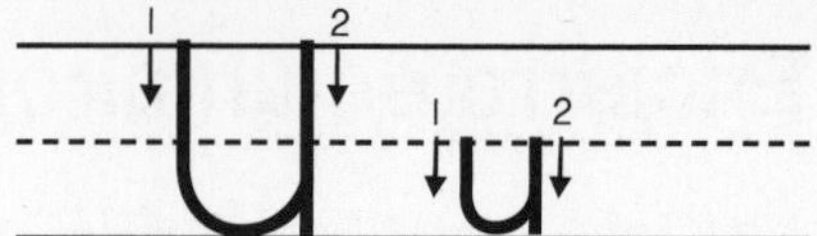

U

u

Copia las palabras. Escribe las letras de izquierda a derecha.

mamá

mimo

Memo

ama

mi

Mimí

amo

mima

Actividad para la casa Su niño o niña ha practicado la escritura de las letras *Uu* y palabras con las letras *Mm* y las vocales. Pídale que dibuje dos de las palabras que escribió y que rotule los dibujos con las palabras.

Nombre ______________________

Las palabras se representan con secuencias específicas de letras. **Encierra en un círculo** el grupo de letras en secuencia que podría formar una palabra hablada.

1. 9546 r2nf 23456 martes t4ms

2. 6237 pan e9bg 5769 oh77

3. gala 2531 9213 43cd jj33

4. 8762 2310 tabla n22p 5148

Mira el primer grupo de letras. **Encierra en un círculo** el grupo de letras que tiene la misma secuencia que el primer grupo de letras.

5. por — por rop opr

6. ten — net ten ent

7. luz — zlu ulz luz

Actividad para la casa Su niño observó la secuencia de letras en las palabras y comparó la secuencia de letras en las palabras o grupos de letras tales como *por, rop* y *opr*. Mire el Ejercicio 1 con su niño. Pídale que explique su respuesta.

Nombre ______________________________

Escoge una palabra para completar cada oración.
Escribe la palabra en la línea.

el gusta mira yo veo

1. ________________ es mío.

2. Ese  me ________________ .

3. Hoy no ________________ al  .

4. ________________ tengo un  .

5. No me ________________ el  .

Actividad para la casa Su niño o niña ha aprendido a leer las palabras *el, gusta, mira, yo* y *veo*. Anime a su niño o niña a leer estas palabras y después utilizarlas en una oración.

Nombre ______________________________

Pp *Ll*

Di el nombre de cada dibujo.
Escribe *p* en la línea si la palabra comienza con el mismo sonido que .

1. 

2. 

3. 

4. 

Di el nombre de cada dibujo.
Escribe *l* en la línea si la palabra comienza con el mismo sonido que .

5. 

6. 

7. 

8. 

Actividad para la casa: Su niño o niña ha identificado palabras con *p* y *l*. Pídale que diga otras palabras que empiecen con *p* y *l*.

Nombre ___________________________

Mira los dos dibujos.
Encierra en un círculo los dibujos que muestran un lugar.

1. 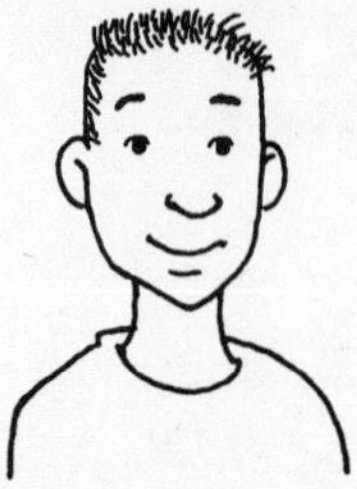 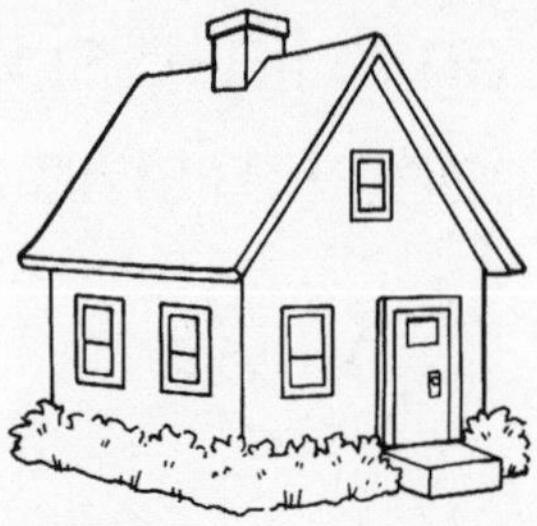	
2. 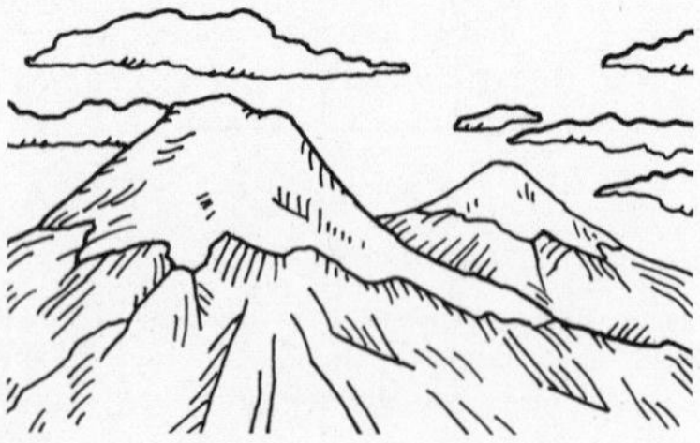 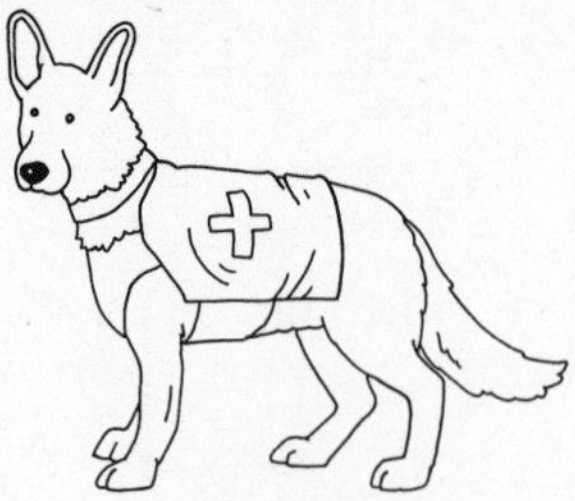	
3. 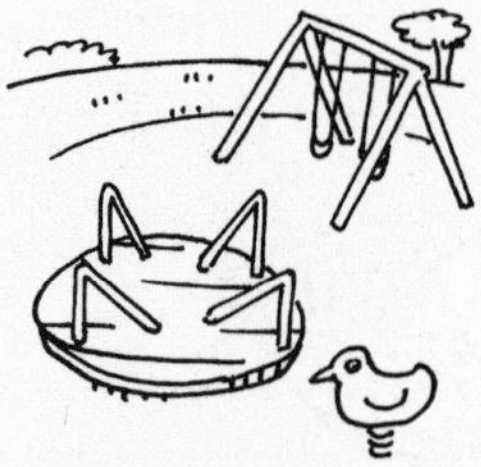 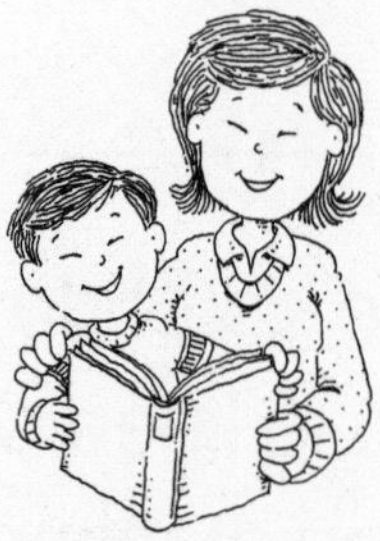	
4. 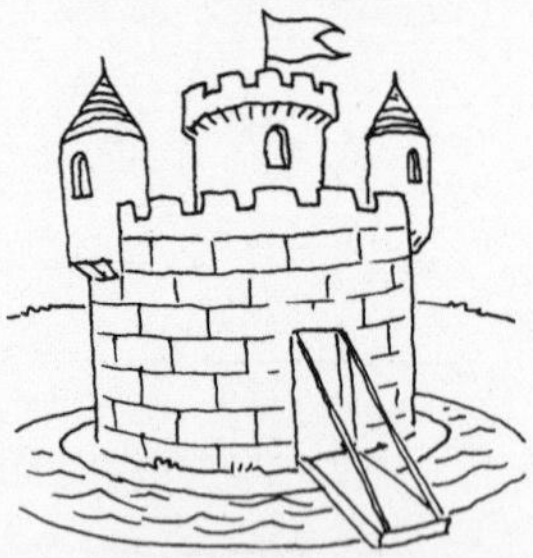 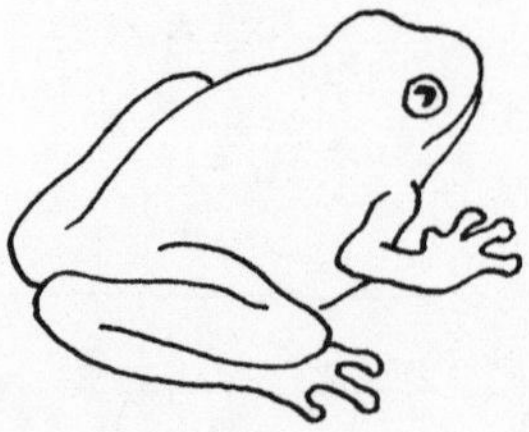	
5. 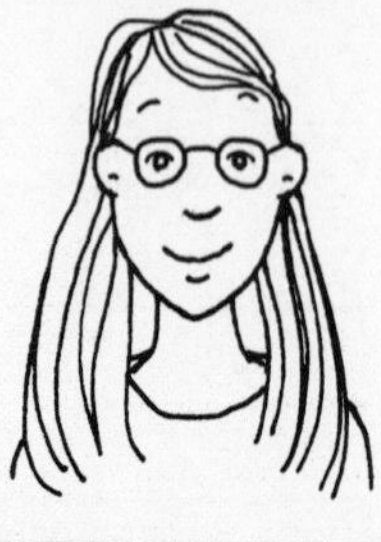 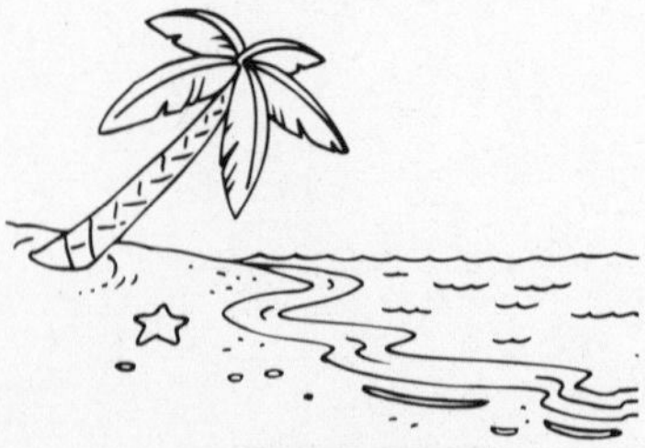	

Actividad para la casa Su niño o niña estudió los lugares donde se desarrolla un cuento. Lean juntos un cuento y pídale a su niño o niña que le hable sobre el ambiente del cuento.

Nombre ______________________

Traza y **escribe** las letras. Asegúrate de escribir las letras en el tamaño correcto.

P p L l

P p

L l

Copia las palabras. Escribe las letras altas y las letras pequeñas en el tamaño correcto. Escribe **p** de modo que baje la línea. Escribe **l** de modo que suba la línea.

palo ______________ Pepo ______________

Lola ______________ pupa ______________

papa ______________ lame ______________

pomo ______________ sapo ______________

Actividad para la casa Su niño o niña ha practicado la escritura de palabras con las letras *Pp* y *Ll*. Pídale que elija dos palabras de la lista y que las escriba en una hoja de papel aparte.

Nombre ________________________________

Las palabras se representan con secuencias específicas de letras.

Mira el primer grupo de letras. **Encierra en un círculo** el grupo de letras que tiene la misma secuencia que el primer grupo de letras.

1. 
trompo — trompo mpotro rtopmo

2. 
red — der erd red

3. 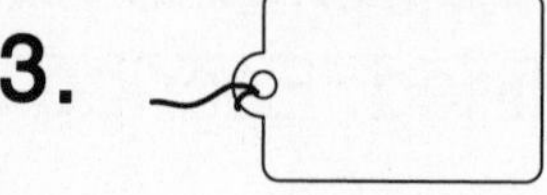
precio — eciopr precio iopre

4. 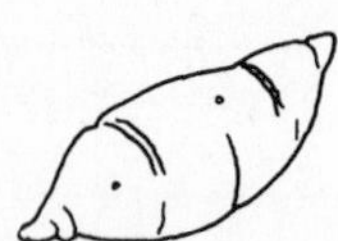
papa — aapp papa ppaa

5. 
sartén — sartén nétras ténsar

Actividad para la casa Su niño o niña observó la secuencia de letras en las palabras y comparó la secuencia de letras en las palabras o grupos de letras tales como *red, erd* y *der*. Pida a su niño o niña que identifique la secuencia de letras de cada palabra ilustrada. Luego digan la palabra.

Nombre ____________________

Ss

Di el nombre de cada dibujo.
Escribe *s* en la línea si la palabra
comienza con el mismo sonido que  .

1.

2.

3.

4.

5.

6.

7.

8.

Escuela + Hogar **Actividad para la casa:** Su niño o niña identificó el sonido de la letra *s*. Ahora vea si puede mencionar otras palabras con esta letra.

Nombre ______________________________

Sustantivos: Lugares

Un **sustantivo** también puede ser una palabra para un lugar.

Escuela dice cómo llamar un lugar.

Tienda dice cómo llamar un lugar.

Traza una línea del sustantivo al dibujo correspondiente.
Di una oración con cada sustantivo.

1. zoológico

2. parque

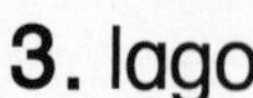

3. lago

4. biblioteca

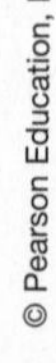

Escuela + Hogar **Actividad para la casa** Su niño o niña aprendió que hay sustantivos que se refieren a lugares. Pídale que identifique lugares de su vecindario.

Nombre

Traza y **escribe** las letras. Asegúrate de escribir las letras en el tamaño correcto.

S s

S

s

Estas secuencias específicas de letras representan palabras. **Copia** las palabras. Escribe las letras de izquierda a derecha.

solo

suma

asa

mesa

pasa

sal

sol

sola

Actividad para la casa Su niño o niña ha practicado la escritura de palabras con las letras *Ss*. Dígale las siguientes palabras: *sonido, siete, siesta, sapo, Samuel*. Pídale que escriba *S* o *s* para mostrar cómo comienza cada palabra.

Nombre ____________________________

Traza las flechas.
Conecta los trenes de letras de izquierda a derecha y de arriba hacia abajo.

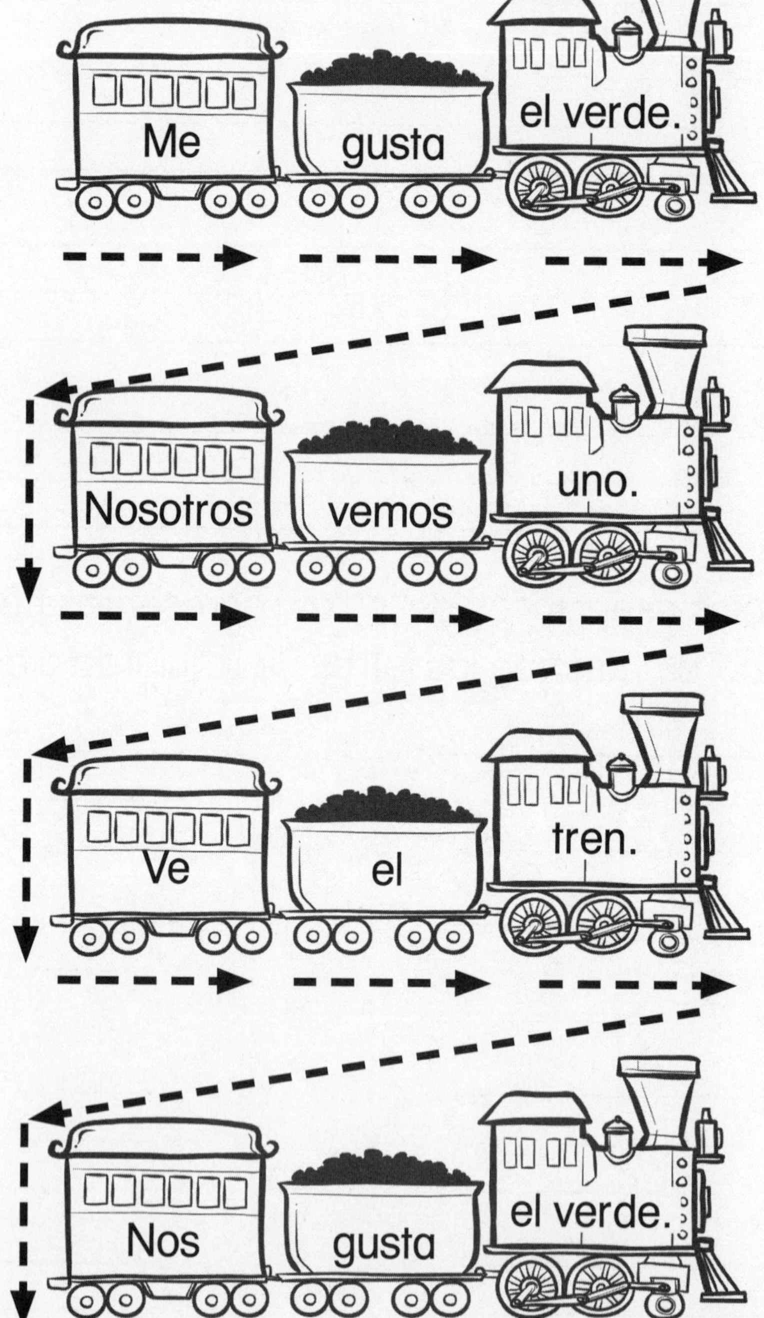

Final

Actividad para la casa Su niño o niña aprendió que la lectura se hace de arriba hacia abajo y de izquierda a derecha, pasando del final de una línea a la línea siguiente. Muéstrele una página de su libro favorito. Pídale que señale cada palabra de izquierda a derecha, luego regrese al comienzo de la siguiente línea y lea de nuevo de izquierda a derecha.

Nombre ______________________

Nn, Dd

Di el nombre de cada dibujo.
Escribe *d* o *n* en la línea si las palabras comienzan con estos sonidos.

1. 

2. 

3. 

4. 

5. 

6. 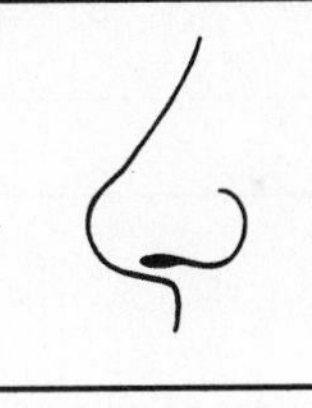

7. 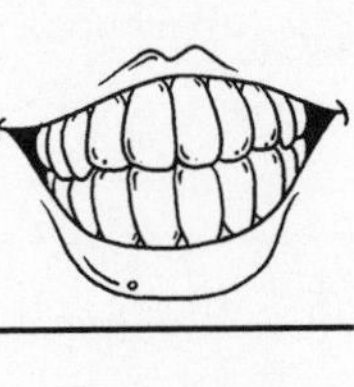

8. 

Actividad para la casa: Su niño o niña identificó el sonido de las letras *n* y *d*. Ahora pueden mencionar otras palabras con estos sonidos.

Nombre ______________________

Escoge una palabra para completar cada oración.
Escribe la palabra en la línea.

familia más para tengo un

1. Yo ______________ un  .

2. La ______________ está en la  .

3. Esto es ______________  .

4. El [ilustración] me gusta ______________.

5. Tengo ______________  .

Actividad para la casa: Su niño o niña ha aprendido a leer las palabras *familia, más, para, un* y *tengo*. Anime a su niño o niña a señalar estas palabras mientras las lee con usted.

Nombre ______________________________

Sustantivos: Lugares

Cuenta dónde estuviste con tu familia.
Completa las oraciones.
Usa palabras del recuadro o tus propias palabras.

una tienda	un bosque	un parque	un zoológico

Mi familia y yo fuimos a ______________________________.

Mi familia y yo fuimos a ______________________________.

Mi familia y yo fuimos a ______________________________.

Actividad para la casa Su niño o niña aprendió a usar sustantivos para los lugares al escribir. Dígale que escriba dos oraciones que hablen de algún sitio al que le gustaría ir. Pídale que identifique el sustantivo que usó.

Nombre ______________________

Traza y **escribe** las letras.
Asegúrate de escribir las letras en el tamaño correcto.

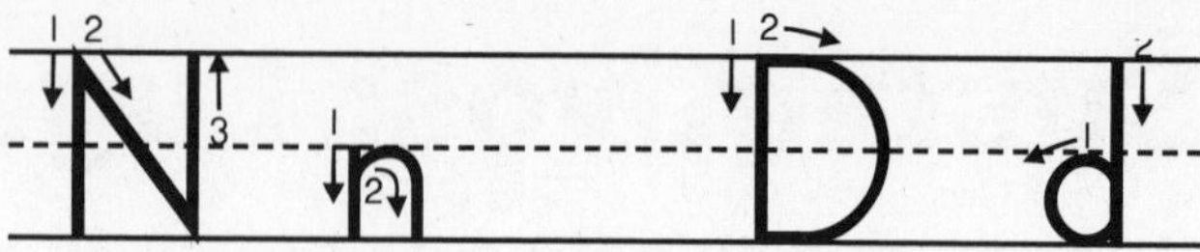

N n

D d

Copia las palabras. Escribe las letras de izquierda a derecha.

nudo ______________ uno ______________

dime ______________ dona ______________

no ______________ nada ______________

pino ______________ mano ______________

Actividad para la casa Su niño o niña ha practicado la escritura de palabras con las letras *Nn* y *Dd*. Dígale las siguientes palabras: *sonido, mona, lado, dedo, nudo*. Pídale que elija cuatro palabras de la lista y que las escriba una vez más para practicar.

Nombre ______________________________

Traza las flechas.
Conecta los trenes de letras de izquierda a derecha y de arriba hacia abajo.

Principio

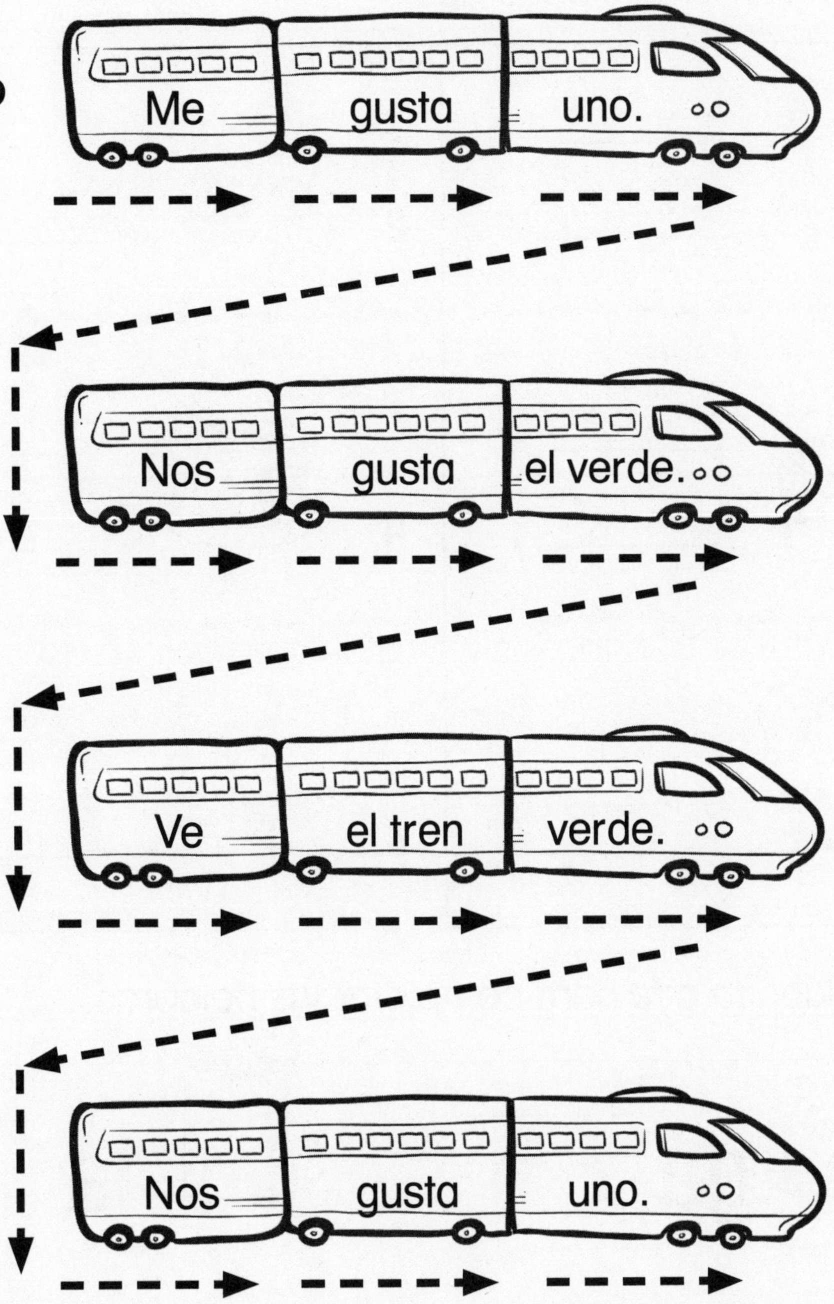

Me gusta uno.

Nos gusta el verde.

Ve el tren verde.

Nos gusta uno.

Final

Actividad para la casa Su niño aprendió que la lectura se hace de arriba hacia abajo y de izquierda a derecha, pasando del final de una línea a la línea siguiente. Muéstrele una página de su libro favorito. Dígale que señale dónde comienza la lectura de una oración (izquierda) y en qué dirección continúa (a la derecha). Recuérdele a su niño que la lectura comienza arriba y va hasta el final de la página.

Nombre ______________________________

Tt

Di el nombre de cada dibujo.
Escribe *t* en la línea si la palabra
comienza con el mismo sonido que  .

1.  ______	2.  ______
 3. 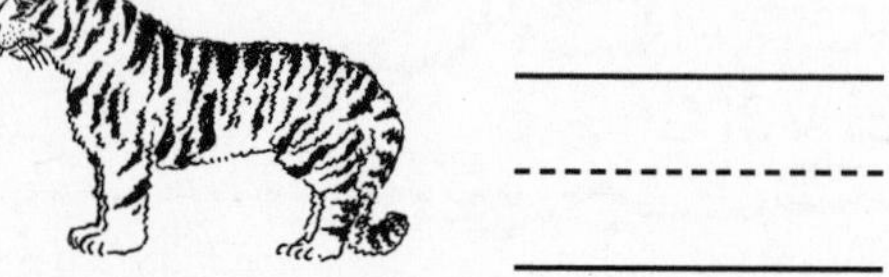 ______	4. 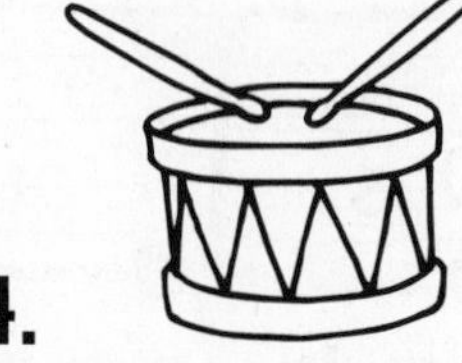 ______
5. 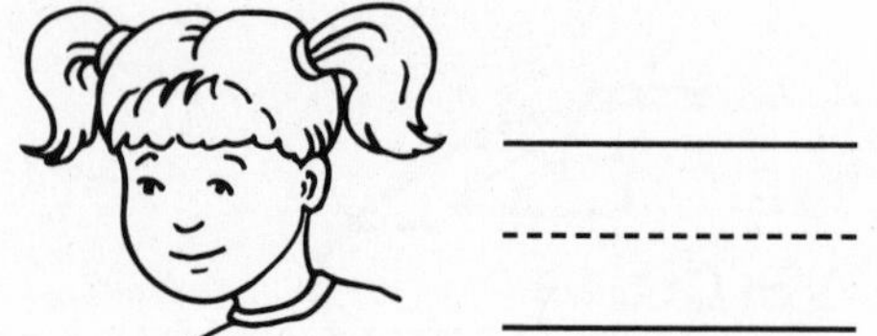 ______	6. 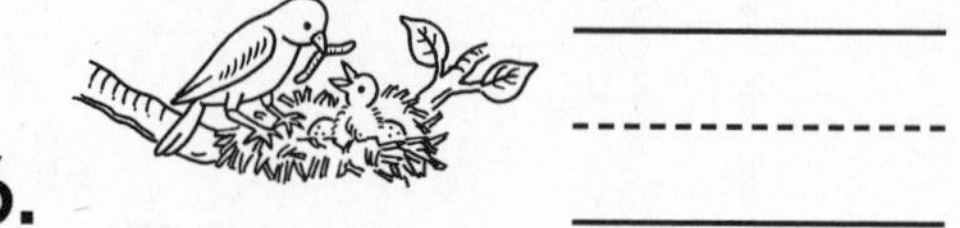 ______

Escribe la sílaba *to* o *ta* para completar las palabras.

 7.  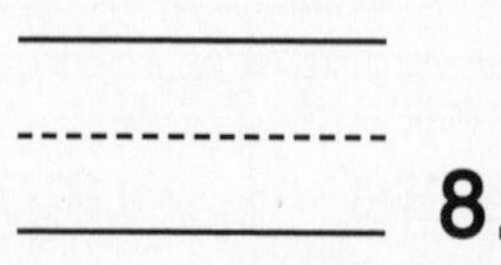 ga ______ 8.  la ______

Actividad para la casa Su niño o niña identificó el sonido de la letra *t*. Ahora pueden decir otras palabras con este sonido.

Leamos juntos

Nombre ______________________________

Lee el cuento.
Responde la pregunta.
Dibuja otro personaje para este cuento.

Mi amiga Brenda ayuda en la tienda de Pablo.

Brenda dobla las blusas y las corbatas.

Pablo está contento.

Cada vez que viene Brenda, la tienda se llena de clientes.

¿Crees que estos personajes pueden existir en la realidad? ________________________

Actividad para la casa Su niño o niña leyó un cuento de ficción realista e identificó los elementos y los personajes. (Un cuento realista narra algo que puede ocurrir en la realidad). Pida a su niño o niña que le diga uno o dos cuentos favoritos. Ayúdelo a identificar los elementos que pueden ser reales de cada cuento.

Nombre ________________________________

Sustantivos: Lugares

Marca el sustantivo de un lugar que completa cada oración.

1 Vimos animales en el ______.

- ⬭ zoológico
- ⬭ peces
- ⬭ comer

2 Ema y Memo nadan en el ______.

- ⬭ gato
- ⬭ bañarse
- ⬭ lago

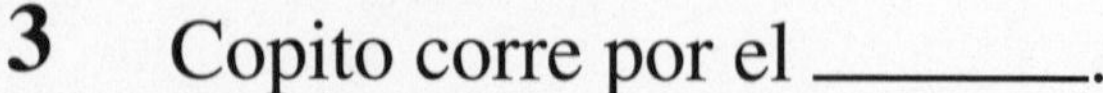

3 Copito corre por el ______.

- ⬭ parque
- ⬭ hombre
- ⬭ mascota

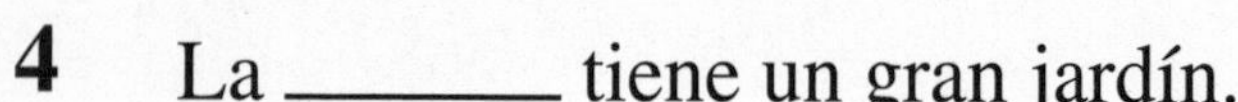

4 La ______ tiene un gran jardín.

- ⬭ luna
- ⬭ niño
- ⬭ casa

5
- ⬭ El jardín es muy lindo.
- ⬭ El jardín es muy lindo.
- ⬭ El jardín es muy lindo.

Actividad para la casa Su niño o niña se preparó para tomar un examen de sustantivos para lugares. Lean juntos un cuento. Pídale que señale los sustantivos que se refieren a lugares.

Nombre ______________________________

Tomás sale de casa

Índice

1. **Dibuja** un círculo alrededor de los números de las páginas.

2. **Marca** con un recuadro los títulos de los capítulos.

3. **Escribe** el título del capítulo 5.

____

4. **Anota** el número de la página en la que empieza el capítulo "Tomás en casa".

____

5. **Escribe** cuántos capítulos hay en la lista.

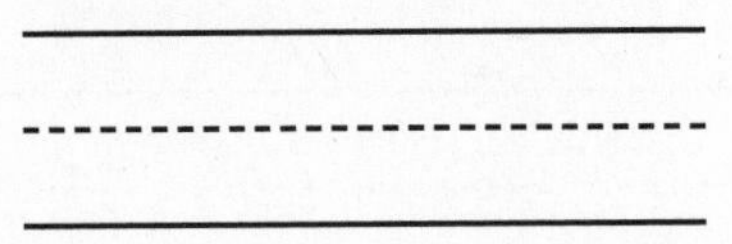

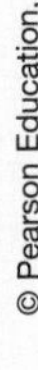

Actividad para la casa Su niño o niña ha aprendido a utilizar el índice de un libro para obtener información. Mientras leen juntos, señale el índice del libro y anime a su niño o niña a buscar información, tal como el número de página de un capítulo del libro.

Nombre ______________________

Traza y **escribe** las letras. Asegúrate de escribir las letras en el tamaño correcto.

T

t

Estas secuencias específicas de letras representan palabras. **Copia** las palabras. Escribe las letras altas y las letras pequeñas en el tamaño correcto. Escribe **t** de modo que suba la línea.

ata

nata

Tina

meta

tuna

Tito

nota

tela

Actividad para la casa Su niño o niña ha practicado la escritura de palabras con las letras *Tt*. Dígale que piense qué objetos de su salón de clases contienen la letra *t*. Pídale que dibuje esos objetos en una hoja de papel y los rotule con la letra *t*.

Nombre ______________________________

Identifica la información que nos proporcionan las diferentes partes de un libro.
Subraya el título del libro.

Pon una X sobre el libro del gato.

Encierra en un círculo el libro que escribió Noé.
Encierra en un cuadro el libro para el que dibujó Pamela.

Actividad para la casa Su niño o niña aprendió a usar la información de la cubierta y la página del título de un libro, para saber sobre qué trata el libro. Señale la cubierta y la página del título del siguiente libro que van a leer juntos. Explique que el título dice sobre qué trata el libro.

Nombre ______________________

Escoge una palabra para completar cada oración.
Escribe la palabra en la línea.

más para tengo familia un

1. Yo ______________ un ______ .

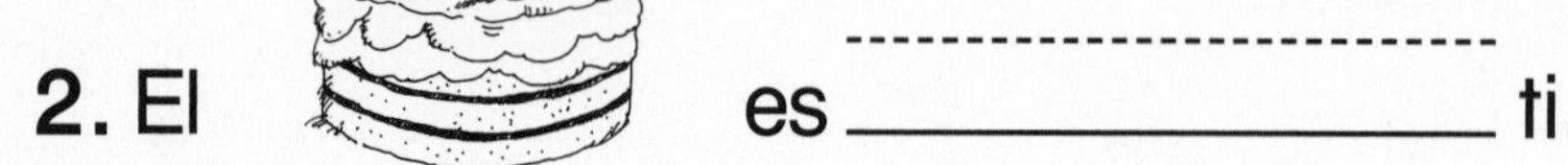

2. El ______ es ______________ ti.

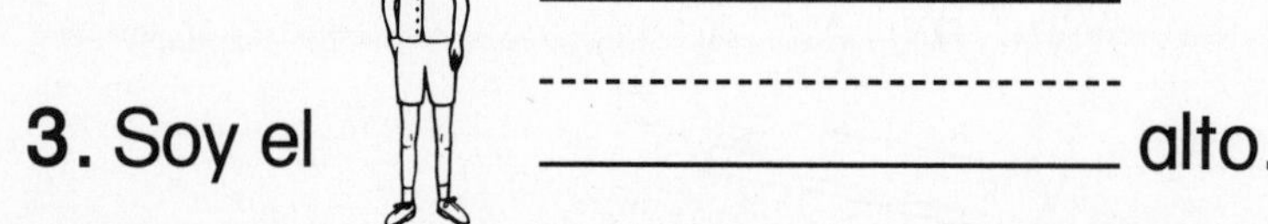

3. Soy el ______ ______________ alto.

4. Veo ______________ ______ .

5. Los ______ viven en ______________.

Actividad para la casa: Su niño o niña ha aprendido a leer las palabras *un, más, para, familia* y *tengo.* Anime a su niño o niña a señalar estas palabras mientras las lee con usted.

Nombre ________________________

Cc y sílabas *ca, co, cu*

Di el nombre de cada dibujo.
Escribe la sílaba *ca, co* o *cu* en la línea si la palabra comienza con una de esas sílabas.

1. ________

2. ________

3. ________

4. ________

5. ________

6. ________

7. ________

8. ________

Actividad para la casa: Su niño o niña ha identificado las sílabas *ca, co* y *cu*. Pídale que diga otras palabras con estas sílabas.

Nombre ___________________________

Observa los dibujos.
Cuenta un cuento sobre estos dibujos.
Dibuja lo que sucede después.

Escuela + Hogar **Actividad para la casa:** Su niño o niña aprendió que el argumento cuenta lo que pasa en un cuento. Pídale que le cuente un cuento sobre los dibujos de esta página. Ayúdelo preguntándole qué pasa al principio, en el medio y al final del cuento.

Nombre ______________________

Traza y **escribe** las letras. Asegúrate de escribir las letras en el tamaño correcto.

C c

C

c

Copia las palabras. Escribe las letras en el tamaño correcto.

col ______________ cuna ______________

cuna ______________ copo ______________

capa ______________ cana ______________

cono ______________ copa ______________

Actividad para la casa Su niño o niña ha practicado la escritura de palabras con las letras *Cc*. Pídale que elija dos palabras de la lista que comiencen con *c* y que las escriba otra vez.

Nombre ___________________________

Identifica la información que nos proporcionan las diferentes partes de un libro.
Subraya el nombre de la persona que escribió el libro.
Encierra en un círculo el nombre de la persona que hizo los dibujos.

Encierra en un círculo el libro que escribió Ema López.

Marca con una **X** el libro que trata sobre flores.

Actividad para la casa Su niño o niña aprendió a usar la información de la cubierta y la página del título de un libro, para saber sobre qué trata el libro. Su niño también aprendió a ver el nombre del autor y del ilustrador de un libro. Comente las ilustraciones del libro favorito con su niño.

Nombre ______________________

Gg y sílabas *ga, go, gu*

Di el nombre de cada dibujo.
Escribe la sílaba *ga, go* o *gu* en la línea si la palabra comienza con una de esas sílabas.

1. ______	2. ______
3. ______	4. ______
5. ______	6. ______
7. ______	8. ______

Actividad para la casa Su niño o niña ha identificado las sílabas *ga, go* y *gu*. Pídale que diga otras palabras con estas sílabas.

Nombre ______________________________

Verbos

Un **verbo** dice lo que hace una persona, un animal o una cosa.

El perro **come.** **Come** es el verbo.

Encierra en un círculo el verbo de cada oración.

1. Dani y Ema cantan en el jardín.

2. El viento sopla.

3. Las hojas caen del árbol.

4. Copito salta.

5. Los niños juegan con las hojas.

Piensa en otros verbos. **Di** una oración con cada verbo.

Escuela + Hogar **Actividad para la casa** Su niño o niña estudió los verbos. Pídale que piense en un verbo y luego represente la acción que indica el verbo.

Nombre ______________________________

Traza y **escribe** las letras. Asegúrate de escribir las letras en el tamaño correcto.

G g

G

g

Copia las palabras. Siéntate y coloca el papel en la forma adecuada.

gato ____________ gota ____________

mago ____________ goma ____________

gula ____________ gala ____________

gana ____________ toga ____________

Actividad para la casa Su niño o niña ha practicado la escritura de palabras con las letras *Gg*. Dígale las palabras *gama, maga, lago*. Pídale que las escriba en una hoja de papel aparte.

Nombre ______________________________

Identifica la información que nos proporcionan las diferentes partes de un libro.
Subraya el título del libro.

Encierra en un círculo quién escribió el libro.

Encierra en un círculo el libro que escribió Pilar Villa.
Encierra en un cuadro el libro que escribió Lilí Juarez.

Actividad para la casa Su niño o niña aprendió a usar la información de la cubierta y la página del título de un libro, para saber sobre qué trata el libro. También aprendió a ver el nombre del autor y el ilustrador de un libro. En un libro que le guste a él o a ella, señale la cubierta y la página del título. Señalen el nombre del autor y léalo en voz alta.

Nombre ______________________________

Ff Bb

Di el nombre de cada dibujo.
Escribe *f* en la línea si la palabra comienza con el mismo sonido que  .

Escribe *b* en la línea si la palabra empieza con el mismo sonido que 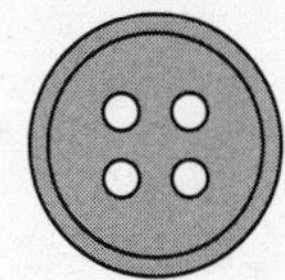

1. ______

2. ______

3. ______

4. ______

Actividad para la casa Su niño o niña ha identificado los sonidos de las letras *f* y *b* al comienzo de una palabra. Pídale que diga otras palabras con este sonido.

Nombre ______________________

Escoge una palabra para completar cada oración.
Escribe la palabra en la línea.

con después en es otra

1. Juego ______________ el  .

2. Quiero ______________  .

3. Paco ______________ un  .

4. ______________ será un  .

5. Comemos ______________ la  .

Escuela + Hogar **Actividad para la casa:** Su niño o niña ha aprendido a leer las palabras *con, después, en, es y otra.* Anime a su niño o niña a señalar estas palabras mientras usted las lee.

Nombre ______________________________

Verbos

Cuenta lo que haces en el jardín.
Completa las oraciones.
Usa palabras del recuadro o tus propias palabras.

monto en bicicleta	corro	juego a la pelota	salto cuerda

Yo ______________________________ en el jardín.

Yo ______________________________ en el jardín.

Yo ______________________________ en el jardín.

Escuela + Hogar **Actividad para la casa** Su niño o niña aprendió a usar verbos al escribir. Dígale que escriba dos oraciones contando lo que hace después de la escuela. Pídale que identifique los verbos de las oraciones.

Nombre ______________________________

Traza y **escribe** las letras. Asegúrate de escribir las letras en el tamaño correcto.

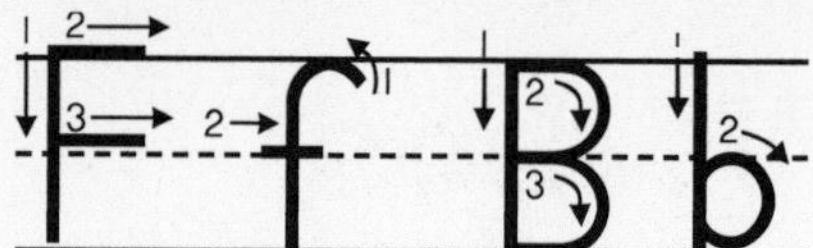

F f

B b

Copia las palabras.

foco	cabe
bate	foca
nabo	boca
bola	bota

¿Escribiste todas las letras en el tamaño correcto? **Sí** **No**

Escuela + Hogar

Actividad para la casa Su niño o niña ha practicado la escritura de palabras con *Ff, Bb*. Elijan cuatro palabras de la lista y pídale que las escriba una vez más.

Nombre ______________________________

Fíjate en la secuencia de las letras del alfabeto.

a b c ch d e f g h i j k l ll m n ñ o p q r s t u v w x y z

Vas a ordenar en secuencia las letras del alfabeto.

Encierra en un círculo la letra que va primero en el alfabeto.

1.	2.	3.
s t a	c p n	f b g

4.	5.	6.
n a g	s f p	t g n

Ordena en secuencia las letras del alfabeto.

7. m a s	8. t c p	9. n f b g
______	______	______

10. t g n	11. s c f	12. n a p f
______	______	______

Actividad para la casa Su niño o niña aprendió a ordenar en secuencia las letras del alfabeto. Escriba tres letras diferentes en tarjetas, una letra en cada tarjeta. Pídale que ponga las letras en orden alfabético.

Nombre ______________________________

Sílabas con *r*

Di el nombre de cada dibujo.
Escribe la *r* en la línea si la palabra comienza con el mismo sonido que .

1. ______
2. ______
3. ______
4. ______

Di el nombre de cada dibujo.
Escribe las sílabas *ra, re, ri, ro* o *ru* para completar las palabras.

5. ______ta
6. ______mo
7. ______na
8. ______sa

Actividad para la casa Su niño o niña ha identificado palabras con *r*. Pídale que diga cosas que empiecen con estos sonidos.

Leamos juntos

Nombre ______________________________

Lee los cuentos.
Encierra en un círculo el cuento que tiene personajes reales.
Haz un dibujo del cuento con personajes reales.

María se puso el uniforme de béisbol.

Papá la ayudó a buscar la gorra.

Después María y Papá se fueron hacia el campo.

María jugó con su equipo.

María anotó una carrera.

La pata Lulú le pidió al gato Romeo que la ayudara con las compras.

El gato Romeo estaba ocupado y no quiso ayudarla.

La pata Lulú le pidió ayuda al perro Manchitas.

Manchitas hizo las compras con la pata Lulú.

Actividad para la casa Su niño o niña leyó dos cuentos e identificó el que tiene personajes reales. Lea un cuento fantástico con su niño o niña y pídale que le diga si los personajes son reales y por qué.

Nombre ______________________________

Verbos

Marca la oración que tiene una raya debajo del verbo.

1
- ⬭ Dani salta entre las hojas.
- ⬭ Dani salta entre las hojas.
- ⬭ Dani salta entre las hojas.

2
- ⬭ Las hojas forman un montón.
- ⬭ Las hojas forman un montón.
- ⬭ Las hojas forman un montón.

3
- ⬭ Ema lleva una gorra.
- ⬭ Ema lleva una gorra.
- ⬭ Ema lleva una gorra.

4
- ⬭ Dani juega con las hojas.
- ⬭ Dani juega con las hojas.
- ⬭ Dani juega con las hojas.

5
- ⬭ Dani nos saluda.
- ⬭ Dani nos saluda.
- ⬭ Dani nos saluda.

Escuela + Hogar **Actividad para la casa** Su niño o niña se preparó para tomar un examen de verbos. Lean juntos un cuento. Pídale que señale los verbos del cuento.

Nombre ______________________________

Lee cada pregunta. **Encierra en un círculo** la respuesta correcta.

1. Esta señal te dice a qué velocidad puedes ir.

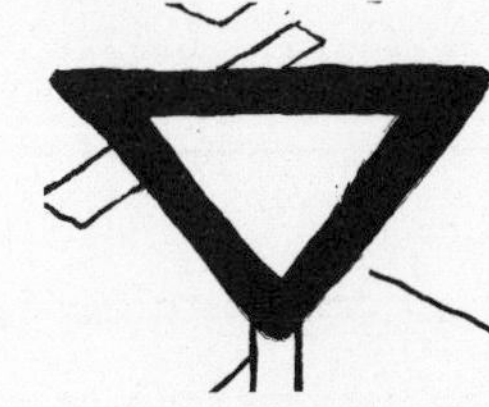

2. Esta señal te dice que debes parar.

3. ¿Qué significa esta señal?

coma aquí   no corra   ALTO

4. ¿Qué significa esta señal?

policía   biblioteca   hospital

5. ¿Qué señal te ayudaría si estuvieras enfermo?

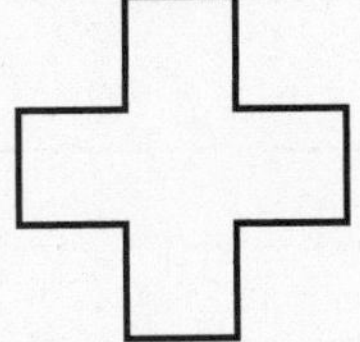

Actividad para la casa Su niño aprendió el significado de muchas señales. Den un paseo por el vecindario e indique las diferentes señales que ven en el camino o la calle. Fíjese en cuántas señales puede explicar su niño.

Nombre ___________________________

Traza y **escribe** las letras. Asegúrate de escribir las letras en el tamaño correcto.

R r

R

r

Copia las palabras. Asegúrate de escribir las letras en el tamaño correcto.

Rosa

reto

reno

mora

rama

Rita

pare

ruso

Actividad para la casa Su niño o niña ha practicado la escritura de palabras con *Rr*. Dígale que piense en otras tres palabras que tengan la letra *r* y pídale que las escriba en una hoja de papel aparte.

Nombre ______________________

Fíjate en la secuencia de las letras del alfabeto.

a b c ch d e f g h i j k l ll m n ñ o p q r s t u v w x y z

Vas a ordenar en secuencia las letras del alfabeto.

Encierra en un círculo la letra que va primero en el alfabeto.

1. s t i	2. a p n	3. f c g
4. g s f	5. n i p	6. t g n

Ordena en secuencia las letras del alfabeto.

7. b a g	8. p c i	9. g f b
______	______	______
10. p a s	11. n c i	12. t f b
______	______	______

Escuela + Hogar

Actividad para la casa Su niño o niña aprendió a ordenar en secuencia las letras del alfabeto. Escriba tres letras diferentes en tarjetas, una letra en cada tarjeta. Pídale que ponga las letras en orden alfabético.

Nombre ______________________

Escoge una palabra para completar cada oración.
Escribe la palabra en la línea.

con **en** **es** **otra** **después**

1. Estudio ______________ una 

.

2. Mimi ______________ una  .

3. Ana es ______________  .

4. Como ______________ la 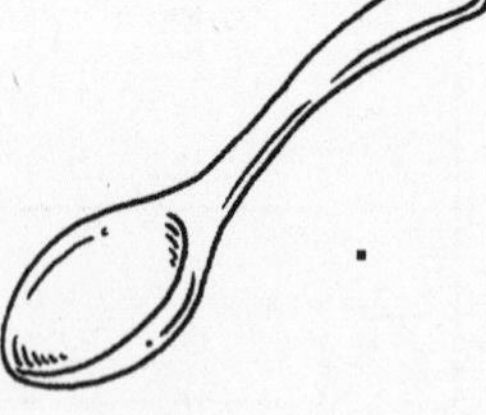 .

5. ______________ de cenar como  .

Actividad para la casa: Su niño o niña ha aprendido a leer las palabras *con, en, es, otra* y *después*. Anime a su niño o niña a señalar estas palabras mientras usted las lee en voz alta.

Nombre ______________________

Ññ Vv

Di el nombre de cada dibujo.
Escribe *ñ* en la línea si la
palabra contiene el sonido *ñ* como en  .

1. ________	2. ________
3. ________	4. ________

Di el nombre de cada dibujo.
Escribe *v* en la línea si la palabra
comienza con el mismo sonido que  .

5. ________	6. ________
7. ________	8. ________

Actividad para la casa: Su niño o niña ha identificado sílabas abiertas con *ñ* y *v*. Pídale que use algunas de las palabras de esta página para formar oraciones. Escriba las oraciones y luego léanlas juntos.

Nombre ______________________________

Encierra en un círculo los dibujos que muestran una fantasía. **Dibuja** un recuadro alrededor de los dibujos que muestran una realidad.

1.

2.

3.

4.

5.

6.

Actividad para la casa: Su niño o niña ha aprendido acerca de la diferencia entre realismo y fantasía observando los dibujos. Ahora, pídale que haga y explique un dibujo sobre algo que podría suceder en la realidad y otro sobre algo que sólo podría suceder en la fantasía.

Nombre ______________________

Traza y **escribe** las letras. Asegúrate de escribir las letras en el tamaño correcto.

Ññ Vv

Ñ ñ

V v

Copia las palabras. Asegúrate de escribir las letras en el tamaño correcto.

año ______________ uña ______________

vivo ______________ Vito ______________

maña ______________ viña ______________

ave ______________ uva ______________

Actividad para la casa Su niño o niña ha practicado la escritura de palabras con *Ññ*, *Vv*. Dígale que elija una palabra de la lista con *ñ* y otra con *v* y pídale que las vuelva a escribir lo más claramente posible.

Nombre ______________________________

Encierra en un círculo el título del libro.
Subraya el nombre del autor.
Encierra en un cuadro el nombre del ilustrador.

Encierra en un círculo el libro que escribió Pepe Ponte.
Encierra en un cuadro el libro que ilustró Mara Martínez.

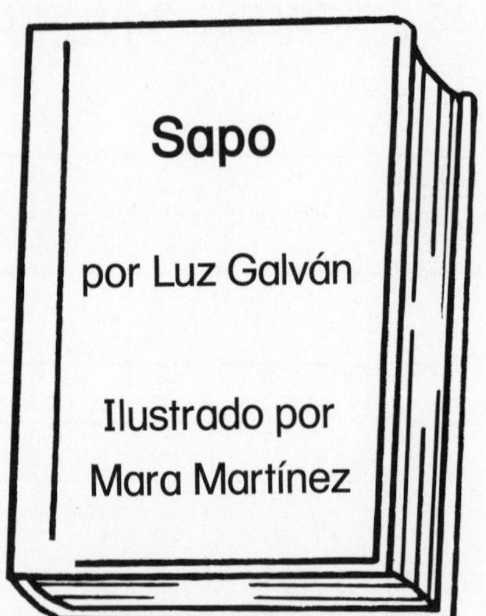

Actividad para la casa Su niño o niña aprendió a usar la información de la cubierta y la página del título de un libro, para saber de qué trata el libro. También aprendió a ver el nombre del autor y del ilustrador de un libro. En un libro que le guste a su niño, señale la cubierta y la página del título. Señale el nombre del ilustrador y léalo en voz alta. Comente las ilustraciones e invite a su niño a que exprese una opinión sobre el ilustrador.

Nombre ______________________

Di el nombre de cada dibujo.
Escribe *ja, je, ji, jo* o *ju* en la línea para completar la palabra.

1. 

______ go

2. 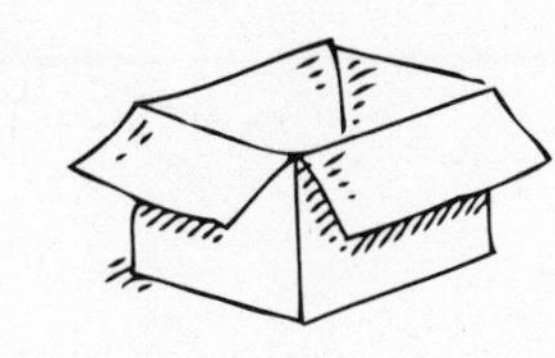

ca ______

3. 

espe ______

4. 

______ nete

5. 

cone ______

6. 

pa ______

7. 

______ gar

8. 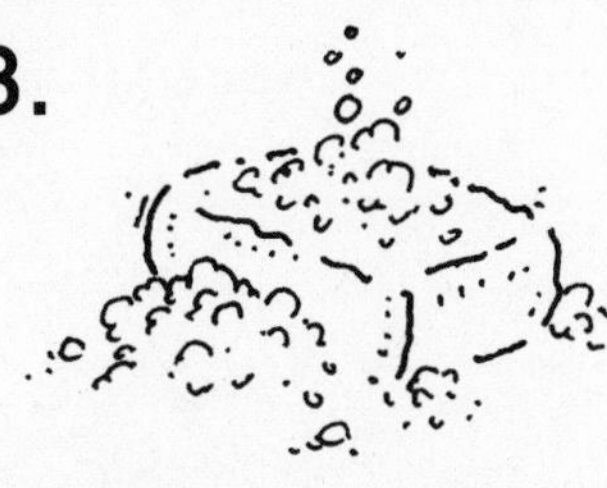

______ bón

Escuela + Hogar

Actividad para la casa: Su niño o niña identificó sílabas con *j*. Ayúdele a hacer una lista con las palabras de los ejercicios de arriba y pídale que haga oraciones usando las palabras.

Nombre ______________________

Oraciones simples

La **oración** es un grupo de palabras que cuenta una idea completa. Las oraciones comienzan con **mayúscula**. Muchas terminan con un **punto (.)**.

La rana salta.

Rana es un nombre.

Salta es un verbo.

Busca la oración.
Encierra en un círculo la oración.

1. El gato corre.

   el gato

2. barre

   Quique barre el cuarto.

3. La rana mira.

   la rana

4. La lluvia cae.

   cae

Di las oraciones.

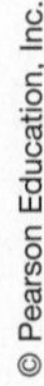

Escuela + Hogar **Actividad para la casa** Su niño o niña estudió las oraciones simples. Pídale que forme oraciones sobre cosas que ve en la casa y que identifique las partes de sus oraciones.

Nombre ____________________

Traza y **escribe** las letras. Asegúrate de escribir las letras en el tamaño correcto.

J j

Copia las palabras. Siéntate y coloca el papel en la forma adecuada.

ajo ____________ Juana ____________

José ____________ ají ____________

jugo ____________ moja ____________

jala ____________ juego ____________

Actividad para la casa Su niño o niña ha practicado la escritura de palabras con *Jj*. Diga palabras que comiencen con *J* o *j* y pídale que escriba la letra correcta cada vez que usted diga un nombre o una palabra.

Nombre ______________________________

Fíjate en la secuencia de las letras del alfabeto.

a b c ch d e f g h i j k l ll m n ñ o p q r s t u v w x y z

Encierra en un círculo la letra que va primero en el alfabeto.

1. a l t	**2.** i p n	**3.** f d g
4. t h l	**5.** s n p	**6.** d c g

Ordena en secuencia las siguientes letras del alfabeto.

7. m b s	**8.** t d p	**9.** t f b
____________	____________	____________
10. p w n	**11.** f c i	**12.** i f b g
____________	____________	____________

Actividad para la casa Su niño o niña aprendió a ordenar en secuencia las letras del alfabeto. Escriba tres letras diferentes en tarjetas, una letra en cada tarjeta. Pídale que ponga las letras en orden alfabético.

Nombre ______________________

Ll ll Kk

Di el nombre de cada dibujo.
Escribe *ll* en la línea si la palabra comienza con el mismo sonido que  .

1. ______	2. ______
3. ______	4. ______
5. ______	6. ______

Escribe dos palabras que comiencen con la letra *k*.

7. ______________________

8. ______________________

Actividad para la casa Su niño o niña ha identificado el sonido de las letras *ll* y *k*. Pídale que escriba otras palabras con esos sonidos.

Nombre ______________________________

Escoge una palabra para completar cada oración.
Escribe la palabra en la línea.

buen	día	tío	hay	los	amigos

1. Manolo es un ________________ .

2. El lunes es ________________ de .

3. Mi ________________ es .

4. En casa ________________ un .

5. Me gustan ________________ .

6. Mis ________________ son los  .

Escuela + Hogar **Actividad para la casa:** Su niño o niña ha aprendido a leer las palabras *buen*, *día*, *tío*, *hay*, *amigos* y *los*. Anime a su niño o niña a señalar estas palabras mientras usted las lee.

Nombre ______________________________

Oraciones simples

Cuenta con qué te gusta jugar.
Completa las oraciones. **Usa** palabras del recuadro.
Escribe una oración por tu cuenta.

una muñeca	una pelota	un carrito	un trompo

Yo juego con ______________________________.

Yo juego con ______________________________.

____

____

Escuela + Hogar **Actividad para la casa** Su niño o niña aprendió a usar oraciones simples al escribir. Pídale que escriba dos oraciones que cuenten qué le gusta hacer en una fiesta.

Nombre ______________________________

Traza y **escribe** las letras. Asegúrate de escribir las letras en el tamaño correcto.

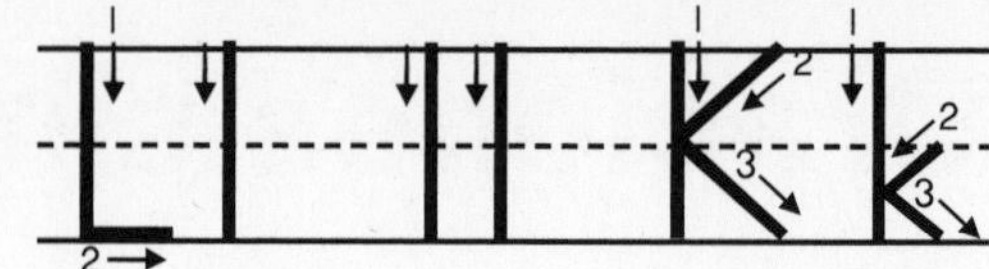

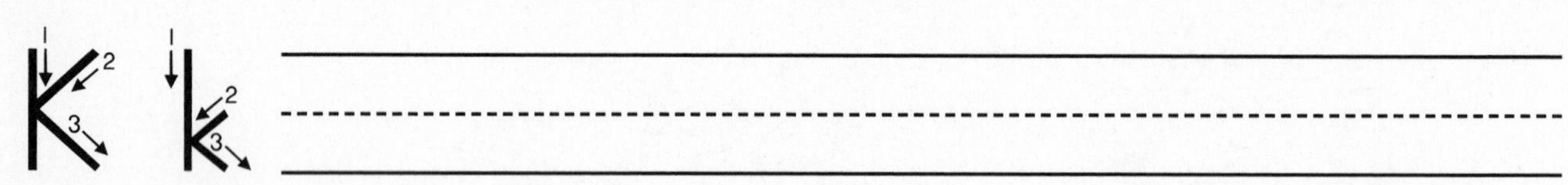

Copia las palabras.

llave ______________________ lluvia ______________________

Kina ______________________ kilo ______________________

sillón ______________________ llama ______________________

kiosko ______________________ Kiko ______________________

Escuela + Hogar **Actividad para la casa** Su niño o niña ha practicado la escritura de palabras con *Ll, ll* y *Kk*. Pídale que escriba dos palabras más que contengan esas letras en una hoja de papel aparte.

Nombre ______________________________

a b c ch d e f g h i j k l ll m n ñ o p q r s t u v w x y z

Vas a ordenar en secuencia las letras del alfabeto.

Encierra en un círculo la letra que va primero en el alfabeto.

1. i t h	2. d p n	3. s b g
4. t f m	5. s p t	6. n g l

Escribe las letras en orden alfabético.

7. b d g	8. n f l	9. c b p
______	______	______
10. v h s	11. m f o	12. t m b i
______	______	______

Actividad para la casa Su niño o niña aprendió a poner las letras del alfabeto en orden secuencial. Diga dos letras diferentes al azar. Pídale que escriba las letras en orden alfabético.

Nombre ______________________________

Qq y *Chch*

Escribe las sílabas *que* y *qui* para completar las palabras.

1. ____________ so

2. má ____________ na

3. par ____________

Di el nombre de cada dibujo.
Escribe *ch* en la línea si la palabra comienza con el mismo sonido que  .

1.  ________	2.  ________
3. 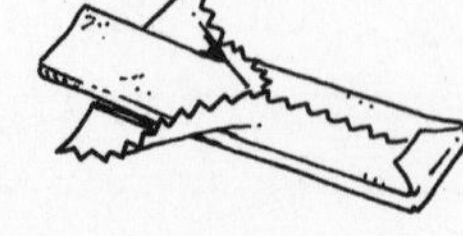 ________	4.  ________

Actividad para la casa Su niño o niña ha aprendido a identificar las consonantes *Qq,* y *Chch.* Pídale que encuentre otras palabras con esas letras.

Nombre ______________________________

Leamos juntos

Lee el cuento.
Encierra en un círculo los dibujos que no pueden ser reales.
Encierra en un cuadro los dibujos que pueden ser reales.

Mi amigo vive en una granja.
Me gusta visitar la granja.
Ayudo a mi amigo a dar de comer a los pollos.
Dejamos a las vacas fuera del granero.
Un día recogemos maíz.
Hay mucho trabajo en una granja.

1.

2.

3.

4.

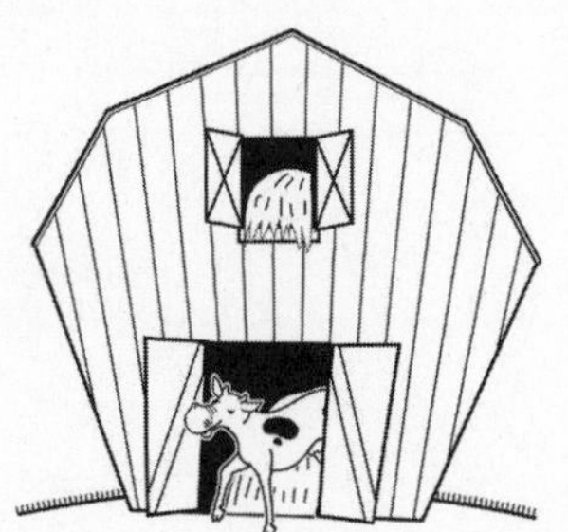

5.

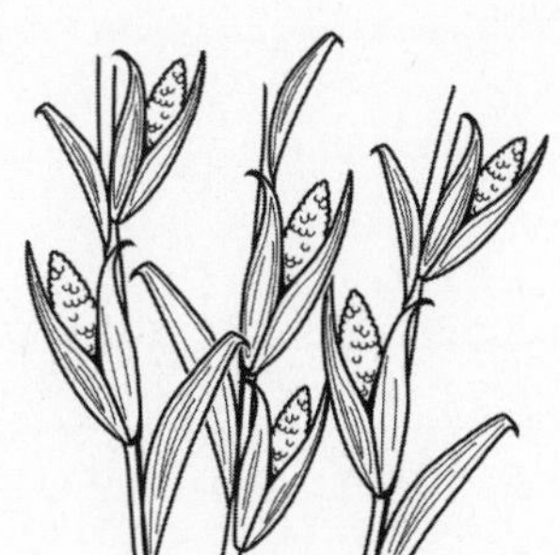

6.

Actividad para la casa Su niño o niña lee un cuento e identifica los dibujos de cosas verdaderas y cosas que no pueden ser reales. Recuérdele que algunos cuentos pueden ocurrir en realidad y otros no. Pídale que haga un dibujo de un cerdo verdadero y de uno fantástico, y que explique cada dibujo.

Nombre ______________________________

Oraciones declarativas

Recuerda que las oraciones declarativas llevan un punto al final.
Marca el grupo de palabras que es una oración declarativa.

1
- ⬭ la casa
- ⬭ Yo casa
- ⬭ Yo miro la casa.

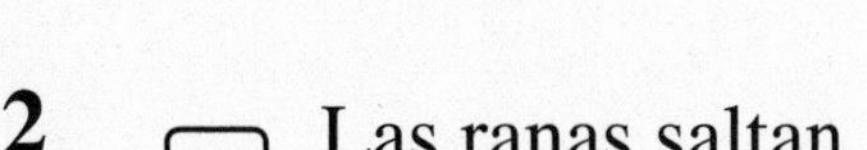

2
- ⬭ Las ranas saltan.
- ⬭ Las ranas
- ⬭ saltan

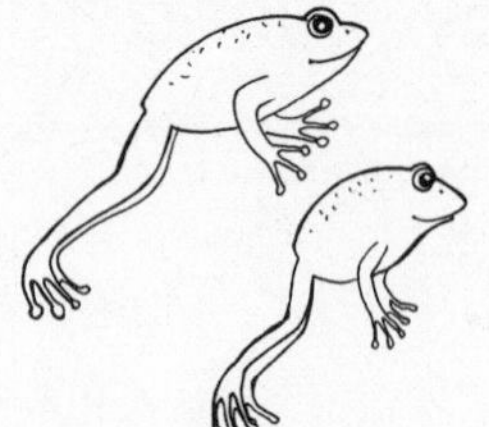

3
- ⬭ juega
- ⬭ el gatito
- ⬭ El gatito juega.

4
- ⬭ Los niños
- ⬭ Los niños pintan.
- ⬭ pintan

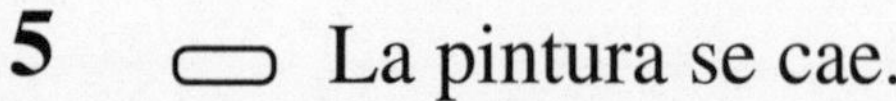

5
- ⬭ La pintura se cae.
- ⬭ La pintura se
- ⬭ pintura se cae

Actividad para la casa Su niño o niña se preparó para tomar un examen de oraciones simples. Lean juntos un cuento. Pídale que señale las partes de las oraciones.

Nombre ______________________

Encierra en un círculo las señales de tránsito de cada ejercicio.

1.

2.

Marca con una X los símbolos que están en el círculo.

3.

Actividad para la casa: Su niño o niña ha aprendido a leer e interpretar los símbolos para obtener información. Cuando salga de paseo con su niño o niña esta semana, hágale notar las señales y símbolos que vean y comenten su significado.

Nombre ______________________________

Traza y **escribe** las letras. Asegúrate de escribir las letras en el tamaño correcto.

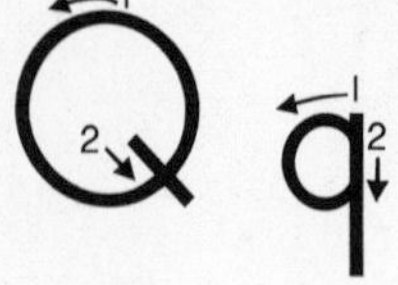

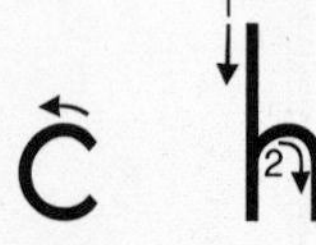

Copia las palabras. Asegúrate de escribir las letras en el tamaño correcto.

Quique ____________________ quita ____________________

Chucho ____________________ China ____________________

coche ____________________ queso ____________________

quema ____________________ tacho ____________________

Actividad para la casa Su niño o niña ha practicado la escritura de palabras con *Qq* y *Ch, ch.* Pídale que elija cuatro palabras de la lista y que las vuelva a escribir para practicar.

Nombre ______________________________

Fíjate en la secuencia de las letras del alfabeto. **Escribe** las letras en orden en una hoja aparte.

a b c ch d e f g h i j k l ll m n ñ o p q r s t u v w x y z

Encierra en un círculo la letra que va primero en el alfabeto.

1. o t d	**2.** i p n	**3.** s f l
4. g s f	**5.** s o p	**6.** t h n

Ordena en secuencia estas letras. **Escríbelas**.

7. p o l t	**8.** t b i a	**9.** r h v a
____________	____________	____________
10. m u s z	**11.** g j d c	**12.** s ñ a o
____________	____________	____________

Actividad para la casa Su niño o niña aprendió a ordenar en secuencia las letras del alfabeto. Diga cuatro letras diferentes al azar. Pida a su niño que escriba las letras en orden alfabético. Después, dele cinco tarjetas de letras y dígale que las ponga en orden alfabético.

Nombre ______________________

Escoge una palabra para completar cada oración.
Escribe la palabra en la línea.

buen día amigos tío hay los

1. son ______________.

2. En el ______________ animales.

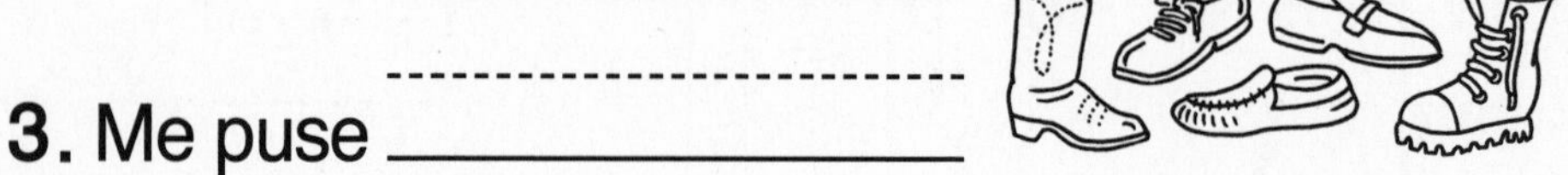

3. Me puse ______________ .

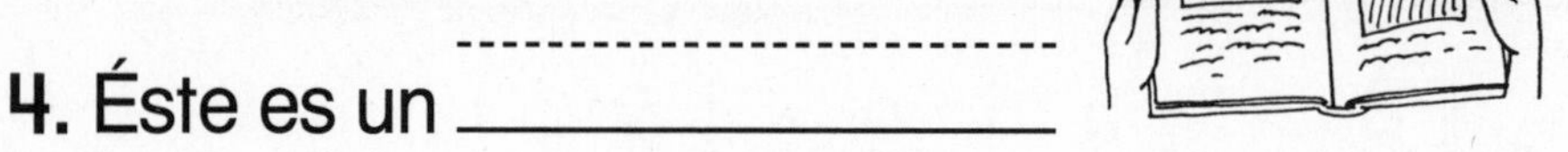

4. Éste es un ______________ .

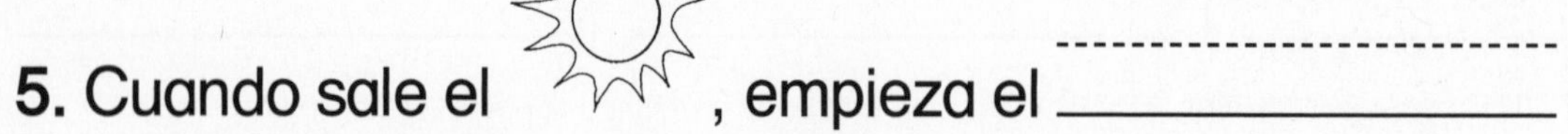

5. Cuando sale el , empieza el ______________.

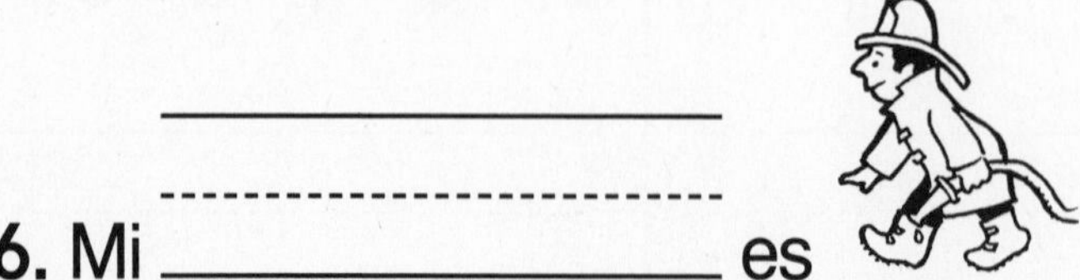

6. Mi ______________ es .

Actividad para la casa: Su niño o niña ha aprendido a leer las palabras *buen, día, amigos, tío hay* y *los.* Anime a su niño o niña a señalar estas palabras mientras usted las lee.

Nombre ______________________

Sílabas con *Yy*

Di el nombre de cada dibujo.
Escribe la letra *y* en la línea si la palabra contiene el sonido /y/ como en *raya*.

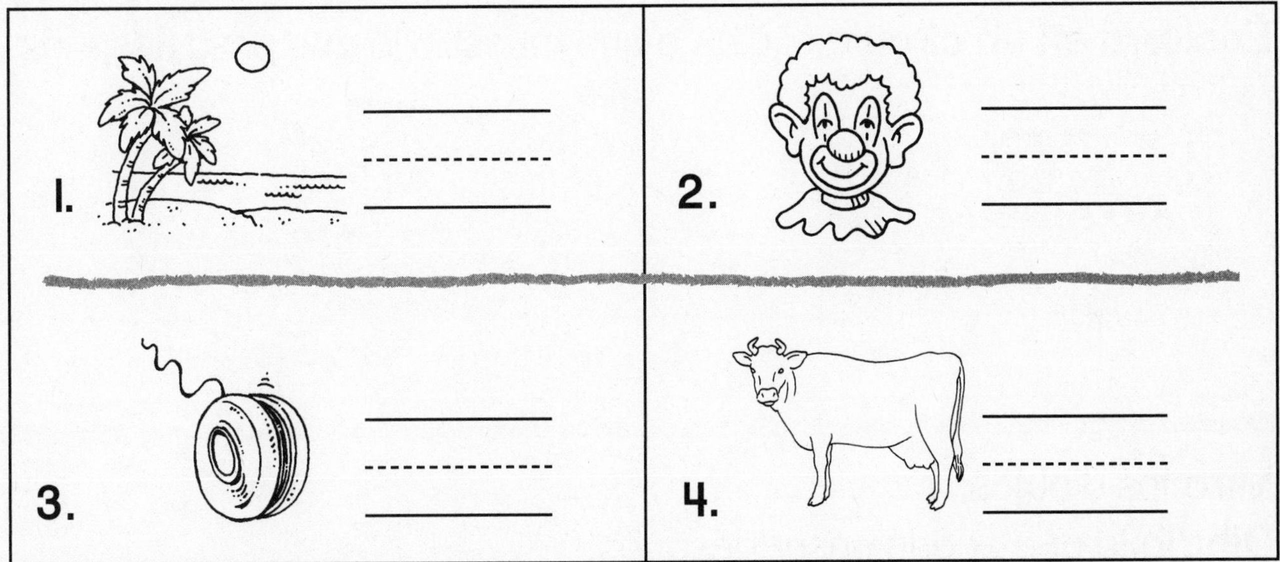

1. ______

2. ______

3. ______

4. ______

Di el nombre de cada dibujo.
Escribe *y* en la línea si la palabra contiene el sonido *y* como en la palabra *yo*.

5. ______

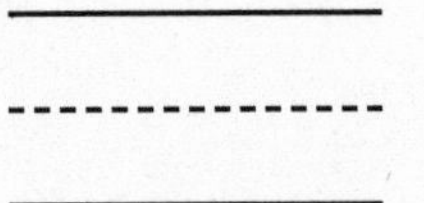
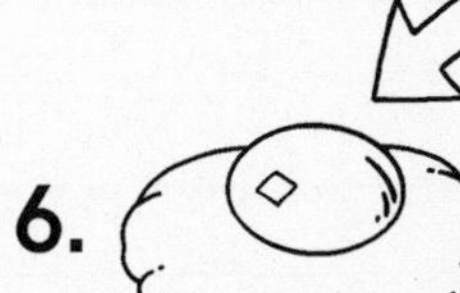

6. ______

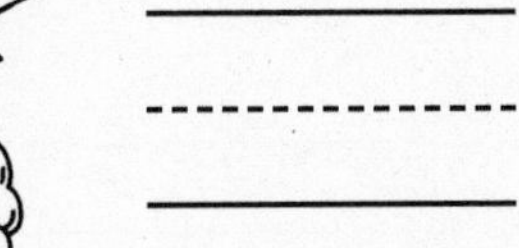

7. ______

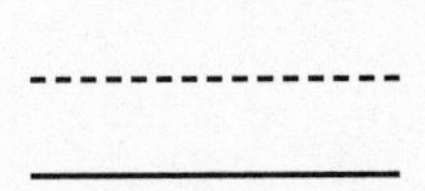

8. ______

Actividad para la casa: Su niño o niña ha aprendido a identificar el sonido de la *y*. Juntos encuentren más palabras con este sonido.

Nombre ______________________________

Mira los dibujos.

Encierra en un círculo el dibujo que muestra lo que pasa después.

Mira los dibujos.
Dibuja lo que podría pasar después.

Actividad para la casa: Su niño o niña ha aprendido a identificar el argumento de un cuento, o las cosas que pasan en el cuento. Cuando lean un cuento, pídale que identifique los sucesos importantes del cuento.

Nombre ______________________

Traza y **escribe** las letras. Asegúrate de escribir las letras en el tamaño correcto.

Y y

Copia las palabras. **Escribe** las letras en el tamaño correcto.

yute ______________ yoyo ______________

Yayita ______________ yeso ______________

Ordena en secuencia las letras del alfabeto.
Escribe las letras en orden alfabético.

1. r m g	2. b v o	3. a s l

4. x t q	5. e c h	6. n f i d

Actividad para la casa Su niño o niña ha practicado la escritura de palabras con *Yy*. Pídale que elija una palabra con *Y* y una palabra con *y* de la lista y que practique escribir las palabras una vez más.

Nombre ______________________________

Encierra en un círculo el título del libro.
Subraya el nombre del autor.
Encierra en un cuadro el nombre del ilustrador.

Contenido

1. **Encierra en un círculo** los números de página.

2. **Encierra en un cuadro** los títulos de los capítulos.

3. **Escribe** el número de página en la que empieza el capítulo de los peces.

____

Actividad para la casa Su niño aprendió a usar el título, el nombre del autor, el nombre del ilustrador y la tabla de contenido en un libro de no ficción, para hallar información. Mientras leen juntos, señale la tabla de contenido y anime a su niño para que le ayude a buscar información tal como el número de página de un capítulo específico.

Nombre ____________________

Zz *Hh*

Di el nombre de cada dibujo.
Escribe la letra *z* en la línea si la palabra contiene el sonido /s/ como en *zanco*.

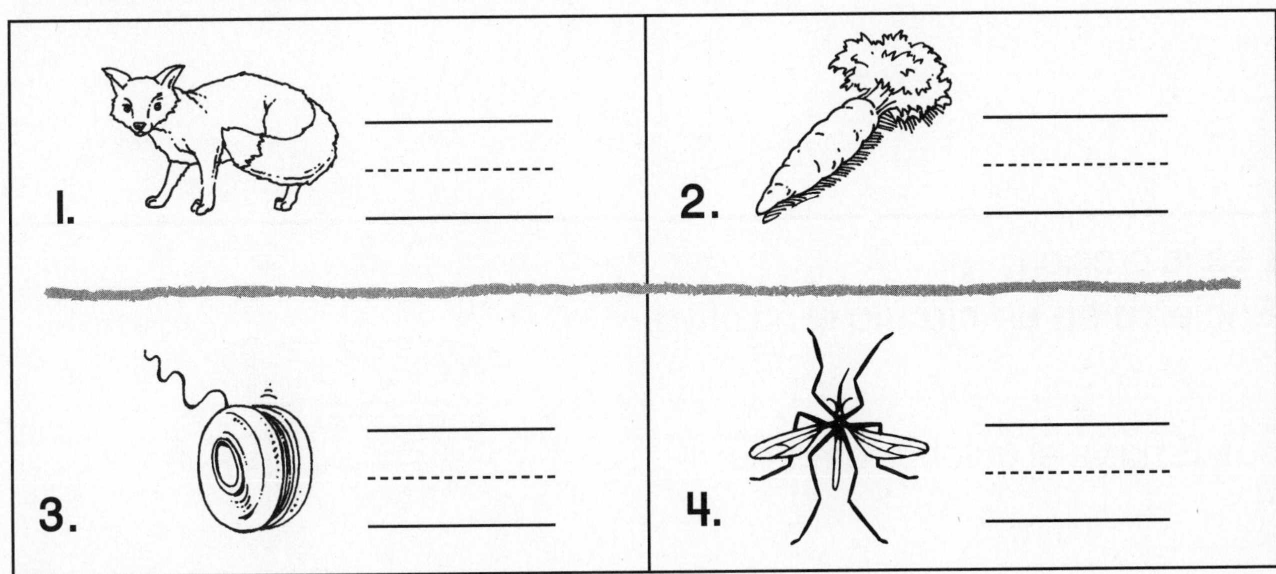

Di el nombre de cada dibujo.
Escribe *h* en la línea si la palabra comienza con *h* como *hoguera*.

5. 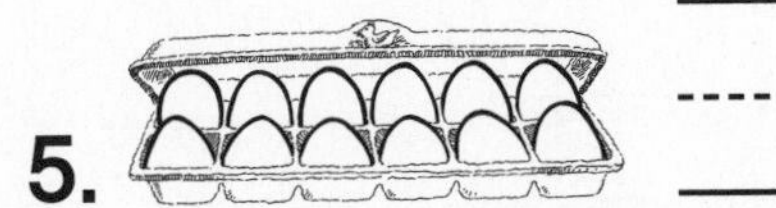 ____________

6.   ____________

7. 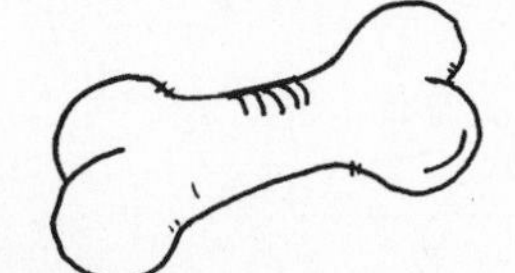 ____________

8.  ____________

Actividad para la casa: Su niño o niña ha aprendido a identificar sílabas con *z* y *h*. Juntos encuentren más palabras con estos sonidos.

Nombre ______________________________

Adjetivos

Un **adjetivo** cuenta algo sobre una persona, un animal, un lugar o una cosa. El sustantivo y el adjetivo están de acuerdo.

un libro **grueso**

Lee la oración.
Encierra en un círculo el adjetivo.

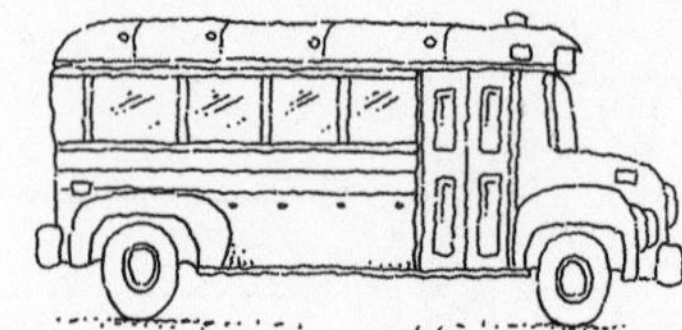

1. Ema ve el autobús amarillo.

2. Ema lleva una mochila grande.

3. Ema tiene amigos simpáticos.

4. Yo leeré libros nuevos.

Di los adjetivos que encerraste en un círculo.

Actividad para la casa Su niño o niña estudió los adjetivos. Pídale que señale objetos de la casa y utilice un adjetivo para describir cada uno de ellos.

Nombre ___________________________

Traza y **escribe** las letras. Asegúrate de escribir las letras en el tamaño correcto.

Z z H h

Z z

H h

Copia las palabras. Siéntate y coloca el papel en la forma adecuada.

Zara ____________ lazo ____________

hoyo ____________ Hugo ____________

hizo ____________ zapato ____________

zumo ____________ haz ____________

Actividad para la casa Su niño o niña ha practicado la escritura de palabras con *Zz, Hh.* Diga en voz alta las palabras *humo, pozo* y *hora* y pídale que las escriba en una hoja de papel aparte.

Nombre ______________________

Encierra en un círculo el título del libro.
Subraya el nombre del autor.
Encierra en un cuadro el nombre del ilustrador.

Contenido

1. **Encierra en un círculo** los números de página.

2. **Encierra en un cuadro** los títulos de los capítulos.

3. **Escribe** el número de página en la que empieza el capítulo Hormigas que escarban. ______________

Actividad para la casa Su niño aprendió a usar el título, el nombre del autor, el nombre del ilustrador y el contenido en un libro de no ficción, para hallar información. Señale la información de la cubierta y el contenido en un libro interesante. Anime a su niño o niña a contar el número de capítulos, hallar el número de página para un capítulo específico e ir a esa página.

Nombre ________________________

Sílabas *gue*, *gui* y *ge*, *gi*

Di el nombre de cada dibujo.
Escribe en la línea las sílabas *gue* o *gui*.

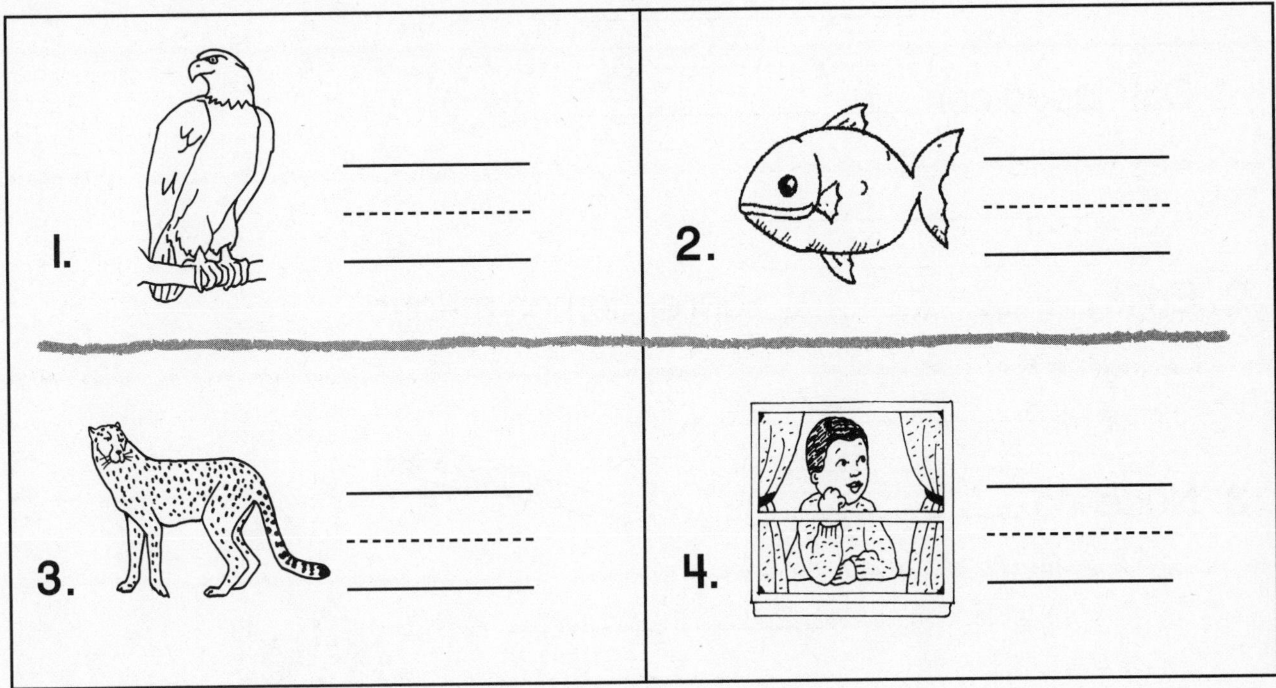

Di el nombre de cada dibujo.
Escribe en la línea las sílabas *ge* o *gi*.

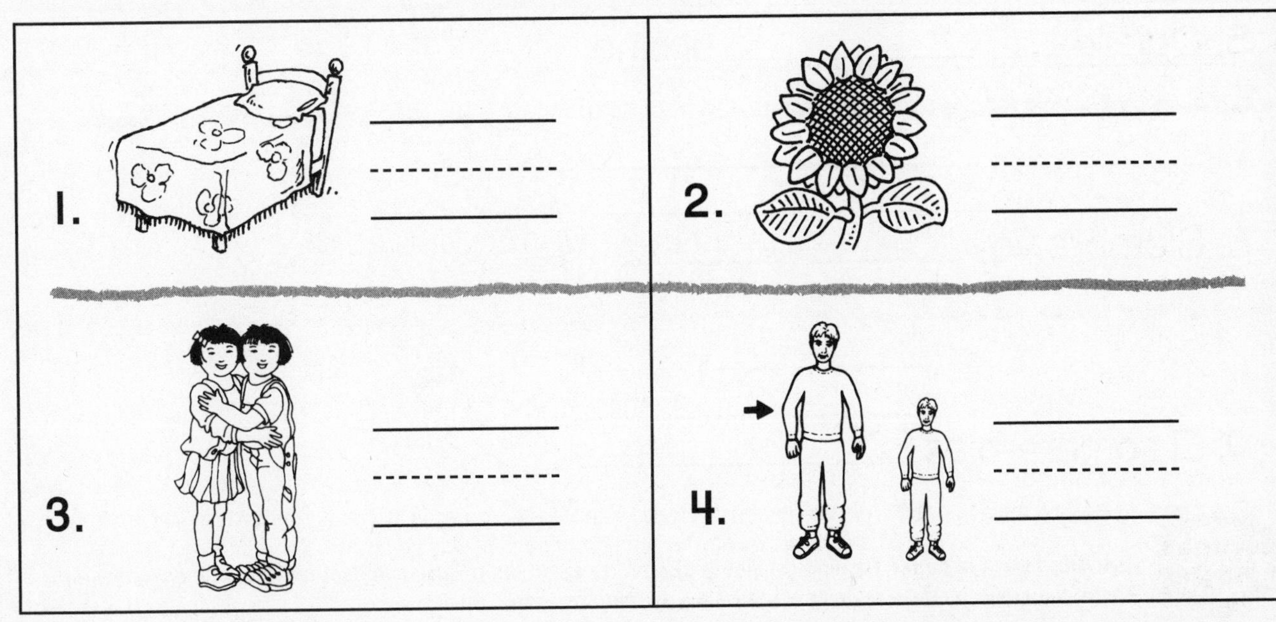

Nombre ______________________

Escoge una palabra para completar cada oración.
Escribe la palabra en la línea.

ir escuela las por esta al del

1. Cati juega con ______________  .

2. En la ______________ aprendemos mucho.

3. Necesito ______________ .

4. Caperucita camina ______________ el  .

5. Quiero ______________ al cine.

6. Siempre voy ______________ .

7. El sombrero es ______________ .

Actividad para la casa: Su niño o niña ha aprendido a leer las palabras *ir, escuela, las, por, esta, al* y *del.* Anime a su niño o niña a señalar estas palabras mientras usted las lee.

Nombre ______________________

Adjetivos

Cuenta algo sobre tu clase.
Completa las oraciones. **Usa** palabras del recuadro o tus propias palabras.
Escribe una oración por tu cuenta.

grande	pequeño	linda	nuevo

Mi clase tiene una ventana ______________________.

Mi clase tiene un pizarrón ______________________.

____

____

Actividad para la casa Su niño o niña aprendió a usar adjetivos al escribir. Dígale que escriba dos oraciones que describan su juguete favorito y pídale que identifique los adjetivos.

Nombre ______________________

Traza y **escribe** las letras. Asegúrate de escribir las letras en el tamaño correcto.

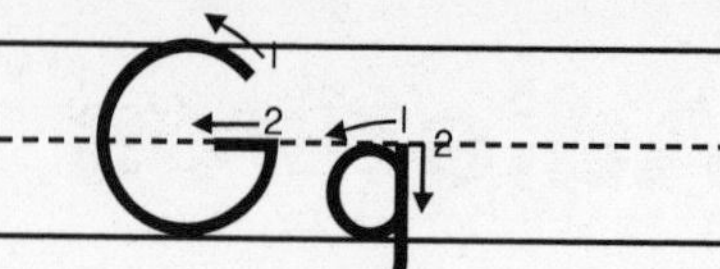

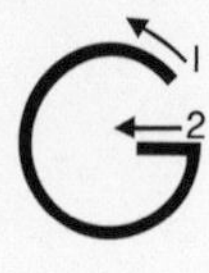

Copia las palabras.

Gina ______________ girasol ______________

guiño ______________ Guido ______________

genio ______________ gel ______________

guepardo ______________ juguete ______________

¿Escribiste todas las letras en el tamaño correcto? **Sí** **No**

Actividad para la casa Su niño o niña ha practicado la escritura de palabras con *Gg*. Diga en voz alta las palabras *guitarra, gitano, guiso* y *gema* y pídale que las escriba en una hoja de papel aparte.

Nombre ______________________________

a b c ch d e f g h i j k l ll m n ñ o p q r s t u v w x y z

Encierra en un círculo la letra que va primero en el alfabeto.

1. w j e	**2.** k i r	**3.** s c l
4. o n h	**5.** f n m	**6.** p d g

Escribe las letras en orden alfabético.

7. y p e s	**8.** g i f a	**9.** t x m b
10. q o m r	**11.** t n l o	**12.** e a d b

Actividad para la casa Su niño o niña aprendió las letras del alfabeto en orden secuencial. Diga cuatro letras diferentes al azar. Pídale que escriba las letras en orden alfabético. Después, dele cinco tarjetas de letras y dígale que las ponga en orden alfabético.

Nombre ______________________

rr

Di el nombre de cada dibujo.
Escribe *rr* en la línea si la palabra contiene el sonido *rr* como en  .

1.  ________

2.  ________

3.  ________

4.  ________

5.  ________

6.  ________

7.  ________

8.  ________

Escuela + Hogar **Actividad para la casa** Su niño o niña ha aprendido a identificar el sonido de la *rr*. Pídale que escriba alguna de las palabras anteriores que contienen el sonido *rr*.

Nombre ______________________

Lee el cuento.
Escribe 1, 2 o 3 en las líneas para indicar qué sucede al principio, en el medio y al final.

Lucy juega con su cachorro.

Ella tiene puesto un sombrero de paja.

El viento hace volar el sombrero de Lucy.

Mamá le cose dos cintas al sombrero.

Mamá ata las cintas bajo la barbilla de Lucy.

Ahora el sombrero de Lucy no se volará.

______

______

______

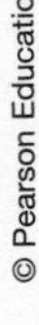

Actividad para la casa Su niño o niña leyó un cuento e identificó el orden en que ocurren los sucesos. El cuento tiene un problema y una solución. Vuelva a leer el cuento con su niño o niña. Pídale que le diga cuál es el problema en el cuento y cómo se soluciona.

Nombre ______________________________

Adjetivos

Marca la oración que tiene el adjetivo con una raya debajo.

1
- ⬭ Dani sube al gran autobús.
- ⬭ Dani sube al gran autobús.
- ⬭ Dani sube al gran autobús.

2
- ⬭ Ema es una niña feliz.
- ⬭ Ema es una niña feliz.
- ⬭ Ema es una niña feliz.

3
- ⬭ Los niños leen un libro ilustrado.
- ⬭ Los niños leen un libro ilustrado.
- ⬭ Los niños leen un libro ilustrado.

4
- ⬭ Ema tomará una sopa caliente.
- ⬭ Ema tomará una sopa caliente.
- ⬭ Ema tomará una sopa caliente.

5
- ⬭ Me gusta la sopa sabrosa.
- ⬭ Me gusta la sopa sabrosa.
- ⬭ Me gusta la sopa sabrosa.

Actividad para la casa Su niño o niña se preparó para tomar un examen de adjetivos. Lean juntos un cuento. Pídale que identifique los adjetivos del cuento.

Nombre ____________________

Mira el calendario. **Lee** las preguntas. **Encierra en un círculo** las respuestas.

domingo lunes martes miércoles jueves viernes sábado

1. ¿Qué día viene después del lunes?

domingo martes jueves

2. ¿Qué día viene después del jueves?

miércoles sábado viernes

3. ¿Qué mes viene después de marzo?

abril julio octubre

4. ¿Qué mes viene después de junio?

agosto julio octubre

Actividad para la casa: Su niño o niña ha aprendido cómo el calendario muestra el orden de los días y los meses. Observe un calendario con su niño o niña y pida que señale los días, las semanas y los meses.

Nombre

Traza y **escribe** las letras. Asegúrate de escribir las letras en el tamaño correcto.

r r

r r

Copia las palabras.

carro

arrima

corre

arrullo

porra

burro

gorrito

arregla

Escuela + Hogar

Actividad para la casa Su niño o niña ha practicado la escritura de palabras con *rr*. Diga en voz alta la siguiente oración: *Arrima tu gorrito*. Pídale que la escriba en una hoja de papel aparte.

Nombre ___________________________

Lee cada grupo de palabras.
Encierra en un círculo el grupo de palabras que es una oración.

1. me dame mima

   Lola me mima.

   es la un

2. Mi osa es Cuca.

   Cuca mi

   mi hola es

3. es van un oso

   Me da un oso.

   Es me oso

4. un los mes

   es mes un

   Es un mes.

5. Veo el mar.

   los mar

   mar es el

6. Sus nenes van al mar.

   los nenes al mar

   mar es los nenes

Escuela + Hogar

Actividad para la casa Su niño aprendió a reconocer oraciones. Escriba grupos de palabras simples que son oraciones y grupos de palabras que no lo son. Pida a su niño que identifique las oraciones y explique sus elecciones.

Nombre ________________________

Escoge una palabra para completar cada oración.
Escribe la palabra en la línea.

al esta del las ir escuela

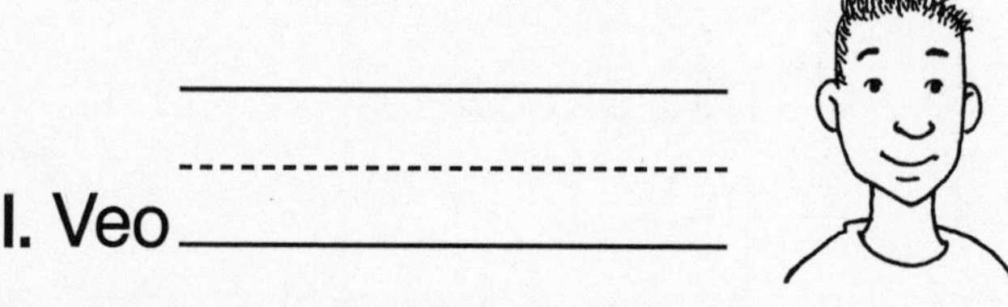

1. Veo ______________ .

2. ______________ es la mía.

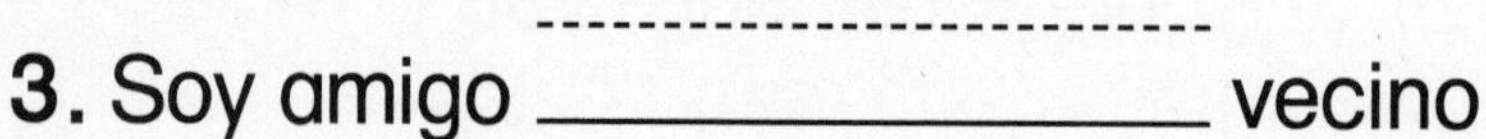

3. Soy amigo ______________ vecino.

4. Me gustan ______________ .

5. Voy a ______________ a la ______________ .

Actividad para la casa: Su niño o niña ha aprendido a leer las palabras *al, esta, las, ir, escuela, por* y *del*. Anime a su niño o niña a señalar estas palabras mientras usted las lee.

Nombre ________________________________

Ww

Lee las oraciones. **Escribe** *w* para completar cada palabra.

1. Donde busco información. ___eb

2. Mi deporte favorito. ___aterpolo

3. Lo como para el almuerzo. sánd___ich

4. Mi mejor amiga. ___endi

5. Una fruta pequeña y dulce. ki___i

Escuela + Hogar

Actividad para la casa Su niño o niña ha practicado el uso de la letra *w*. Tal vez puedan mencionar nombres de amigos o familiares con esta letra.

Nombre ______________________________

Encierra en un círculo los dibujos que muestran una fantasía. **Dibuja** un recuadro alrededor de los dibujos que muestran una realidad.

1\.

2\.

3\.

4\.

5\.

6\.

Actividad para la casa: Su niño o niña identificó los dibujos que mostraban una fantasía y los que mostraban una realidad. Lean juntos un libro que muestre cómo viven los animales y las personas en la realidad.

Nombre ______________________________

Traza y **escribe** las letras. Asegúrate de escribir las letras en el tamaño correcto.

W w

W

w

Copia las palabras. Escribe las letras en el tamaño correcto.

Walter ____________ Waldo ____________

kiwi ____________ waterpolo ____________

Actividad para la casa Su niño o niña ha practicado la escritura de palabras con *Ww*. Pídale que elija dos palabras de la lista y que las vuelva a escribir para practicar una vez más.

Nombre ______________________________

Lee cada grupo de palabras.
Busca y **copia** una oración completa.

1. El gato me lame la mano.
   es mi gato
   va a

   ____

2. Cuca tiene un coco.
   coco un cuca
   mi coco

   ____

3. Memo y meme
   mamá y
   Memo y Meme son amigos.

   ____

4. Mimí va
   Mimí va a la cama.
   la cama a

   ____

Actividad para la casa Su niño o niña aprendió a reconocer las características de la oración, tales como el uso de las mayúsculas y los signos de puntuación al final. Pídale que encierre en un círculo la letra mayúscula en cada oración de esta página.

Nombre ______________________________

Xx Rr

Escribe *x* o *r* para completar cada palabra.

1. **Escribe** *x* para completar la palabra. e cusa

2. **Escribe** *r* para completar la palabra. a ena

3. **Escribe** *x* para completar la palabra. a ila

4. **Escribe** *r* para completar la palabra. ma iposa

5. **Escribe** *x* para completar la palabra. ta i

6. **Escribe** *r* para completar la palabra. to o

Escuela + Hogar

Actividad para la casa Su niño o niña ha practicado el uso de las letras *x* y *r* suave. Tal vez puedan mencionar nombres de amigos o familiares con una de estas letras.

Nombre ______________________________

Oraciones

Una **oración** es un grupo de palabras que cuenta una idea completa. Comienza con **mayúscula** y, por lo general, termina con un **punto(.).** Tiene un sustantivo y un verbo. A veces tiene también adjetivos que describen a los sustantivos.

sustantivo

El perro mojado corre.

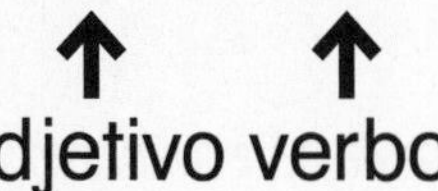

adjetivo verbo

Busca la oración.
Haz una raya debajo de la oración.

1. La niña come una pera madura.
   una pera madura
2. Dani y Ema
   Dani y Ema van a una feria divertida.
3. El cuenco tiene fruta apetitosa.
   de fruta apetitosa
4. una fuerte lluvia
   Una fuerte lluvia cae.

Di las oraciones.

Actividad para la casa Su niño o niña estudió las oraciones. Dígale una oración simple y pídale que le añada alguna palabra.

Nombre ______________________

Traza y **escribe** las letras. Asegúrate de escribir las letras en el tamaño correcto.

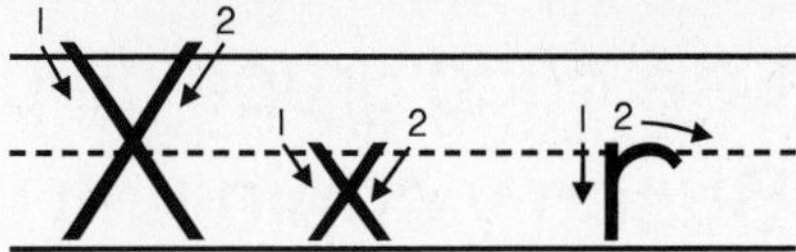

X x

r

Copia las palabras. Siéntate y coloca el papel en la forma adecuada.

taxi ______________ coro ______________

aro ______________ xilófono ______________

saxofón ______________ maraca ______________

Xavier ______________ Ximena ______________

Actividad para la casa Su niño o niña ha practicado la escritura de palabras con *Xx* y *r*. Pídale que vuelva a escribir las palabras de la lista que están relacionadas con la música.

Nombre ________________________________

Lee cada grupo de palabras.
Busca y **copia** una oración completa.

1. gato mi
   Lalo no es de
   Mi gato es Lalo.

2. El nene está en la cuna.
   la cuna nene
   la cuna

3. a Pipo
   Veo a Pipo.
   Pipo

4. Lino come queso.
   queso Lino
   come Lino queso

Actividad para la casa Su niño o niña aprendió a reconocer las características de la oración, tal como el uso de los signos de puntuación al final. Busque oraciones y otros grupos de palabras en un folleto, publicación periódica o utilice una hoja de trabajo. Pida a su niño que identifique las oraciones y encierre en un círculo los signos de puntuación al final.

Nombre ______________________________

Sílabas *ce*, *ci*

Di el nombre de cada dibujo.
Escribe *ce* en la línea si la palabra contiene el sonido *ce* como en la palabra *cena*.

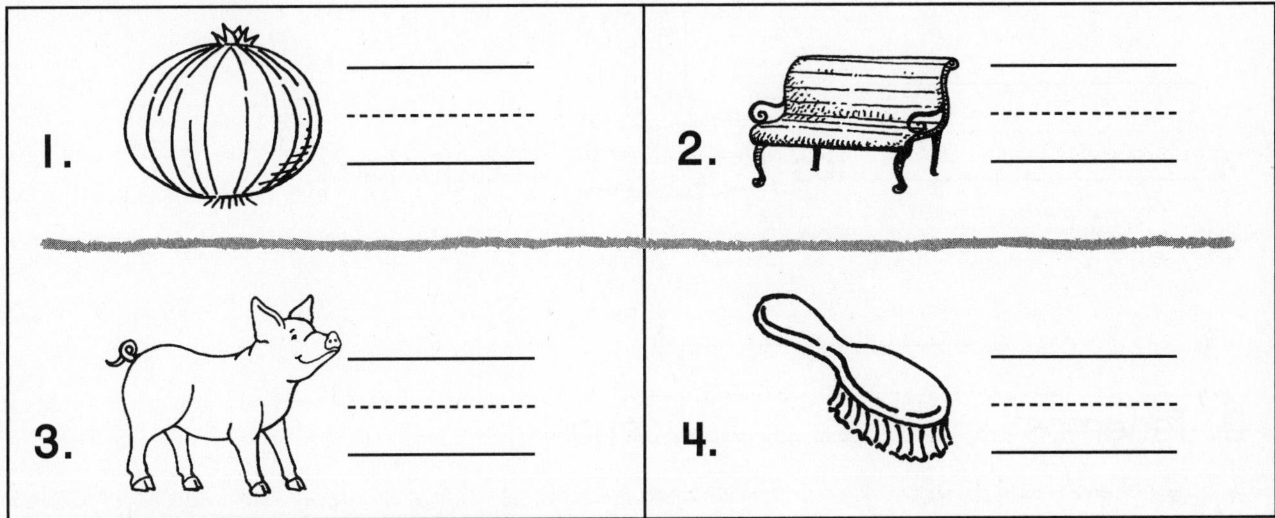

Di el nombre de cada dibujo.
Escribe *ci* en la línea si la palabra contiene el sonido *ci* como en la palabra *cima*.

5. ______	6. ______
7. ______	8. ______

Actividad para la casa Su niño o niña ha aprendido a identificar las sílabas *ce* y *ci*. Pídale que escriba las palabras *ciruela* y *ceja* y después que las lea en voz alta.

Nombre ______________________________

Escoge una palabra para completar cada oración.
Escribe la palabra en la línea.

cuando dijo todos que señora

1. __________ los [libros] me gustan.

2. Tenemos __________ cenar.

3. Me divierto __________ canto.

4. El [loro] me __________ hola.

5. La __________ es amable.

Actividad para la casa Su niño o niña ha aprendido a leer las palabras *cuando, dijo, todos, que* y *señora.* Anime a su niño o niña a señalar estas palabras mientras usted las lee.

Nombre ______________________

Oraciones

Cuenta sobre lo que compras en una tienda.
Usa palabras del recuadro o tus propias palabras.

comida	juguetes	libros	ropa

Di otras oraciones sobre cosas de una tienda.

Escuela + Hogar

Actividad para la casa Su niño o niña aprendió a usar oraciones al escribir. Pídale que añada adjetivos a las oraciones que escribió.

Nombre ______________________________

Traza y **escribe** las letras. Asegúrate de escribir las letras en el tamaño correcto.

C

c

Copia las palabras.

Ceci ____________ cebolla ____________

cigarra ____________ Ciro ____________

hace ____________ cocina ____________

cita ____________ cebada ____________

¿Escribiste todas las letras en el tamaño correcto? Sí 

Actividad para la casa Su niño o niña ha practicado la escritura de palabras con *Cc*. Pídale que escriba la siguiente oración en una hoja de papel aparte: *Ciro camina hacia el cerro.*

Nombre ______________________

Lee cada grupo de palabras.
Busca y **copia** una oración completa.

1. dedo mi dado
   El dado es de Cuca.
   mi dado de Cuca

   ____

2. su nana cama
   la cama Ema
   Ema está en la cama.

   ____

Completa cada oración. Escribe una o dos palabras y un punto [.].

3. Me gusta ______________________

4. Veo ______________________

5. Me llamo ______________________

6. Mi amigo es ______________________

7. Mi casa es ______________________

8. Mi escuela es ______________________

Actividad para la casa Su niño o niña aprendió a reconocer las características de la oración, tal como el uso de las mayúsculas y los signos de puntuación al final, después usó estas características para completar oraciones. Señale las oraciones en un periódico o revista. Pídale que identifique las características de una oración. Después, pídale que busque oraciones completas.

Nombre ______________________

Gg y sílabas *güe, güi*

Di el nombre de cada dibujo.
Escribe *güe* en la línea si la palabra contiene el sonido *güe* como en la palabra *güero*.

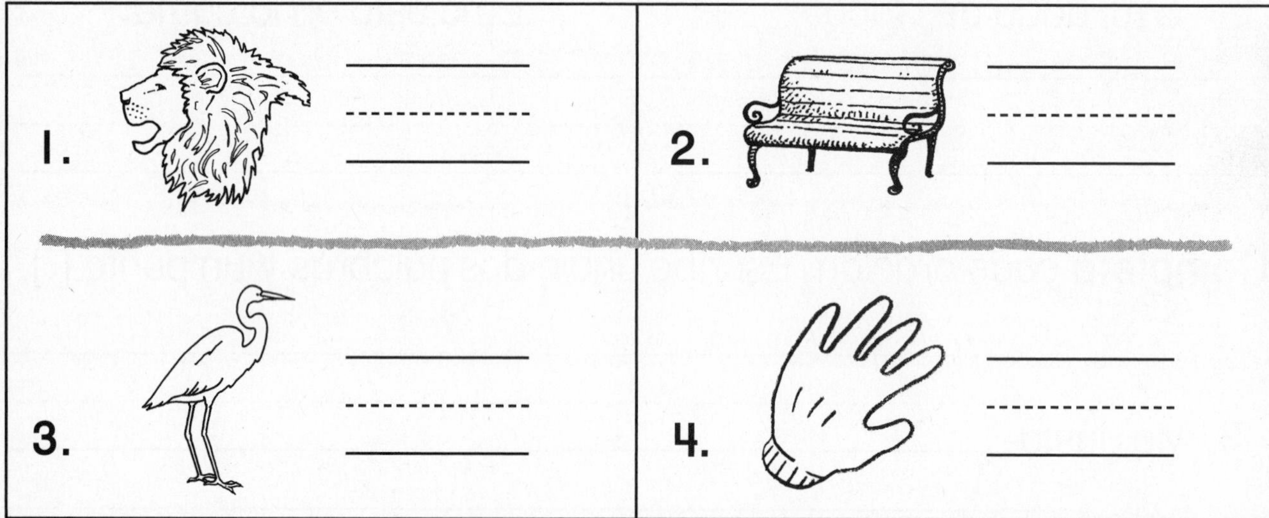

Di el nombre de cada dibujo.
Escribe *güi* en la línea si la palabra contiene el sonido *güi* como en la palabra *agüita*.

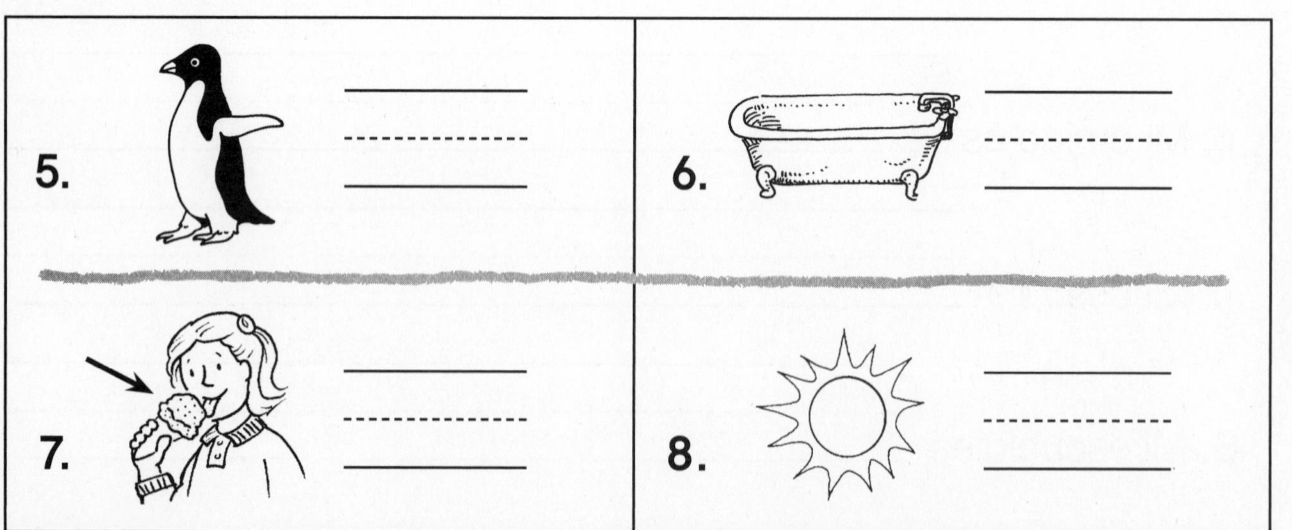

Actividad para la casa: Su niño o niña ha aprendido a identificar las sílabas *güe* y *güi*. Pídale que escriba las palabras *cigüeña* y *pingüino* y después que las lea en voz alta.

Nombre ______________________________

Lee el cuento.
Mira cada par de dibujos.
Encierra en un círculo el que muestre algo verdadero.

Mi clase fue al museo.

Las mariposas volaban alrededor en un salón especial.

En otro salón, aprendimos sobre los caballos.

Había modelos y dibujos de caballos.

Vimos los huesos de un gran dinosaurio.

Esa fue mi parte favorita del museo.

1. 

2. 

3. 

4. 

5. 

6. 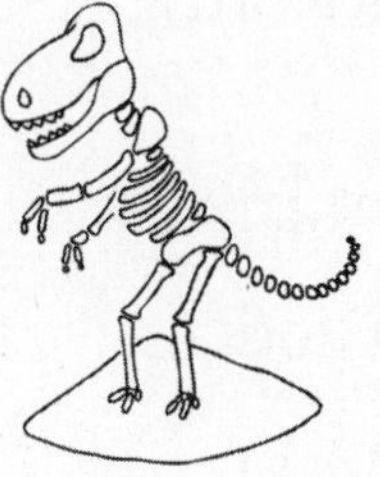

Actividad para la casa Su niño o niña leyó un cuento que puede suceder en la vida real. Después identificó cuál dibujo es verdadero. Hable sobre un lugar donde ha estado con su niño o niña, como el zoológico, parque o feria. Pídale que nombre cosas que eran verdaderas en ese lugar.

Nombre ____________________

Oraciones

Marca la palabra que completa la oración.

1 Dani ________ un rico ñame.

- ⊂⊃ niña
- ⊂⊃ lindo
- ⊂⊃ compra

2 Ellas empiezan una carrera ________.

- ⊂⊃ larga
- ⊂⊃ abandona
- ⊂⊃ perro

3 Papá trajo una gran ________ de fruta.

- ⊂⊃ plátano
- ⊂⊃ comió
- ⊂⊃ cesta

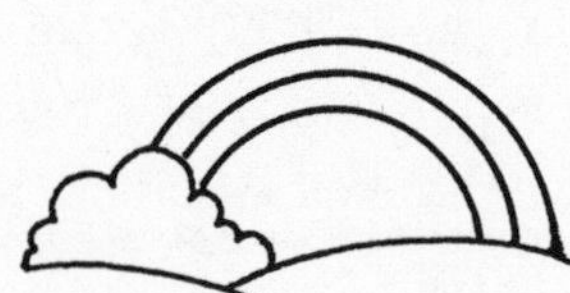

4 Dani y Ema ________ el arco iris.

- ⊂⊃ amarillo
- ⊂⊃ miran
- ⊂⊃ nosotros

5 El arco iris es ________.

- ⊂⊃ ustedes
- ⊂⊃ lindo
- ⊂⊃ si

Actividad para la casa Su niño o niña se preparó para tomar un examen de oraciones. Nombre a algún miembro de su familia y pídale a su niño o niña que diga dos oraciones sobre esa persona. Dígale que incluya un sustantivo, un verbo y un adjetivo en cada oración.

Nombre ___________________________

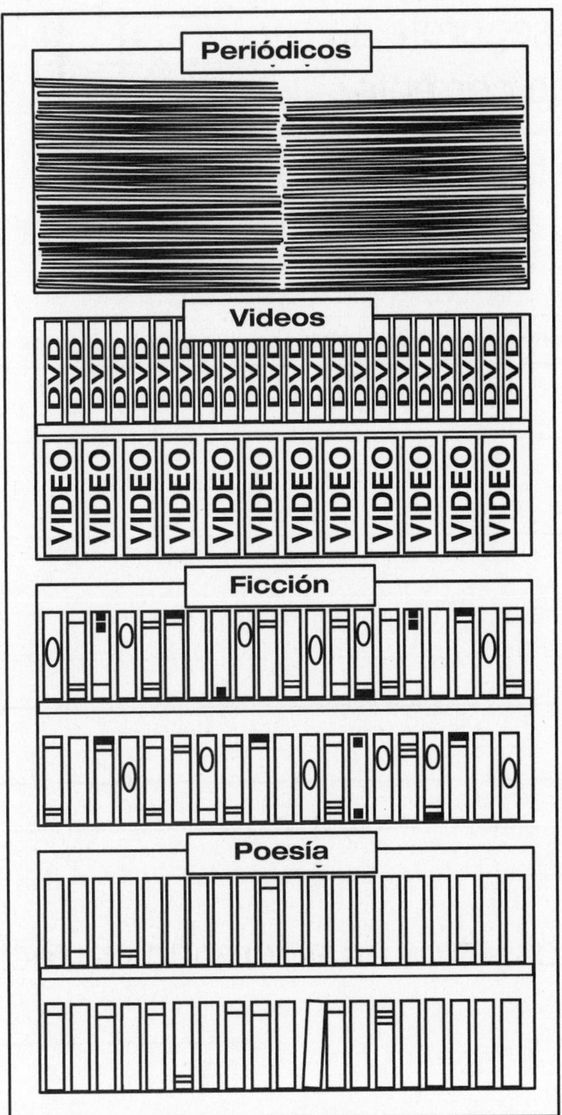

1. **Encierra en un círculo** el estante que tiene [periódico].
2. **Dibuja** un recuadro alrededor del estante que tiene [libros].
3. **Marca** con una X la computadora.
4. **Dibuja** una flecha que señale el estante con los libros de poesía.
5. **Subraya** el estante con DVD.

Actividad para la casa Su niño o niña ha aprendido a encontrar recursos en las bibliotecas. Visiten la biblioteca más cercana para que su niño o niña busque, con su ayuda, libros de cuentos, libros de poesía, periódicos, letreros y etiquetas.

Nombre ____________________

Traza y **escribe** las letras. Asegúrate de escribir las letras en el tamaño correcto.

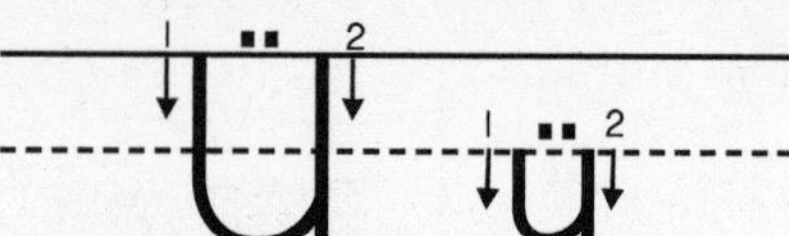

Ü

ü

Copia las palabras. Escribe las letras en el tamaño correcto.

güiro ____________ pingüino ____________

cigüeña ____________ lengüeta ____________

güero ____________ yegüita ____________

agüita ____________ bilingüe ____________

Actividad para la casa Su niño o niña ha practicado la escritura de palabras con *güe, güi*. Pídale que vuelva a escribir las palabras de la lista que nombran animales.

Nombre ______________________

Lee cada grupo de palabras.
Busca y **copia** una oración completa.

1. papa la me una
   La nena me da una papa.
   Me una papa

2. Mimí me mima.
   me mima
   mimí mima

3. oso es el
   Memo es el
   Es el oso Memo.

4. Me llamo Lalo.
   Lalo me
   llamo me

5. Ema va a la cama.
   la cama va
   Ema cama va

6. un me da mapa
   Mi papá me da un mapa.
   mapa me da

Actividad para la casa Su niño o niña aprendió a reconocer oraciones. Escriba grupos de palabras simples que son oraciones y grupos de palabras que no lo son. Pídale que identifique las oraciones y explique sus elecciones.

Nombre ______________________

Escoge una palabra para completar cada oración.
Escribe la palabra en la línea.

mar cuando dijo que todos

1. Me divierto ______________ juego.

2. Pepe ______________ que vendrá a mi casa.

3. ______________ fuimos al parque.

4. Creo ______________ tengo gripe.

5. El delfín vive en el ______________.

6. La ______________ Pérez es buena.

Actividad para la casa: Su niño o niña ha aprendido a leer las palabras *mar, cuando, dijo, que,* y *todos.* Anime a su niño o niña a señalar estas palabras mientras usted las lee.

Nombre ____________________

Di el nombre de cada dibujo.
Escribe *ma, me, mi, mo* o *mu* en la línea.

Mapa

1.

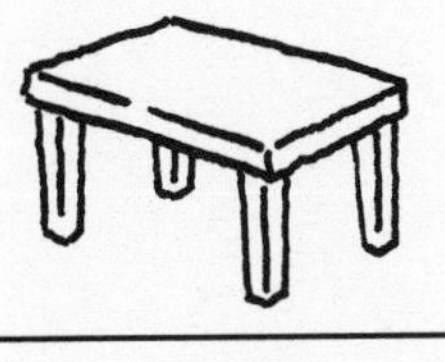

2.

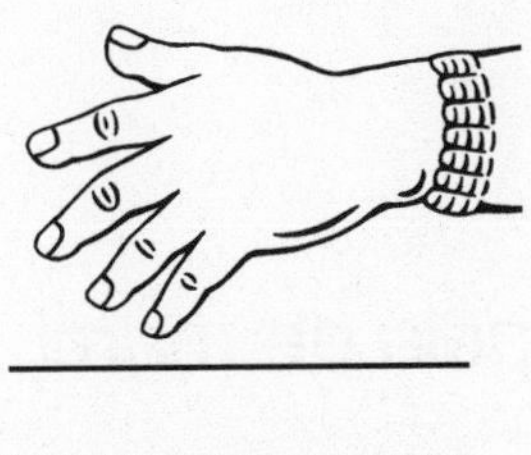

3.

4.

5.

6.

Encuentra las palabras que tengan las sílabas *ma* o *mo*.
Rellena el ⬭ para indicar tu respuesta.

7. ⬭ ⬭ ⬭

8. ⬭ ⬭ ⬭

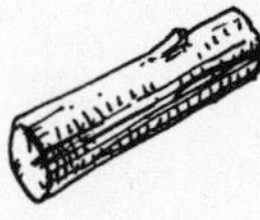

Actividad para la casa Su niño o niña ha identificado las sílabas *ma, me, mi, mo* y *mu*. Pídale que señale y nombre cosas en casa que empiecen con estas sílabas.

Nombre ______________________________

Escoge una palabra del recuadro para completar cada oración.
Escribe la palabra en la línea.

de	la	mami	muy	sí

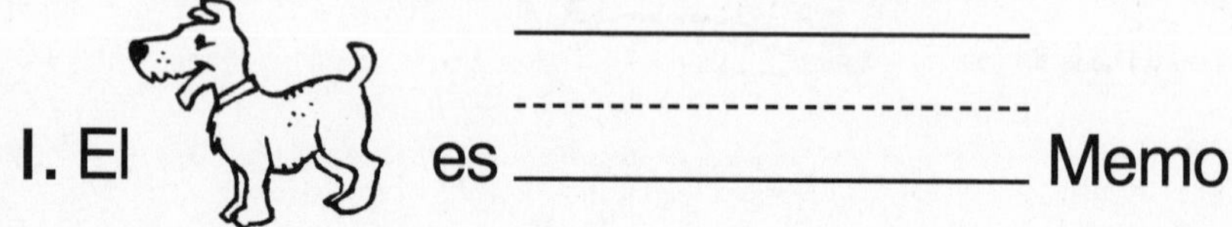

1. El [perro] es ________________ Memo.

2. Es ________________ pala de mami.

3. ________________, el [hueso] es de Pipo.

4. Mimi es ________________ alta [niñas] .

5. Amo a mi ________________ .

Escuela + Hogar **Actividad para la casa:** Su niño o niña ha aprendido a leer las palabras *de, la, mami, muy* y *sí*. Escriba cada palabra en una tarjeta y pídale que las lea y que use cada palabra en una oración.

Nombre ___________________________

Mira los dibujos.

Pipo

Memo

Encierra en un círculo el dibujo que muestra lo que tiene cada personaje.

1. Pipo   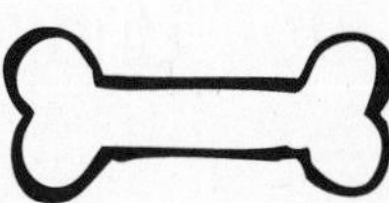

2. Memo   

Rellena el ⬭.

3. Pipo es un

4. Memo cava en

Escuela + Hogar **Actividad para la casa:** Su niño o niña aprendió sobre los personajes de un cuento. Cuando lean juntos, hágale notar detalles que muestren cómo es un personaje y qué cosas le gustan.

Nombre ___________________________

Peludo el gato

Peludo es nuestro gato. Él es tonto. Juega con todo.

Hoy, Mamá dejó caer una pluma. La pluma cayó al suelo.

Peludo corrió hacia la pluma. Él golpeó la pluma. La pluma rodó por el suelo. Peludo mordió la pluma. Él la golpeó de nuevo. La pluma rodó.

"¡Tonto Peludo!" dijo Mamá. "¡Él cree que la pluma es un juguete!"

Aspectos principales de un cuento

- El cuento tiene personajes y cuenta lo que ellos hacen.
- Está compuesto de oraciones.

Instrucciones: Ahora escribe tu propio cuento. No te olvides de generar una lista de tópicos de interés de tu clase. Formula preguntas amplias sobre uno o dos de los tópicos.

Nombre ______________________

Di el nombre de cada dibujo. **Usa** lo que sabes sobre las partes de una palabra para deletrear.
Escribe *pa, pe, pi, po* o *pu* en la línea.

perro

1. ________ no

2. ________ to

3. ________ pitre

4. ________ zarrón

5. ________ llo

6. ________ lota

Encuentra las palabras que tengan las sílabas *pa* o *pu*.
Rellena el ⬭ para indicar tu respuesta.

7. ⬭ ⬭ ⬭ 8. ⬭ ⬭ ⬭

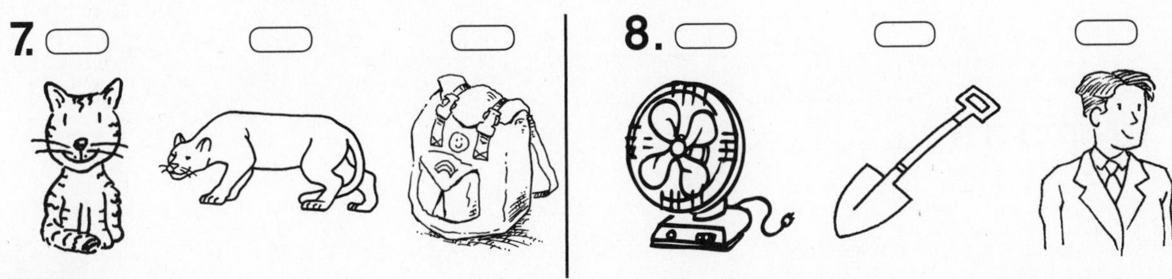

Actividad para la casa Su niño o niña ha identificado las sílabas *pa, pe, pi, po* y *pu.* Pídale que señale y nombre cosas en casa que empiecen con estas sílabas.

Nombre ______________________

Sílabas con *m* y *p*

Escribe la palabra de ortografía que comienza con la letra dada.

Palabras de ortografía
mami
me
mi
mimo
Memo
papi
mapa
papa
Pepe
puma

1. m ______________

2. p ______________

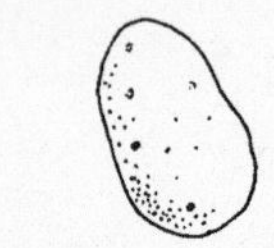

3. p ______________

4. p ______________

5. m ______________

6. M ______________

Escribe las palabras que faltan.

mapa	mami

7. El ______________ es de América.

8. Yo amo a mi ______________.

Escuela + Hogar

Actividad para la casa Su niño o niña está escribiendo palabras con sílabas con *m* y *p*. Señale un dibujo de la página y pídale que escriba la palabra.

Nombre ________________________

Oraciones

Una **oración** es un grupo de palabras que cuenta una idea completa. Las oraciones empiezan con **mayúscula.** Muchas oraciones terminan con un **punto (.).**

El perro está en su cama. ← Es una oración.
en su cama ← No es una oración.

Busca la oración. **Copia** la oración.

1. Juan tiene una mascota. tiene una mascota

2. Su mascota Su mascota es un gato.

3. El gato El gato no muerde.

4. Juan mira a su mascota. a su mascota

Di las oraciones.

Actividad para la casa Su niño o niña estudió las oraciones. Diga el nombre de un animal y pídale que diga dos oraciones sobre ese animal.

Nombre ______________________

Tabla del cuento

Título ______________________

Personajes

Principio

Medio

Final del cuento

Nombre ______________________________

Traza y **escribe** las letras. Asegúrate de escribir las letras en el tamaño correcto.

M m P p

M m

P p

Copia las palabras. Escribe las letras altas y las letras pequeñas en el tamaño correcto.

Mimí ____________ rima ____________

pato ____________ ama ____________

copa ____________ piso ____________

mesa ____________ Pepe ____________

Actividad para la casa Su niño o niña ha practicado la escritura de las letras *Mm* y *Pp*. Dígale estas palabras: *mamá, pino, Pati, mapa, peso, moto.* Pídale que escriba *M, m, P* o *p* para mostrar cómo comienza cada palabra.

Nombre ______________________________

Lee cada pregunta. **Escribe** la respuesta correcta.

1. ¿Quién es Ted? ______________________________

2. ¿Qué libro es sobre doctores de animales?

____

3. ¿Qué libro te enseña sobre la alimentación de tu mascota?

____

4. ¿Qué libro elegirías para saber más sobre las aves?

____

5. Ahora vas a hacer una investigación sobre animales. Con la asistencia de tu maestro, elige el título que elegirías para escribir un informe sobre mascotas. Encierra en un círculo el libro que elegirías.
   Me encantan los cachorros y los gatitos
   ¡Vamos al zoológico de San Diego!
   Leamos sobre los osos polares

Actividad para la casa Su niño o niña aprendió a elegir libros por sus títulos o palabras clave. Haga con él o ella una lista de los temas que le gustaría leer. Después, si es posible, vaya a la biblioteca y elija unos libros de acuerdo con la edad, sobre los temas de su interés.

Pepe y Pumi me aman a mí.

Cuento de fonética Mi familia
Destrezas clave Vocales *a, e, i, o, u;* sílabas con *m, p*

Nombre ____________________

Mi familia

Vocales *a, e, i, o, u*	Sílabas con *m, p*	Palabras de uso frecuente
a	aman	es
aman	amo	me
amo	mamá	mi
mamá	mí	y
me	papá	yo
mi	Pepe	
papá	Pumi	
Pepe		
Pumi		

Pumi es mi mamá.

Pepe es mi papá.

Yo amo a Pumi y a Pepe.

Nombre ______________________________

Sílabas con *m* y *p*

Completa la oración con una palabra de ortografía. **Escribe** la palabra sobre la línea.

Palabras de ortografía
mami
me
mi
mimo
Memo
papi
mapa
papa
Pepe
puma

1. Mi ____________________ juega.

2. ____________________ es mi amigo.

3. El ____________________ es feroz.

4. ____________________ gusta bailar.

5. Tu ____________________ canta.

6. El ____________________ es colorido.

7. Yo ____________________ a mi perro.

8. ____________________ es alto.

Escuela + Hogar **Actividad para la casa** Su niño o niña está completando las oraciones con las palabras de ortografía. Ayúdelo a escribir otra oración con cada palabra.

Nombre ______________________________

Oraciones

Escribe un cuento sobre una mascota.
Usa palabras del recuadro en tus oraciones.

juega	corre	salta	mira

____

____

____

____

____

Escuela + Hogar **Actividad para la casa** Su niño o niña aprendió a escribir oraciones. Pídale que escriba dos oraciones sobre una mascota que tengan o hayan tenido en la casa.

Nombre ______________________

Sílabas con *m* y *p*

Encierra en un círculo el nombre del dibujo.

Palabras de ortografía
mami
me
mi
mimo
Memo
papi
mapa
papa
Pepe
puma

1.  puma papa mapa

2. 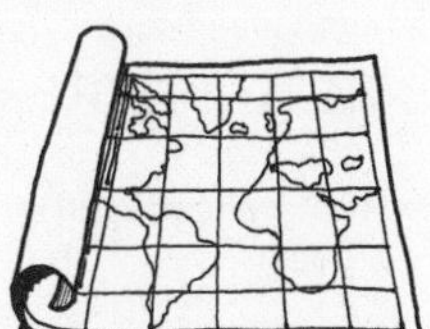 Memo mapa me

3.  papa mimo puma

4.  papi mapa mami

5.  papi mi mami

6. 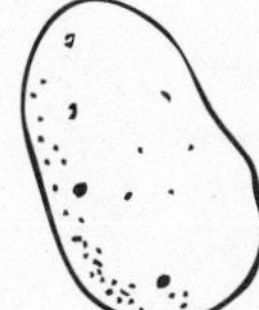 me papa Pepe

Di las palabras. **Encierra en un círculo** las dos palabras iguales. **Escribe** la palabra.

7. Memo mimo Memo mapa ______________

8. mapa papi papa papi ______________

9. mi me mimo mi ______________

10. mapa mapa papi papa ______________

Actividad para la casa Su niño o niña está aprendiendo a escribir palabras con sílabas con *m* y *p*. Para repasar este tema juntos, una persona dice una palabra con *m* o con *p* y la otra persona la escribe.

Nombre ______________________________

Oraciones

Marca el grupo de palabras que forma una oración.

1
- ⬭ Ramón tiene una nueva mascota.
- ⬭ una nueva
- ⬭ tiene una

2
- ⬭ un gran gato
- ⬭ La mascota es un gran gato.
- ⬭ la mascota

3
- ⬭ juega con su
- ⬭ con su gato
- ⬭ Ramón juega con su gato.

4
- ⬭ Él le lanza una pelota.
- ⬭ le lanza
- ⬭ una pelota

5
- ⬭ golpea la
- ⬭ gato golpea
- ⬭ El gato golpea la pelota.

Escuela + Hogar **Actividad para la casa** Su niño o niña se preparó para examinarse de oraciones. Lean un cuento juntos y pídale que señale algunas oraciones del relato.

Nombre ______________________________

Di el nombre de cada dibujo. **Usa** tu conocimiento sobre la segmentación de palabras para deletrear.
Escribe *la, le, li, lo* o *lu* en la línea.

limón

1. 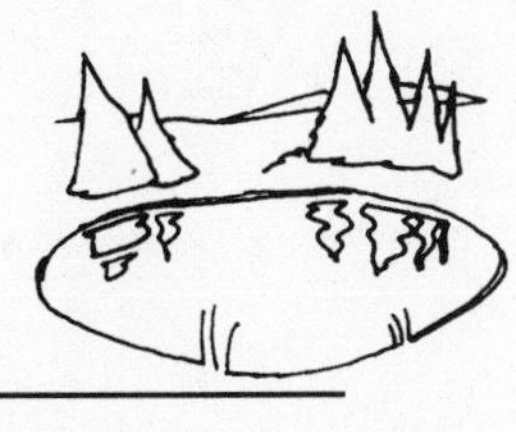
______ go

2. 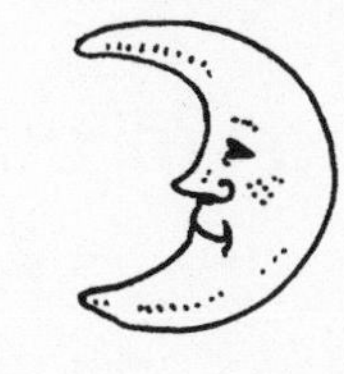
______ na

3. 
______ ón

4. 
______ bo

5. 
______ bro

6. 
______ ta

Encuentra las palabras que tengan la sílaba *la* o *le*.
Rellena el ⬭ para indicar tu respuesta.

7. ⬭  ⬭  ⬭

8. ⬭  ⬭  ⬭ 

Actividad para la casa Su niño o niña ha identificado las sílabas *la, le, li, lo* y *lu*. Pídale que diga palabras que empiecen con estas sílabas.

Nombre ______________________________

Escoge una palabra del recuadro para completar cada oración.
Escribe la palabra en la línea.
Recuerda usar mayúscula al comienzo de una oración.

su	estaba	casa	ella	se

1. El loro ________________ en mi casa.

2. ________________ es mi mami.

3. Pepe mima a ________________ gato.

4. Mira la ________________ de Lili.

5. El gato ________________ lame el pelo.

Actividad para la casa Su niño o niña ha aprendido a leer las palabras *casa, estaba, su, ella* y *se*. Cuando lean juntos, anime a su niño o niña a señalar estas palabras en el texto.

Nombre ______________________

Lee el cuento.
Encierra en un círculo la respuesta a cada pregunta.

Lola y los amigos buscan a Mili, el  de Lola.

Todos quieren ir a la .

Buscan a Mili en el mar.

A Mili no le gusta el mar.

A Mili le gusta la .

Fue un buen día para todos.

1. ¿Qué pasa primero?

   Lola y los amigos buscan a Mili. | Lola y los amigos buscan la .

2. ¿A dónde quieren ir todos?

   Todos quieren ir al mar. | Todos quieren ir a la .

3. ¿Qué no le gusta a Mili?

   A Mili no le gusta la . | A Mili no le gusta el mar.

4. ¿Dónde está Mili?

   Mili está en la . | Mili está en el mar.

Escuela + Hogar **Actividad para la casa** Su niño o niña aprendió que el argumento cuenta lo que pasa en un cuento. Pídale que le cuente un cuento sobre los dibujos de esta página. Ayúdelo preguntándole cuál es el problema y cómo se soluciona.

Nombre ______________________________

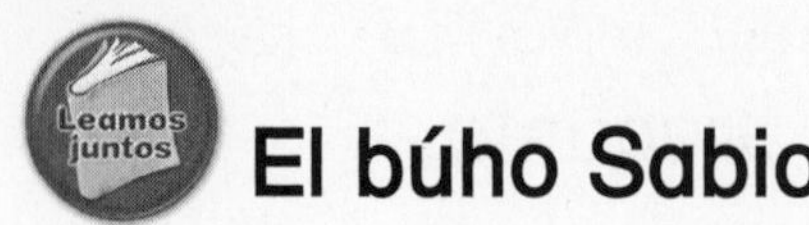

El búho Sabio

Un día, Janey visitó a su amigo, Búho Sabio. Él estaba triste.

—Los animales vienen a hacerme preguntas —dijo él. Ahora yo tengo una pregunta. ¿A quién le debo preguntar?

—Yo te puedo ayudar —dijo Janey.

—Yo extraño a mi hermano y mi hermana —dijo Búho Sabio—. Pero mi hermano vive en el Este. Mi hermana vive en el Oeste. No sé a dónde ir. ¿Qué debo hacer?

—¡Dile a ellos que te visiten! —dijo Janey.

Búho Sabio sonrió. —Gracias por tu ayuda —dijo.

Aspectos principales de un cuento fantástico

- Los personajes y los sucesos son inventados.
- Los personajes hacen cosas que las personas y los animales reales no pueden hacer.

Nombre ______________________________

Di el nombre de cada dibujo. **Usa** tu conocimiento sobre la segmentación de palabras para deletrear.
Elige una de las sílabas del recuadro para completar la palabra.

lo lu pul sil

1. 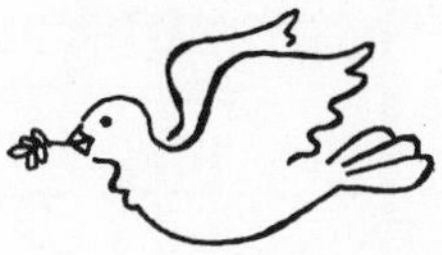 pa ________ ma

2. 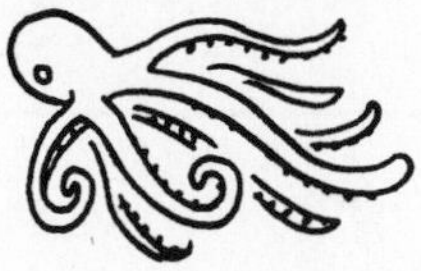 ________ po

3. 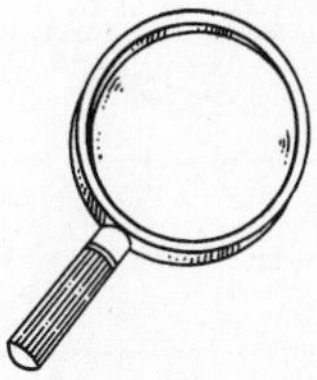 ________ pa

4. 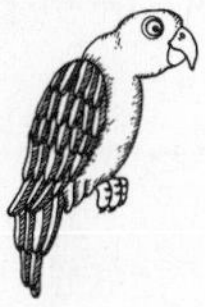 ________ ro

5. 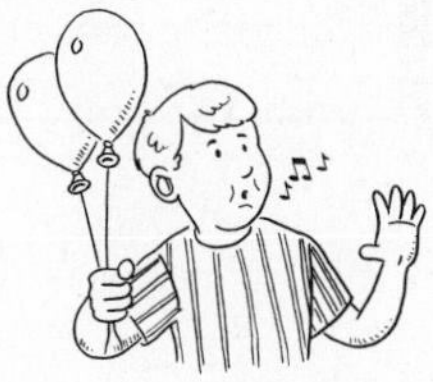 ________ ba

6. 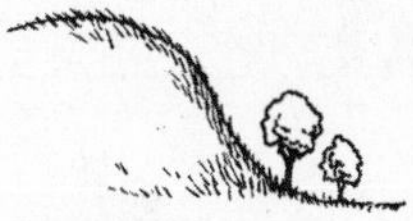 ________ ma

Encuentra las palabras que tengan la sílaba *la* o *lo*.
Rellena el ⬭ para indicar tu respuesta.

7. ⬭ 6 ⬭ 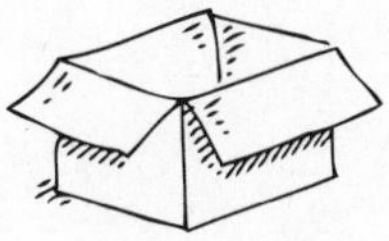 ⬭

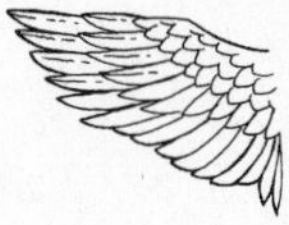

8. ⬭ ⬭ ⬭

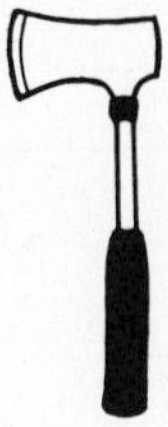

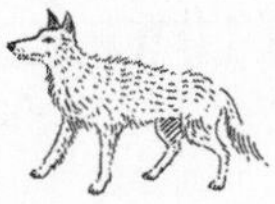

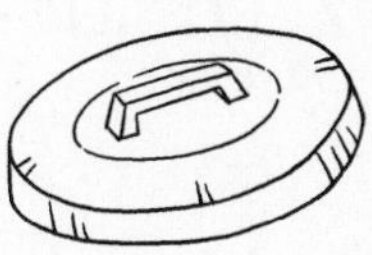

Actividad para la casa Su niño o niña ha identificado las sílabas abiertas y cerradas con *l*. Escriba estas palabras en tarjetas: *alma, papel, silba, malo, mil.* Pídale que elija una de las tarjetas e invente una oración con la palabra.

Nombre ______________________

Sílabas abiertas y cerradas con *l*

Escribe las letras que completan la palabra.
Mezcla fonemas para formar palabras.

Palabras de ortografía

- loma
- lima
- lila
- lupa
- ala
- alma
- pulpo
- mal
- mil
- papel

1. p ______

2. p ______

3. a ______

4. l ______

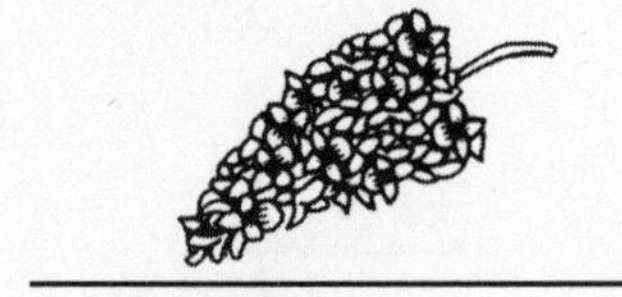

5. __ i __ a

6. l ______

Escribe las palabras que faltan.

lila papel

7. La flor es una ______________ .

8. Mi paloma es de ______________ .

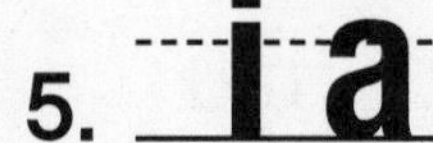

Actividad para la casa Su niño o niña está escribiendo palabras con sílabas abiertas y cerradas con *l*. Señale un dibujo de la página y pídale que escriba la palabra.

Nombre ______________________

Sujeto de la oración

Las oraciones tienen una parte que dice: **¿Quién lo hace?** Esa parte es la persona, el animal, el lugar o la cosa de la que trata la oración. Se llama **sujeto.**

Patricia ve un cerdo.

Sujeto

El cerdo es grande.
↑
Sujeto

Escribe el sujeto de cada oración.

1. Mi loro está enfermo.

2. Un veterinario lo puede curar.

3. Nosotros vamos al veterinario.

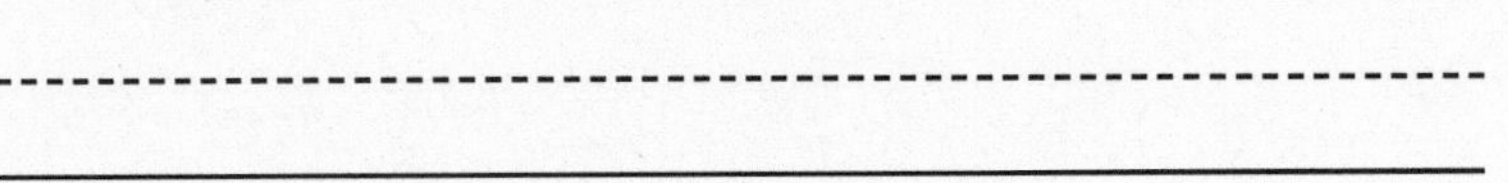

4. El loro se encuentra mejor.

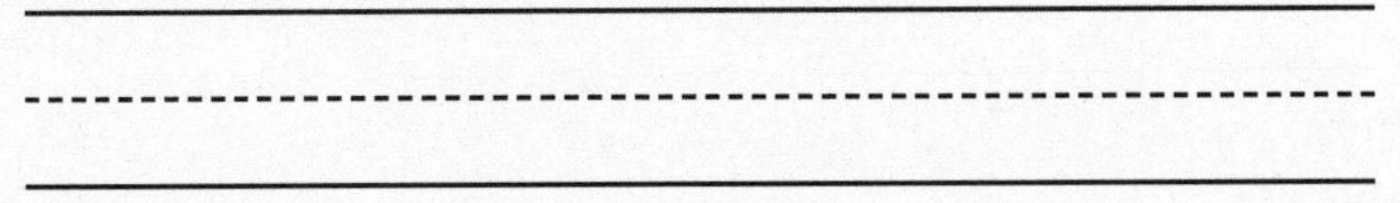

Di el sujeto de cada oración.

Actividad para la casa Su niño o niña estudió el sujeto de las oraciones. Lean un cuento juntos. Señale algunas oraciones y pídale que identifique el sujeto de cada oración.

Nombre ______________________________

Tabla del cuento

Título ____

Personajes

Principio

↓

Medio

↓

Final del cuento

Nombre ______________________

Traza y **escribe** las letras. Asegúrate de escribir las letras en el tamaño correcto.

L

l

Copia las palabras. Deja el espacio correcto entre cada letra.

Alma | pala

Lupe | mole

malo | mula

lila | papel

¿Dejaste el espacio correcto entre cada una de las letras? **Sí** **No**

Escuela + Hogar

Actividad para la casa Su niño o niña ha practicado la escritura de palabras con *Ll*. Pídale que practique la escritura de cada una de esas letras cinco veces más.

Nombre ___________________________

Lee cada pregunta. **Encierra en un círculo** la respuesta correcta.

1. ¿Qué usarías para leer un cuento sobre un rana?

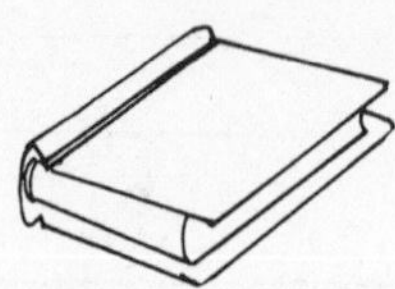

2. ¿Qué usarías para buscar el significado de la palabra **veterinario**?

3. ¿Qué usarías para aprender más sobre el oficio de los veterinarios?

4. ¿Qué usarías para saber a qué hora abren el zoológico?

5. ¿Qué usarías para ver un espectáculo sobre animales?

Actividad para la casa su niño o niña aprendió sobre los recursos que están disponibles en la biblioteca o en el centro multimedia. Hagan una lista de algunas de los recursos disponibles en la biblioteca. Si es posible, vayan juntos a la biblioteca para que vean cuántos de estos recursos pueden encontrar.

Mi mula Palma no lame la pala.

Cuento de fonética Mi mula Palma
Destrezas clave Sílabas abiertas con *l*; sílabas cerradas con *l*

Nombre ______________________

Mi mula Palma

Sílabas abiertas con *l*			Sílabas cerradas con *l*	Palabras de uso frecuente
La	mala	pala	Palma	es
Lame	mula			la
				mi
				no
				se

La mula Palma lame la pala.

—¡No se lame la pala!

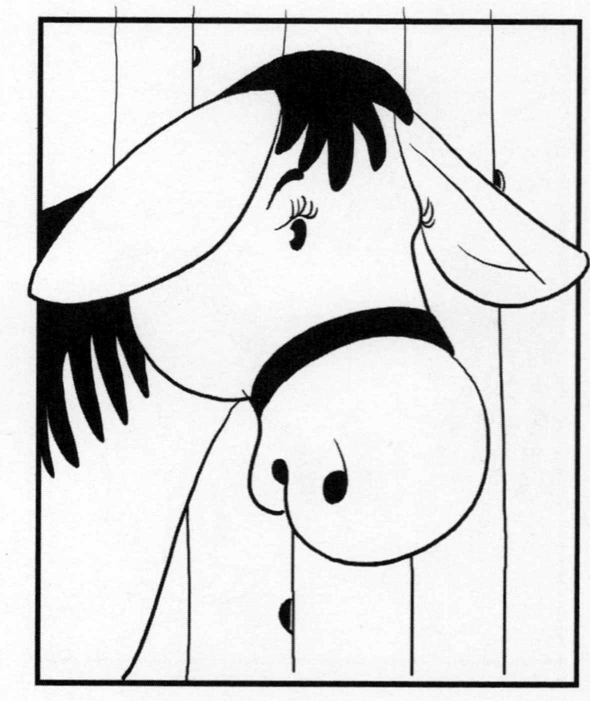

¿La mula Palma es mala?

Nombre ______________________

Sílabas abiertas y cerradas con *l*

Palabras de ortografía				
loma	lima	lila	lupa	ala
alma	pulpo	mal	malo	papel

Encierra en un círculo la palabra que completa la oración.
Escribe la palabra sobre la línea.

1. No vuela con un **mil** **ala** **lupa.** ______________
2. El **lupa** **mil** **pulpo** vive en el mar. ______________
3. El jugo es de **papel** **lima** **ala.** ______________
4. Lina es el **alma** **ala** **mil** de la fiesta. ______________
5. Escribe en el **papel** **loma** **pulpo.** ______________
6. Mi flor favorita es la **malo** **mil** **lila.** ______________
7. Mil por **ala** **mil** **lupa** es un millón. ______________
8. La tarea está **mil** **mal** **papel.** ______________

Actividad para la casa Su niño o niña está completando las oraciones con las palabras de ortografía. Ayúdelo a escribir otra oración con cada palabra.

Nombre ______________________

Sujeto de la oración

Escribe un sujeto para completar cada oración.

1. ______________________ es mi color favorito.

2. ______________________ es mi comida favorita.

3. ______________________ es mi animal favorito.

Escribe cosas que hacen los miembros de tu familia.

____

____

____

____

____

Actividad para la casa Su niño o niña aprendió a usar el sujeto de la oración al escribir. Pídale que subraye los sujetos de las oraciones que escribió en esta página.

Nombre ______________________

Sílabas abiertas y cerradas con *l*

Escribe las letras que faltan. Luego, escribe la palabra.

1. m __ __ ______________
2. __ l a ______________
3. __ __ l ______________
4. l __ __ __ ______________

Palabras de ortografía
loma
lima
lila
lupa
ala
alma
pulpo
mal
mil
papel

Escribe una palabra de la lista que rime.

5. toma ______________
6. pupa ______________
7. cima ______________
8. Raquel ______________
9. tala ______________
10. sal ______________

Actividad para la casa Su niño o niña está aprendiendo a escribir palabras con sílabas abiertas y cerradas con *l*. Para repasar este tema juntos, dibuje círculos y pida al niño o niña que escriba adentro palabras con sílabas abiertas y cerradas con *l*.

Nombre ______________________________

Sujeto de la oración

Marca la oración que tiene el sujeto subrayado.

1
- ⬭ Mi mamá es veterinaria.
- ⬭ Mi mamá es veterinaria.
- ⬭ Mi mamá es veterinaria.

2
- ⬭ Los veterinarios curan animales.
- ⬭ Los veterinarios curan animales.
- ⬭ Los veterinarios curan animales.

3
- ⬭ Ese perro se dañó la pata.
- ⬭ Ese perro se dañó la pata.
- ⬭ Ese perro se dañó la pata.

4
- ⬭ Este gato se hirió la zarpa.
- ⬭ Este gato se hirió la zarpa.
- ⬭ Este gato se hirió la zarpa.

5
- ⬭ La veterinaria los curará.
- ⬭ La veterinaria los curará.
- ⬭ La veterinaria los curará.

Actividad para la casa Su niño o niña se preparó para tomar un examen sobre el sujeto de la oración. Escriba oraciones sencillas sobre su familia, como por ejemplo: *Ana es tu hermana* o *Mamá trabaja en un banco.* Pídale que encierre en un círculo el sujeto de cada oración.

Nombre ______________________________

Di el nombre de cada dibujo. **Usa** tu conocimiento sobre la separación de palabras para deletrear.
Escribe *sa*, *se*, *si*, *so* o *su* en la línea.

saco

1.

__________ rena

2.

__________ po

3.

__________ dor

4.

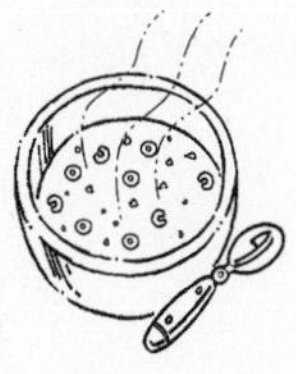

__________ pa

5.

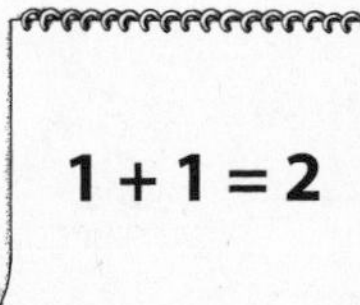

__________ ma

6.

__________ ñor

Encuentra las palabras que tengan las sílabas *sa* o *se*.
Rellena el ⬭ para indicar tu respuesta.

7. ⬭  ⬭  ⬭ 

8. ⬭  ⬭  ⬭ 

Actividad para la casa Su niño o niña ha identificado sílabas con *s*. Pídale que haga oraciones usando las palabras de los ejercicios de arriba.

Nombre ______________________

Escoge una palabra del recuadro para completar cada oración.
Escribe la palabra en la línea.
Recuerda usar mayúscula al comienzo de una oración.

fue	algunas	eso	una

1. ______________ es un  .

2. Mi mamá ______________ a la  .

3. Mimi es ______________  .

4. Ella pesa ______________  .

Escuela + Hogar **Actividad para la casa** Su niño o niña ha aprendido a leer las palabras *una, eso, fue* y *algunas.* Cuando lean juntos, anime a su niño o niña a señalar estas palabras en el texto.

Nombre ________________________________

Mira los dibujos.
Une con una línea el personaje con el ambiente que le corresponde.

1.  

2.  

3.  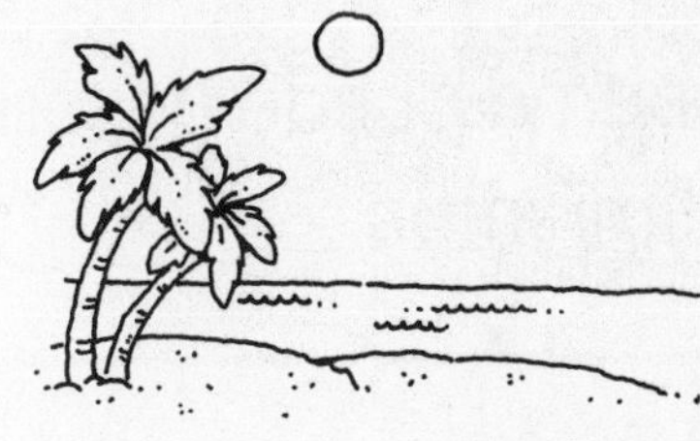

Dibuja un personaje de un cuento que hayas leído. El personaje deber estar haciendo algo.
Muestra cómo se siente.

4. ________________________________

Actividad para la casa Su niño o niña aprendió sobre los personajes y ambientes de los cuentos. Mientras lean juntos, pídale que le comente lo que sepa sobre los personajes y el ambiente del cuento.

Nombre ____________________________

Kitty

Kitty tiene ojos grandes y verdes;
con ellos te busca si te pierdes.
Se estira, se levanta y deja todo muy limpio;
a Kitty le encanta jugar en el columpio.

Aspectos principales de un poema breve

- El poema breve tiene palabras escritas en líneas que pueden rimar.
- El poema puede describir algo o expresar sentimientos.

Nombre ____________________

Di el nombre de cada dibujo. **Usa** lo que sabes sobre las partes de una palabra para deletrear. **Escoge** una de las sílabas del recuadro para completar la palabra.

as su es se is sa

1. ________ puma

2. ________ la

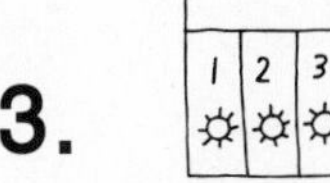

3. ________ mana

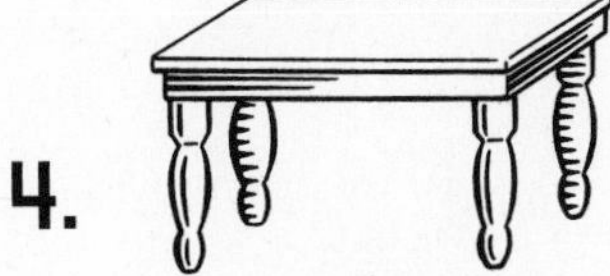

4. me ________

5. ________ pa

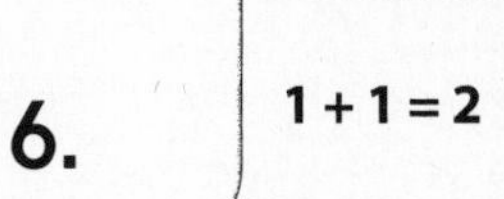

6. ________ ma

7. **Colorea** de amarillo las cosas que tengan la sílaba *es* y de azul las que tengan la sílaba *se*.

Actividad para la casa Su niño o niña ha identificado las sílabas abiertas y cerradas con *s*. Ayúdele a hacer una lista de todas las palabras que recuerde que tengan sílabas con *s*.

Nombre ______________________________

Sílabas abiertas y cerradas con *s*

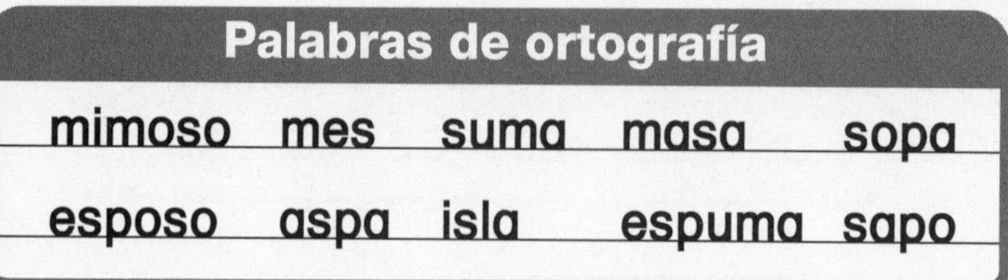

Palabras de ortografía

mimoso	mes	suma	masa	sopa
esposo	aspa	isla	espuma	sapo

Escribe una palabra que rime.

1. **oso** ______________________

2. puma ______________________

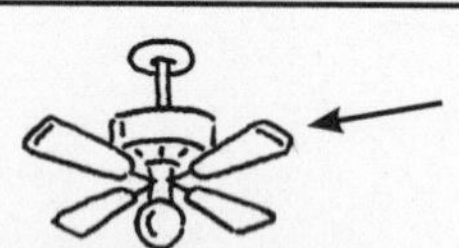

3. me **raspa** el ______________________

4. **amasa** la ______________________

Traza una línea de la palabra a su figura.
Escribe la palabra en la figura.

isla

mes

sapo

mimoso

5.

6.

7.

8.

Actividad para la casa Su niño o niña está escribiendo palabras con sílabas abiertas y cerradas con *s*. Ayúdelo a escribir las palabras y a pensar palabras que rimen.

Nombre ______________________

Predicado de la oración

Hay una parte de la oración que dice: **¿Qué hace?** Lo que hace una persona, un animal o una cosa es el **predicado.**

El buey **camina.** El carro **se mueve.**

Predicado **Predicado**

Las palabras de una oración están en **orden.**

El mueve carro se. ← sin orden

El carro se mueve. ← con orden

Escribe el predicado de cada oración.

1. La vaca da leche.

____

2. El granjero ordeña la vaca.

____

Encierra en un círculo las palabras que están en orden.

3. Pone gallina huevos la.
   La gallina pone huevos.

Di el predicado de cada oración que tiene las palabras en orden.

Actividad para la casa Su niño o niña estudió el predicado de la oración. Lean juntos un cuento. Señale algunas oraciones y pídale que identifique el predicado de cada una.

Nombre ___________________________

Red

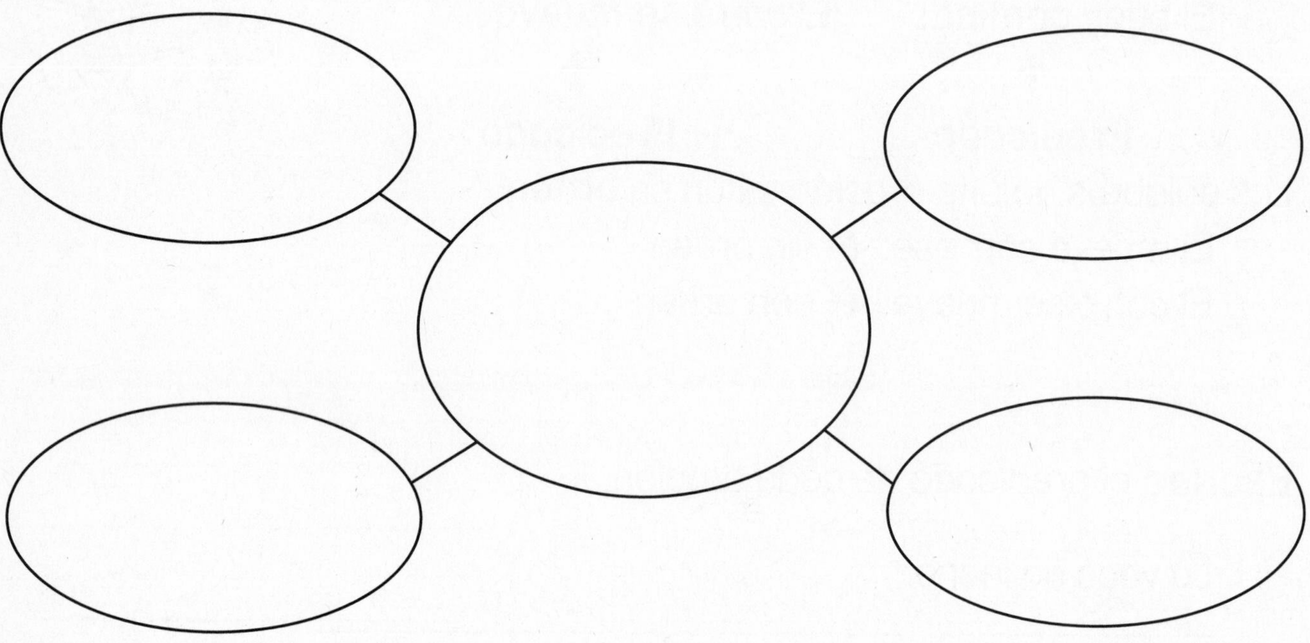

Actividad para la casa Su niño o niña está aprendiendo a escribir un poema breve. Hable con él o ella de palabras que riman.

Nombre ___________________

S s

Copia las palabras. Escribe las letras de izquierda a derecha.

rosa

sopa

salto

asno

asa

poste

casa

pesca

gusto

sí

isla

sale

mosca

resta

Samuel

Sam

¿Escribiste las letras de izquierda a derecha? Sí  No

Actividad para la casa Su niño o niña ha practicado la escritura de palabras con *Ss*. Pídale que elija dos de esas palabras y que practique su escritura tres veces más.

Nombre ________________________________

Mira el diccionario illustrado. **Responde** las preguntas.

1. ¿Cuál es un buen título para esta ilustración?
   La vida en la granja   La vida en la ciudad
   ¿Por qué?
   ____

2. Pregunta a tus compañeros sobre qué otros animales les gustaría saber más. Haz una lista de tres animales sobre los que les gustaría saber más.
   ____

3. Escribe una pregunta de "cómo" o "por qué" sobre un animal de la ilustración.
   ____

4. Con un compañero, genera una lista de tópicos de interés para la clase sobre los animales de la ilustración. Luego, formulen preguntas sobre los tópicos que generen.

Actividad para la casa Su niño o niña generó un título para el tema de la ilustración y después hizo preguntas. Comente los temas en los que su niño está interesado y si es posible busquen información sobre uno de estos temas.

Sale el papá.

Sale la mamá.

Sale el sapo.

¡El Sol se asoma!

Cuento de fonética El Sol se asoma
Destrezas clave Sílabas abiertas con *s*; sílabas cerradas con *s*

Nombre ____________________

El Sol se asoma

Sílabas abiertas con *s*			Sílabas cerradas con *s*	Palabras de uso frecuente
asoma	sale	sapo	Inés	el
paso		se	Luis	la
				se
				su

Sale Inés.

Su papá se asoma.

Sale Luis.

Su mamá se asoma.

Sale el sapo

paso a paso.

La mamá sapo se asoma.

Nombre ______________________

Sílabas abiertas y cerradas con *s*

Completa la oración con una palabra de ortografía. **Escribe** la palabra sobre la línea.

Palabras de ortografía
sapo
mimoso
masa
suma
sopa
esposo
isla
aspa
espuma
mes

1. El ______________________ salta y salta.

2. La ______________________ es para el pastel.

3. La ______________________ está caliente.

4. Quiero un baño de ______________________ .

5. Iré el ______________________ entrante.

6. Mi perro es muy ______________________ .

7. La ______________________ está correcta.

8. Mira la ______________________ en el mapa.

Escuela + Hogar **Actividad para la casa** Su niño o niña está completando las oraciones con las palabras de ortografía. Ayúdelo a escribir otra oración con cada palabra.

Nombre ______________________

Predicado de la oración

Completa cada oración. **Escribe** un predicado. **Cuenta** qué hace el animal.

1. El caballo ______________________.

2. El pato ______________________.

3. El perro ______________________.

Cuenta qué hacen otros animales. Puedes usar tus propias palabras o las del recuadro.

nada	salta	vuela	trepa

Escuela + Hogar **Actividad para la casa** Su niño o niña aprendió a usar el predicado de la oración al escribir. Pídale que subraye los predicados de las oraciones que escribió en esta página.

Nombre ______________________________

Sílabas abiertas y cerradas con *s*

Escribe las palabras en el crucigrama.

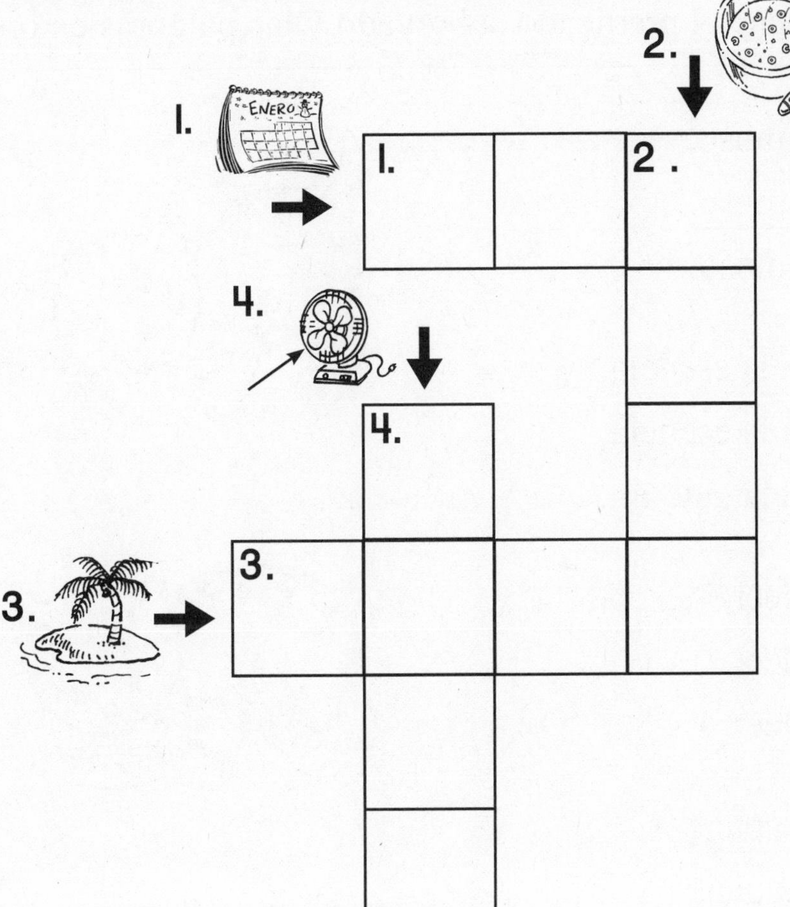

Palabras de ortografía

- sapo
- mimoso
- masa
- suma
- sopa
- esposo
- isla
- aspa
- espuma
- mes

Conecta los corazones iguales.

Actividad para la casa Su niño o niña está aprendiendo a escribir palabras con sílabas abiertas y cerradas con *s*. Para repasar este tema juntos, una persona dice una palabra con *s* y la otra persona la escribe.

Nombre ______________________________

Predicado de la oración

Marca la oración que tiene el predicado subrayado y las palabras en orden.

1
- El gato es mimoso.
- El gato es mimoso.
- El gato es mimoso.

2
- Un gato fue a la escuela.
- Un gato fue a la escuela.
- Fue a la escuela gato un.

3
- El gato sabe leer.
- El gato sabe leer.
- El gato sabe leer.

4
- El gato amasa pan.
- El gato amasa pan.
- El amasa pan gato.

5
- Ratones asustan al gato los.
- Los ratones asustan al gato.
- Los ratones asustan al gato.

Escuela + Hogar

Actividad para la casa Su niño o niña se preparó para tomar un examen de predicado de la oración. Escriba oraciones sencillas como *Benito juega al futbol* o *Tu hermana cuida al bebé*. Pídale que encierre en un círculo cada predicado.

Nombre ______________________________

Di el nombre de cada dibujo. **Usa** tu conocimiento de la segmentación de las palabras para deletrear.
Escribe *na, ne, ni, no* o *nu* en la línea.

co**ne**jo

1. 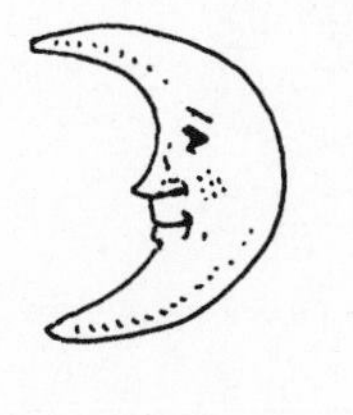

lu ____________

2. 

____________ be

3. 

____________ do

4. 

mo ____________ da

5. 

cami ____________

6. 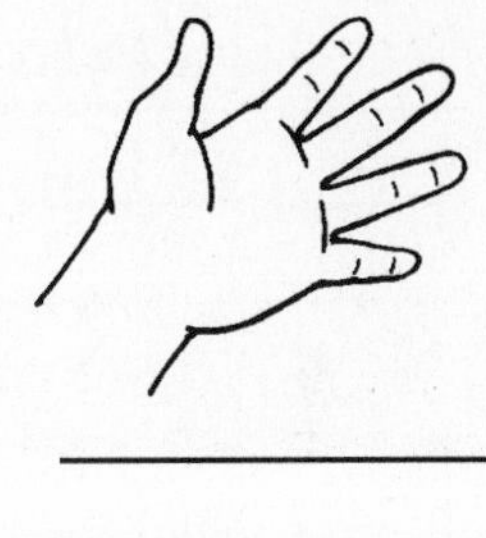

ma ____________

Encuentra las palabras que tengan las sílabas *no* o *na*.
Rellena el ⬭ para indicar tu respuesta.

7. ⬭  ⬭

8. ⬭  ⬭ 

Actividad para la casa Su niño o niña ha identificado sílabas abiertas con *n*. Escriban juntos una lista de palabras con *na, ne, ni, no* y *nu*. Por turnos, escojan una de las palabras de la lista y represéntenla con mímica para que el otro averigüe de cuál se trata.

Nombre ______________________________

Escoge una palabra del recuadro para completar cada oración. **Escribe** la palabra en la línea. Recuerda usar mayúscula al comienzo de una oración.

bueno	grandes	tienen	aquí	hoy	qué

1. Ana y Elena ________________ una.

2. Mi es manso y ________________ .

3. ________________ es lunes.

4. Las son animales ________________ .

5. El pan se amasa ________________ .

Escuela + Hogar

Actividad para la casa Su niño o niña ha aprendido a leer las palabras *aquí, hoy, tienen, qué, bueno* y *grandes.* Miren algunos libros de cuentos y busquen estas palabras. Pida a su niño o niña que las lea.

Nombre ____________________

Lee los cuentos.
Encierra en un círculo la oración que describe mejor de qué trata el cuento.
Subraya un detalle que indica la idea principal.
Luego **escoge** el tema del cuento.
Escríbelo en la línea.

---

1. Ana y Pepe tienen un gato.
   El gato es manso.
   Pepe mima al gato.
   Ana y Pepe tienen un gato manso y mimado.

2. Tema
   gato loro
   ____

---

3. Lino es un sapo.
   A Lino le gusta el pan.
   Lino es muy sano.
   El sapo Lino es sano y le gusta el pan.

4. Tema
   sapo pan
   ____

Escribe el nombre de un cuento que hayas leído.
Haz un dibujo que muestre de qué trata el cuento.

5. ____

Actividad para la casa Su niño o niña ha aprendido acerca la idea principal de un cuento. Cuando lean cuentos juntos, pídale que le diga cuál es la idea principal del cuento.

Nombre ______________________________

El colimbo

El verano pasado mi familia acampó junto a un lago. Lo que más me gustaba era despertarme afuera. ¡Después, nadaba todo el día!

Una mañana mi papá me llevó al lago. —¡Mira! —me dijo. Entonces vi un hermoso pájaro negro flotando en el lago.

—Es un colimbo —dijo Papá—. Los colimbos pueden estar debajo del agua por largo tiempo. Ellos pueden sumergirse en lo profundo y nadar lejos. ¡Observa!

El colimbo se sumergió en el agua. Nosotros observamos y esperamos. Un minuto más tarde, vimos al colimbo de nuevo. ¡Me sorprendió mucho! Estaba muy lejos. Nosotros difícilmente lo podíamos ver.

—Si el colimbo viene otra vez mañana, usaremos nuestros binoculares para verlo —dijo Papá. ¡Yo no podía esperar!

Aspectos principales de una narración personal

- La narración cuenta acerca de un suceso real en la vida del autor.
- Cuenta cómo se siente el autor respecto a ese suceso.

Nombre ________________________________

Di el nombre de cada dibujo.
Escoge una de las sílabas del recuadro para completar la palabra.
Usa tu conocimiento de la segmentación de las palabras para deletrear.

na ni no an no on

1. 

________ pal

2. 

________ cla

3. 

la ________

4. 

________ ce

5. 

a ________ mal

6. 

pi ________

Une con una línea cada palabra con el dibujo correspondiente.

7. manso

8. pena

Actividad para la casa Su niño o niña ha identificado las sílabas abiertas y cerradas con *n*. Ayúdele a hacer una lista de todas las palabras de esta página. Pídale que use cada palabra en una oración.

Nombre ______________________

Sílabas abiertas y cerradas con *n*

Completa las oraciones con las palabras de ortografía.

1. Es un ______________ .

2. Dame el ______________ .

3. Brilla la ______________ .

4. Corta el ______________ .

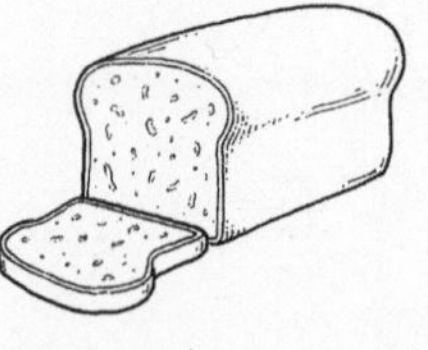

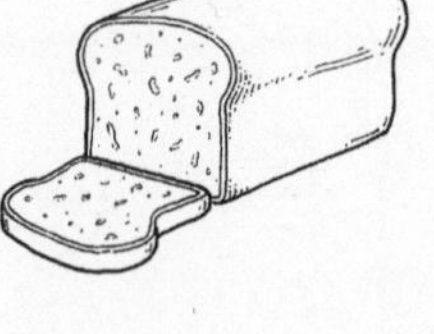

5. Canta una ______________ .

6. Siento gran ______________ .

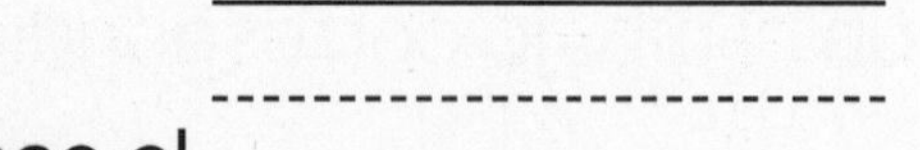

7. Florece el ______________ .

8. Tu caballo es ______________ .

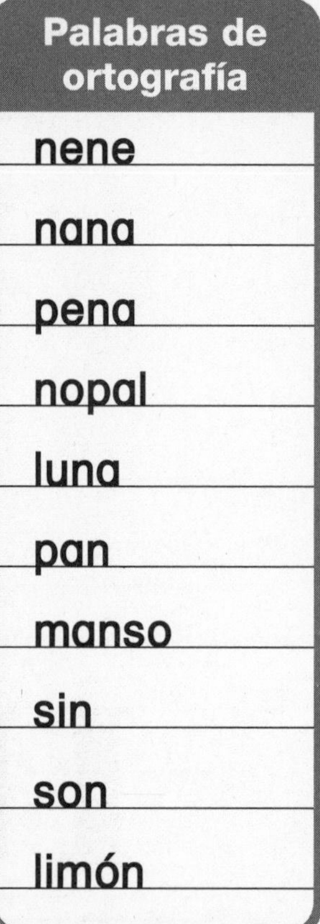

Palabras de ortografía
nene
nana
pena
nopal
luna
pan
manso
sin
son
limón

Actividad para la casa Su niño o niña está aprendiendo a escribir palabras con sílabas abiertas y cerradas con *n*. Ayúdelo a escribir las palabras y a pensar palabras que rimen.

Nombre ______________________________

Oraciones enunciativas o declarativas

Hay oraciones que cuentan algo. Son **oraciones enunciativas o declarativas.** Empiezan con letra **mayúscula.** Siempre terminan con un **punto (.).**

La zorra tiene un cachorro.
El cachorro juega.

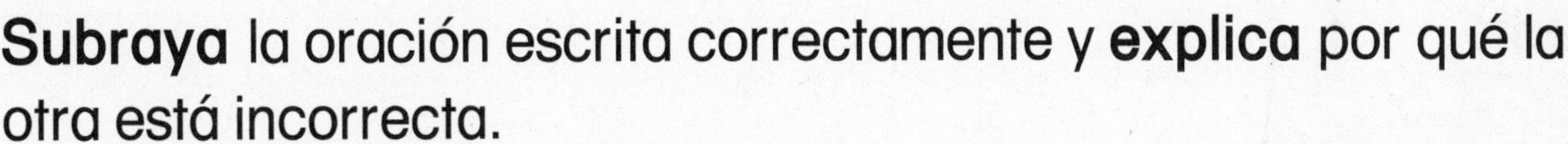

Subraya la oración escrita correctamente y **explica** por qué la otra está incorrecta.

1. Los niños ven una zorra.
   los niños ven una zorra

2. ven el cachorro
   Ven el cachorro.

3. El cachorro salta.
   el cachorro salta

4. la zorra y el cachorro juegan
   La zorra y el cachorro juegan.

Escribe otras oraciones sobre Una zorra y un cachorro verificando que comiencen con mayúscula y terminen con punto.

Actividad para la casa Su niño o niña estudió las oraciones enunciativas. Lean juntos un cuento. Pídale que señale oraciones del cuento y que identifique en cada una la mayúscula del principio y el punto del final.

Nombre ________________________

Tabla del cuento

Título ________________________

Principio

↓

Medio

↓

Final del cuento

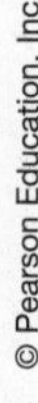

Actividad para la casa Su niño o niña puede hacer un plan para escribir sobre sucesos reales. Coméntele algún recuerdo sobre un suceso, como la primera vez que vio animales del zoológico.

Nombre ___________________________

Copia las palabras. Inclina todas las letras de la misma manera.

Nn

nana	________	nombre	________
bueno	________	uno	________
lana	________	cuna	________
Nora	________	pienso	________
nido	________	maní	________
Nadia	________	nube	________
nieve	________	nariz	________
pena	________	Nina	________

¿Se inclinan todas tus letras de la misma manera? **Sí** 

Actividad para la casa Su niño o niña ha practicado la escritura de palabras con *Nn*. Diga una palabra de la lista, señálela y pida a su niño o niña que la copie en una hoja de papel aparte. Continúe con otras palabras.

Nombre ______________________________

Mira la tabla. **Responde** las preguntas.

Animales adultos	Crías de animales
oso	osezno
pájaro	pichón
gato	gatito
venado	cervato
elefante	cría de elefante
cabra	cabrito
caballo	potro

1. Luis escribe un informe llamado "Cabra oseznos". ¿Es este un buen nombre para el informe? ¿Por qué?

____

____

2. Mira los siguientes títulos. ¿Cuál es correcto?

Un gato y sus gatitos. Una cabra y su potro.

Un elefante y su cabrito.

Actividad para la casa Su niño aprendió a repasar y revisar un tema. Pida a su niño que elija un tema que sea de interés para él. Pídale que haga una lista con algunos hechos del tema. Después, usando una fuente de referencia, lea acerca del tema y dígale que revise los hechos basándose en su investigación.

—Ni loma,
ni mona, ni nena
—opina Alan—.
Es una nube. ¡Sólo una nube!

Cuento de fonética Sólo una nube
Destrezas clave Sílabas abiertas con *n*; sílabas cerradas con *n*

Nombre ______________________

Sólo una nube

Sílabas abiertas con *n*			Sílabas cerradas con *n*	Palabras de uso frecuente
Ana	ni	opina	Alan	es
mona	no	Pina	León	la
nena	nube	una	Salomón	no
				una

—La nube es una loma

—opina Ana.

—¡No, no, no!
—opina León—.
La nube es una mona.

—¡No, no, no!
—opina Pina—.
La nube es una nena.

Nombre ______________________________

Sílabas abiertas y cerradas con *n*

Completa las oraciones con las palabras de ortografía.

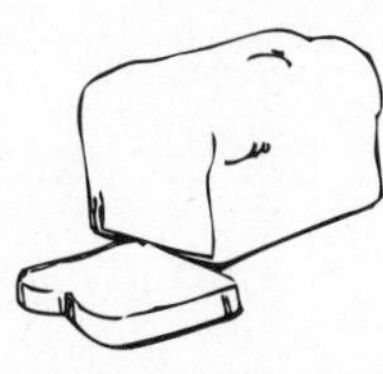
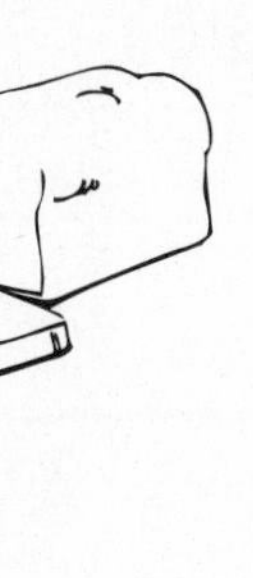

Palabras de ortografía
nene
nana
pena
nopal
luna
pan
manso
sin
son
limón

1. Cómete un ______________________ .

2. Dibuja un ______________________ .

3. Pásame un ______________________ .

4. La ______________________ canta.

5. Mis zapatos ______________________ bonitos.

6. No te quedes ______________________ comer.

7. Hoy hay ______________________ llena.

8. El gatito es muy ______________________ .

Actividad para la casa Su niño escribió palabras de ortografía para completar oraciones. Ayúdelo a hacer una nueva oración para cada palabra de ortografía.

Nombre ________________________________

Oraciones enunciativas

¿Qué animales viste?

ardilla

zorra

cachorro

venado

conejo

Escribe sobre un animal que viste.
Comienza y **termina** correctamente cada oración.

Actividad para la casa Su niño o niña aprendió a usar enunciados al escribir. Por turnos, digan oraciones que describan a los animales de esta página.

Nombre ______________________________

Sílabas abiertas y cerradas con *n*

Traza una línea para ayudar a Lin a encontrar un limón.
Sigue las palabras con las sílabas cerradas con *n*.
Encierra en un círculo las palabras y escríbelas.

Palabras de ortografía
nene
nana
pena
nopal
luna
pan
manso
sin
son
limón

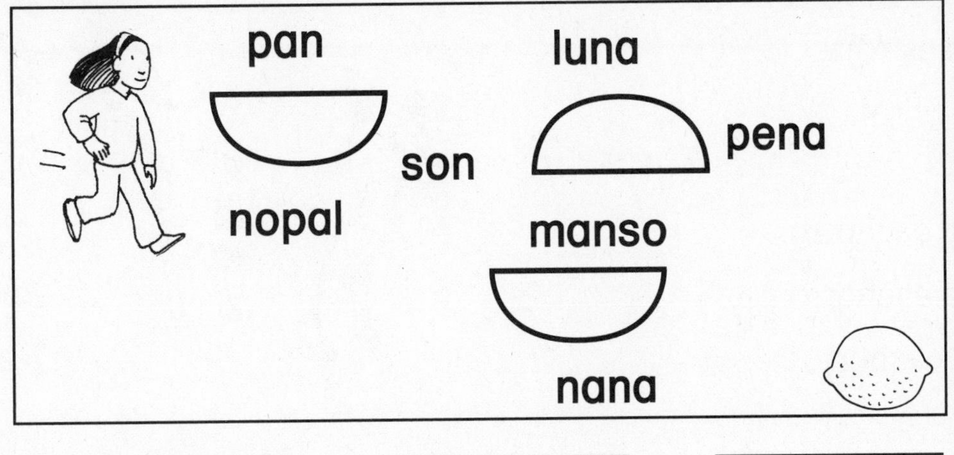

1. ______________ 2. ______________ 3. ______________

Escribe estas palabras en orden alfabético.

manso pena limón

4. ______________ 5. ______________ 6. ______________

Escribe estas palabras en orden alfabético.

luna pan son nopal

7. ______________ 8. ______________

9. ______________ 10. ______________

Actividad para la casa Su niño o niña está aprendiendo a escribir palabras con sílabas abiertas y cerradas con *n*. Ayúdelo a buscar en etiquetas de cajas y latas palabras con sílabas abiertas y cerradas con *n*.

Nombre ______________________________

Oraciones enunciativas

Busca la oración. Márcala.

1 ⬭ la zorra es roja.
⬭ La zorra es roja.
⬭ la zorra es roja

2 ⬭ Tiene un cachorro.
⬭ Tiene un cachorro
⬭ tiene un cachorro

3 ⬭ El cachorro es lindo
⬭ el cachorro es lindo
⬭ El cachorro es lindo.

4 ⬭ La zorra pasea.
⬭ La zorra pasea
⬭ la zorra pasea

5 ⬭ la roca es grande.
⬭ la roca es grande
⬭ La roca es grande.

Escuela + Hogar

Actividad para la casa Su niño o niña se preparó para tomar un examen sobre las oraciones enunciativas. Nombre un animal conocido. Pida a su niño o niña que diga una oración que describa ese animal.

Nombre ______________________

Encierra en un círculo la palabra que corresponde a cada dibujo.

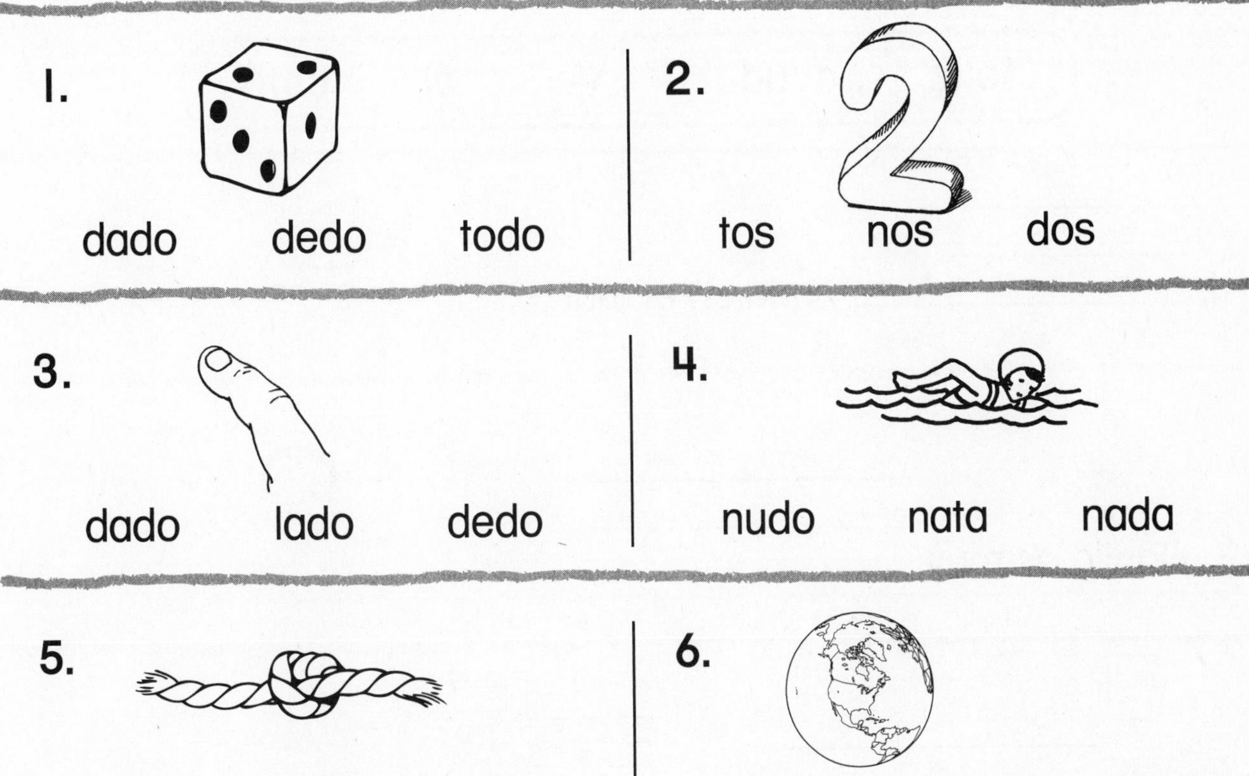

1. dado dedo todo
2. tos nos dos
3. dado lado dedo
4. nudo nata nada
5. nido nudo nota
6. monto mundo mando

Encierra en un círculo la palabra que completa cada oración.

7. Sin ______________________ es un pájaro feliz.

duda todo

8. Adela me ______________________ su limonada.

tío dio

Actividad para la casa Su niño o niña ha practicado leer palabras con *d*. Vaya por la casa y busquen cosas cuyos nombres tengan sílabas con *d*. Ayúdelo a escribir las palabras en una lista.

Nombre ______________________________

Escoge una palabra del recuadro para completar cada oración.
Escribe la palabra en la línea.
Recuerda usar mayúscula al comienzo de una oración.

feliz	ayudar	ve	él	está

1. ______________ nada en el mar.

2. Danilo es muy ______________.

3. Mati ______________ en la .

4. Es bueno ______________ a todos.

5. Tina ______________ una moneda en el piso.

Actividad para la casa Su niño o niña ha aprendido a leer las palabras *ve, está, ayudar, él* y *feliz*. Pida a su niño o niña que invente un cuento en el que use estas palabras. Escriba el cuento como él o ella se lo dicte. Luego, lean juntos el cuento.

Nombre ____________________

Lee cada cuento.
Encierra en un círculo la oración que exprese mejor de qué trata el cuento.
Subraya un detalle que diga algo sobre la idea principal.
Luego **sigue** las instrucciones.

---

1. Ben tiene un gallo.

El gallo es rojo.

El gallo es gordo.

Ben tiene un gallo rojo, gordo.

2. ¿De qué trata el cuento? **Escribe.**

____

rojo gallo

---

3. Lisa es una niña.

Pepe es un niño.

A Lisa le gusta jugar.

A Pepe le gusta jugar.

A Lisa y Pepe les gusta jugar.

4. **Escribe** tu propia idea principal para el cuento.

____

____

---

5. El pájaro tiene un nido en el árbol.

El pájaro es grande.

El nido es pequeño.

El árbol es alto.

6. **Escribe** tu propia idea principal para el cuento.

____

____

Actividad para la casa Su niño o niña ha aprendido acerca de la idea principal de un cuento. Cuando lean cuentos juntos, pídale que le diga cuál es la idea principal, o la idea más importante del cuento.

Nombre ____________________

Las pequeñas ardillas

Luis y Lisa estaban jugando en la casa de Lisa. Ellos estaban corriendo de un lado a otro.

—¡Son como ardillas pequeñas! —dijo la mamá de Lisa—. ¡La casa no es para correr! ¡Vayan afuera!

Luis y Lisa salieron.

—¿Por qué dijo tu mamá que somos como ardillas? —preguntó Luis.

Había un enorme roble en el patio. Ellos se sentaron debajo del árbol. Observaron las ardillas. Las ardillas subieron corriendo por el árbol. Las ardillas bajaron corriendo por el árbol.

—¡Quizá somos como las ardillas porque corremos tanto! —dijo Lisa.

Aspectos principales de un cuento realista

- Los personajes, sucesos y ambiente parecen reales.
- Los personajes hacen cosas que realmente pueden ocurrir.

Nombre ______________________________

Encierra en un círculo la palabra que corresponde a cada dibujo.

dedo  dado todo

---

1. 

toco tela toro

2. 

tos tallo moto

---

3. 

tela lata lado

4. 

lado torta dado

---

5. 

late tapa tela

6. 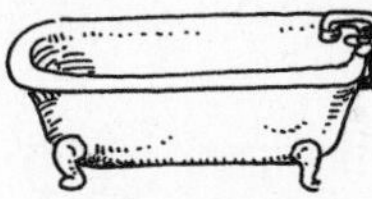

nota nata tina

7.

taza todo gato

8. 

tela pato tapa

Actividad para la casa: Su niño o niña ha identificado sílabas con *t*. Escriba las palabras de esta lección en tarjetas de fichero y coloquen las tarjetas en una pila. Pida a su niño o niña que tome una de las tarjetas, que lea la palabra y diga una oración con ella. Repitan hasta haber leído todas las palabras.

Nombre ______________________

Sílabas con *d* y *t*

Sílabas de ortografía				
dedo	nido	dama	dos	lado
todo	tú	tos	lata	tina

Escribe una palabra de ortografía que rime con:

1. lodo ______________
2. pido ______________
3. cama ______________
4. mina ______________

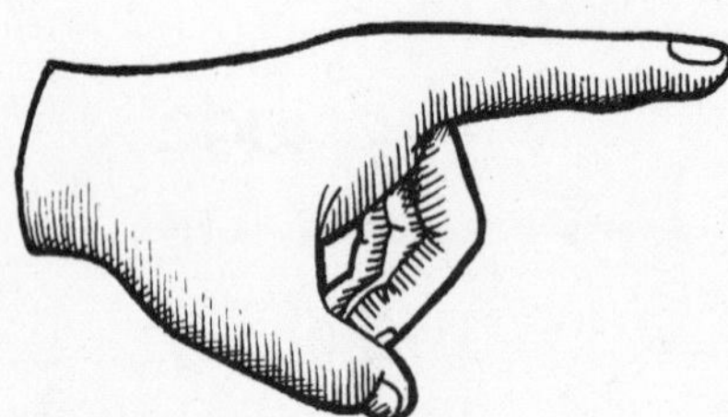

Escribe la palabra que falta.

Tú
lado
dedo
dos

5. Señala con el ______________ .
6. ______________ tienes un conejito.
7. Traigo ______________ sombreros.
8. Tiene un solo ______________ .

Actividad para la casa Su niño o niña está escribiendo sílabas con *d* y *t*. Pídale que haga ilustraciones de las palabras y las rotule.

Nombre ______________________________

Oraciones interrogativas

Hay oraciones que buscan una respuesta. Son **preguntas.** También se llaman **oraciones interrogativas.** Las preguntas comienzan siempre con **mayúscula** y se escriben entre **signos de interrogación:** uno al comienzo **(¿)** y otro al final **(?).** Recuerda que las palabras *qué, cómo* y *quién* llevan acento cuando van en una pregunta.

¿Qué veremos?
¿Ves el nido?

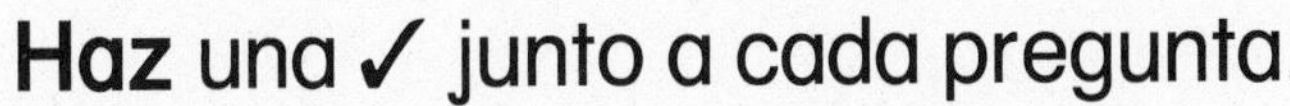

Haz una ✓ junto a cada pregunta.

1. ¿Quién vive en el nido? ______

Un pájaro vive en el nido. ______

2. El pájaro grande es rojo. ______

¿Es rojo el pájaro grande? ______

3. ¿Cómo puede ayudar el pájaro grande? ______

El pájaro grande puede ayudar. ______

4. Puedo salvar los huevos. ______

¿Puedes salvar los huevos? ______

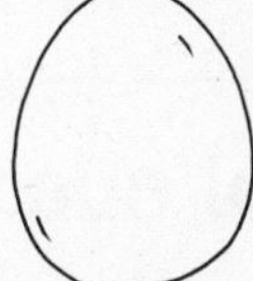

Escribe dos preguntas. **Usa** *qué, quién* o *cómo* en una de ellas. Recuerda usar el acento, la mayúscula y los signos de interrogación.

Actividad para la casa Su niño o niña estudió las oraciones interrogativas. Lean juntos un cuento. Pídale que identifique las preguntas en el cuento, que señale los signos de interrogación al comienzo y al final y que diga con qué mayúscula empiezan.

Nombre ______________________

Tabla del cuento

Título ______________________________________

Personajes

Ambiente

Principio

↓

Medio

↓

Final del cuento

Nombre ______________________

Dd Tt

Copia las palabras. Escribe las letras en el tamaño correcto.

dedo ______	atado ______
tomo ______	tele ______
Tito ______	toca ______
codo ______	dinero ______
moda ______	dime ______
linda ______	tumba ______
Dina ______	mito ______
torta ______	ate ______

¿Escribiste todas las letras en el tamaño correcto? Sí No

Actividad para la casa Su niño o niña ha practicado la escritura de palabras con *Dd, Tt*. Pídale que piense en otras seis palabras que contengan esas letras y que las escriba en una hoja de papel aparte.

Nombre ______________________

Mira las listas. **Sigue** las instrucciones y **responde** las preguntas.

A. ______________		B. ______________	
oso	tigre	gato	rana
zorro	león	perro	hámster
rana		pez	

1. ¿Cuál es el tema de la lista A? ¿Cuál es el tema de la lista B? Escribe las respuestas arriba de cada lista.

2. Pregunta a tus compañeros sobre qué otros animales silvestres o domésticos les gustaría saber más. Escribe dos de ellos en la lista correcta.

3. Elige un animal que quisieras conocer más. Escribe una pregunta sobre este animal.

4. Con un compañero, genera otra lista de tópicos sobre tipos de animales que les interesarían a toda tu clase. Formulen preguntas sobre los tópicos que generen.

Actividad para la casa Su niño o niña aprendió a identificar temas y hacer preguntar sobre un tema. Pida a su niño que haga otra pregunta sobre uno de los temas de arriba.

La dalia tiene una espina.
Le duele el dedo a Tesa.
Tomi le pone pomada.

Cuento de fonética Tomi y Tesa
Destrezas clave Sílabas con *d*; sílabas con *t*

Nombre ______________________

Tomi y Tesa

Sílabas con *d*			Sílabas con *t*	Palabras de uso frecuente	
dalia	dedo	pomada	pasto	casa	hay
dalias	dedos	todo	Tesa	de	las
dan	duele		tiene	el	se
de	lindo		todo	en	un
			Tomi	es	y

Tomi y Tesa se dan un aseo
y salen de la casa.

Tomi y Tesa pasean de la mano.
¡Es tan lindo todo!

Hay lilas y dalias en el pasto.
Tesa las pone en sus dedos.

Nombre ______________________

Sílabas con *d* y *t*

Sílabas de ortografía

dedo nido dama dos lado todo tú tos lata tina

Escoge una palabra que complete la oración.
Rellena el círculo y escribe la palabra.

1. La ○ **dama** ○ **tos** ○ **todo** baila. ______
2. Hay un ○ **todo** ○ **nido** ○ **dedo** en el árbol. ______
3. Me gustas ○ **tos** ○ **tú** ○ **lata.** ______
4. Tengo ○ **dedo** ○ **lata** ○ **dos** monos. ______
5. Al cubo le falta un ○ **lado** ○ **todo** ○ **tú.** ______
6. ¡Me comí ○ **tú** ○ **nido** ○ **todo!** ______
7. Recicla la ○ **lata** ○ **tina** ○ **dama.** ______
8. Teodoro tiene ○ **lado** ○ **tos** ○ **dedo.** ______

Escuela + Hogar

Actividad para la casa Su niño o niña está completando las oraciones con las palabras de ortografía. Ayúdelo a escribir oraciones con las palabras de ortografía.

Nombre ______________________

Oraciones interrogativas

Completa la oración interrogativa o pregunta. **Escribe** el nombre de un animal.

un pájaro

un gato

un perro

un elefante

un avestruz

¿Cómo es ______________________ ?

Lee la oración. **Cambia** las palabras para formar una pregunta. **Escribe** la pregunta. Usa los signos de interrogación al comienzo y al final de la pregunta.

El pájaro es rojo

____

____

Escuela + Hogar

Actividad para la casa Su niño o niña aprendió a usar preguntas al escribir. Diga una oración sobre un animal de la página, como por ejemplo *Los elefantes son grandes.* Pídale a su niño o niña que escriba esa oración como pregunta: *¿Cómo son los elefantes?*

Nombre ____________________

Sílabas con *d* y *t*

Palabras de ortografía
dedo
nido
dama
dos
lado
tú
tos
lata
tina

Escribe las palabras.

1. ____________________

2. ____________________

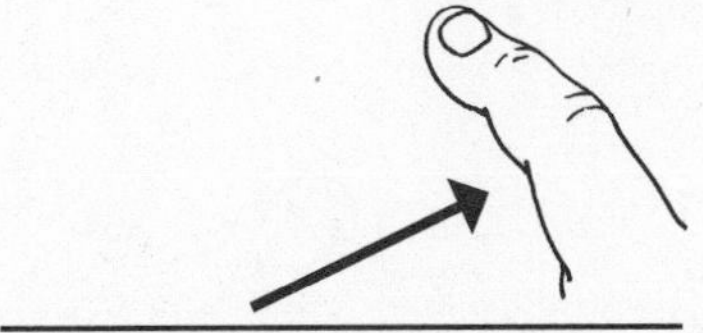

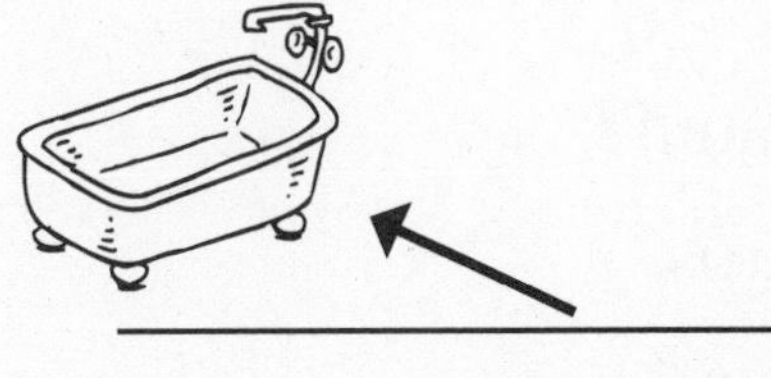

3. ____________________

4. ____________________

Encierra en un círculo la palabra que es igual. **Escríbela.**

5. **dos** dos tos ____________________
6. **lado** lado nido ____________________
7. **tú** tú tos ____________________
8. **tos** dos tos ____________________
9. **lata** dama lata ____________________
10. **tina** nido tina ____________________

Escuela + Hogar **Actividad para la casa** Su niño o niña está aprendiendo a escribir palabras con sílabas con *d* y *t*. Pídale que escriba palabras que rimen con *lata* o con *dama*.

Nombre ______________________________

Oraciones interrogativas

Busca la pregunta bien escrita. Márcala.

1
- ⬭ El nido grande es.
- ⬭ es grande el nido?
- ⬭ ¿Es grande el nido?

2
- ⬭ ¿Hay pájaros aquí?
- ⬭ Aquí hay pájaros.
- ⬭ ¿hay pájaros aquí

3
- ⬭ ves el nido?
- ⬭ Ves el nido.
- ⬭ ¿Ves el nido?

4
- ⬭ Se cae la rama
- ⬭ ¿Se cae la rama?
- ⬭ ¿se cae la rama

5
- ⬭ hay pajaritos en el nido.
- ⬭ ¿Hay pajaritos en el nido?
- ⬭ ¿hay pajaritos en el nido

Actividad para la casa Su niño o niña se preparó para tomar un examen sobre las oraciones interrogativas. Escuchen juntos una conversación o una entrevista por televisión. Pídale que cada vez que oiga una pregunta, diga "¡Pregunta!".

Nombre ______________________________

Di el nombre de cada dibujo. **Usa** tu conocimiento de la segmentación de las palabras para deletrear.
Escribe *ca, co* o *cu* en la línea.

<u>co</u>nejo

1. 

2. 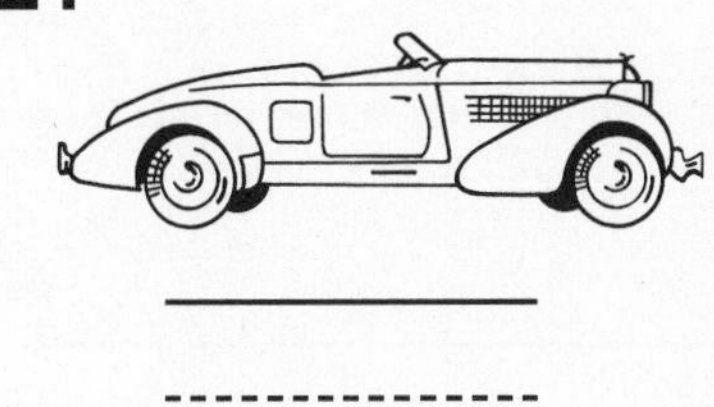

3. 

4. 

5. 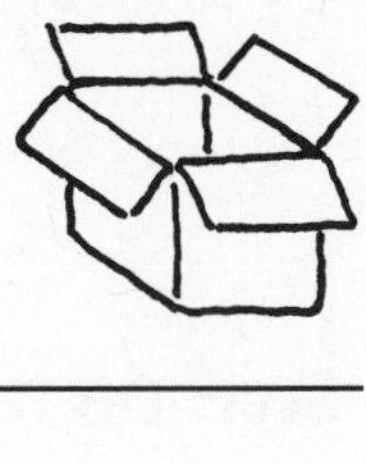

6. 

7. Colorea con un crayón rojo si tienen la sílaba *co*.

8. Colorea con un crayón amarillo si tienen la sílaba *ca*.

 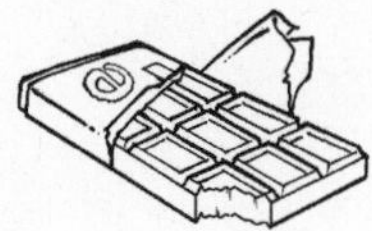    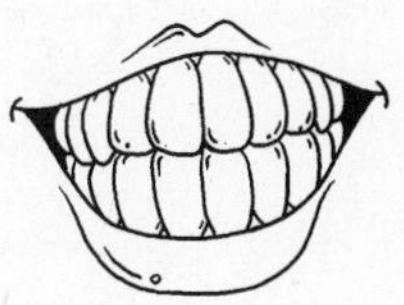

Actividad para la casa: Su niño o niña ha identificado las sílabas *ca, co* y *cu*. Pídale que le diga todas las palabras que recuerde que tienen estas sílabas y escríbalas. Luego, formen oraciones con estas palabras.

Nombre ______________________________

Escoge una palabra del recuadro para completar cada oración.
Escribe la palabra en la línea.
Recuerda usar mayúscula al comienzo de una oración.

cómo	ésta	porque	agua	muchos

1. ________________ es mi casa.

2. La foca nada en el ________________ .

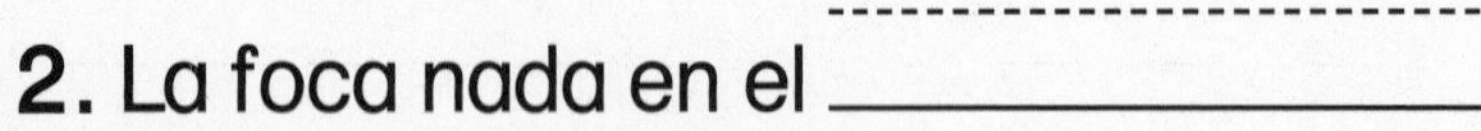

3. ¿ ________________ se sale de aquí?

4. Rita come ________________ caramelos.

5. Como ________________ tengo hambre.

Actividad para la casa: Su niño o niña ha aprendido a leer las palabras *cómo, ésta, porque, agua* y *muchos*. Pida a su niño o niña que use estas palabras en algunas oraciones que describan cómo es la vida en su casa.

Nombre ________________________________

Mira el dibujo que muestra lo que ocurrió.
Encierra en un círculo el dibujo que muestra por qué ocurrió eso.

1.   

2.   

3. 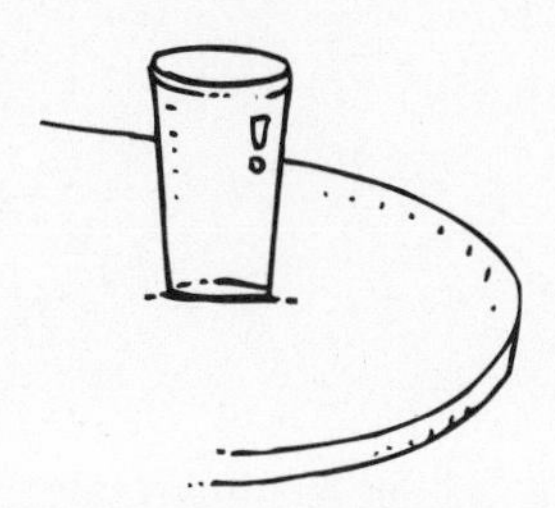  

Mira el dibujo que muestra lo que ocurrió.
Haz un dibujo que muestre por qué ocurrió eso.

4. 

Actividad para la casa: Su niño o niña ha aprendido acerca de la causa (por qué ocurre algo) y el efecto (lo que ocurre). Busquen juntos ejemplos de causa y efecto. Por ejemplo, puede explicar que cuando baja mucho la temperatura, se forma hielo.

Nombre ______________________________

Instrucciones para la escritura: Escribe una composición sobre un animal que te guste.

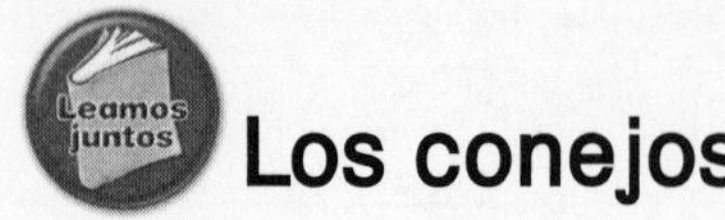

Los conejos

Me gustan los conejos. Mi mamá y yo vemos conejos en nuestro patio. Nosotros los vemos durante la noche. Ellos comen y juegan en la noche. Ellos descansan durante el día.

Los conejos comen plantas. Nosotros tratamos de alejarlos de nuestro jardín.

Los conejos se quedan muy quietos. ¡No les gusta que nosotros los miremos! Si yo me acerco mucho a un conejo, él da saltos.

Yo aprendo mucho al observar los conejos.

Nombre ______________________________

Di el nombre de cada dibujo.
Escoge una de las sílabas del recuadro para completar la palabra.

fa fé fi fo

1. ________ co

2. ca ________

3. ________ ro

4. estu ________

5. des ________ le

6. ol ________ to

Encierra en un círculo la palabra que completa cada oración.

7. La ______ de mi tío se debe a Adela.

fama dama

8. Vamos a ponernos en ______ para salir.

filo fila

9. El ancla tocó el ______ del mar.

mundo fondo

10. Mi mamá toma una ______ del mar.

foto bota

Actividad para la casa: Su niño o niña ha practicado la lectura de palabras con *f*. Pídale que forme oraciones con algunas de las palabras de esta página.

Nombre ______________________

Sílabas *ca, co, cu* y sílabas con *f*

Palabras de ortografía				
casa	come	saca	camino	colina
famosa	fotos	felino	final	foca

Escribe la palabra de ortografía que nombra el dibujo.

1. ______________________
2. ______________________
3. ______________________
4. ______________________

Lee las pistas. **Escribe** la palabra de ortografía.

5. Empieza con **f** y rima con **hermosa.** ______________________
6. Empieza con **c** y rima con **tome.** ______________________
7. Empieza con **s** y rima con **vaca.** ______________________
8. Empieza con **f** y rima con **canal.** ______________________

Actividad para la casa Su niño o niña está escribiendo palabras con *ca, co, cu* y con *f.* Túrnense para dar pistas y adivinar palabras de ortografía.

Nombre ______________________________

Oraciones exclamativas

Hay oraciones que se dicen con alegría o sorpresa. Son **oraciones exclamativas.** También se llaman **exclamaciones**. Empiezan con **mayúscula** y van entre **signos de exclamación:** Uno al comienzo (¡) y otro al final (!).

¡Qué linda es la cebra!

Haz una ✓ junto a cada exclamación.

1. ¡Qué grande es el parque! ________

   Me gusta el parque. ________

2. El león ruge. ________

   ¡Cómo ruge el león! ________

3. ¡Ya veo el hipopótamo! ________

   El hipopótamo se baña. ________

4. Allí hay un elefante. ________

   ¡Mira el elefante! ________

Escribe otra exclamación sobre cada dibujo de esta página verificando que empiece con mayúscula y que incluya los signos de exclamación al comienzo y al final.

Actividad para la casa Su niño o niña estudió las oraciones exclamativas. Pídale que lea las oraciones exclamativas de esta página con fuerza. Túrnense para decir sus propias exclamaciones sobre cosas que vean en la casa.

Nombre ______________________________

Composición

Respuesta de calificación máxima

Enfoque/Ideas	Una buena composición nos cuenta sobre un tema.
Organización	Una buena composición nos cuenta ideas importantes en un orden que tiene sentido.
Voz	Una buena composición nos cuenta sobre un tema de una manera que sea interesante.
Lenguaje	Una buena composición usa palabras claras.
Oraciones	Una buena composición está escrita en oraciones completas.
Normas	Una buena composición tiene oraciones con la puntuación correcta.

Nombre ______________________________

C c   F f

Copia las palabras. Deja el espacio correcto entre cada letra.

cosa	____________	felino	____________
fiesta	____________	feo	____________
poco	____________	cuna	____________
fino	____________	foco	____________
forma	____________	coco	____________
cama	____________	fuente	____________
cuento	____________	coser	____________
saco	____________	capa	____________

¿Dejaste el espacio correcto entre cada letra? Sí No

Actividad para la casa Su niño o niña ha practicado la escritura de palabras con *Cc, Ff.* Dígale cuatro palabras más que tengan esas letras y pídale que las escriba en una hoja de papel por separado. Verifique si las palabras están bien escritas.

Nombre ______________________________

Con la asistencia de tu maestro, **usa** el dibujo que elijas para repasar y revisar un tema.

1. **Nombra** tres de los animales que ves. **Encierra** en un círculo el animal del que te gustaría saber más.

2. ¿Qué es lo que más te gustaría saber sobre este animal? **Escribe** dos preguntas.

3. Usa tus preguntas. **Escribe** tu nuevo tema. Pide ayuda si es necesario.

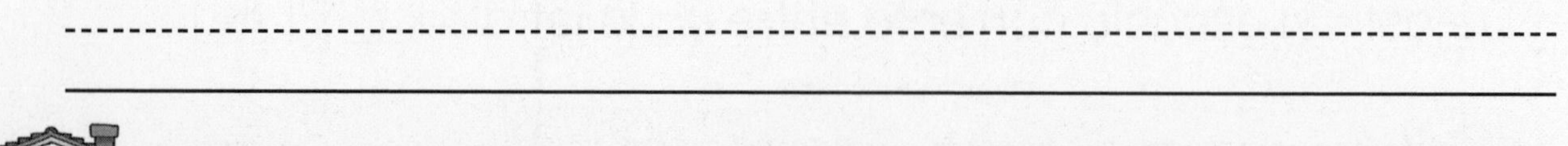

Actividad para la casa Su niño o niña aprendió a responder a preguntas sobre un tema. Anímele a hacer preguntas sobre el tema "Preparación de una cena familiar". Luego de responder las preguntas, pregúntele si quiere usar otras palabras para expresar el tema.

—Casi no falta nada.
Cuca, estamos cansadas.
No pintemos más por este día.

Cuento de fonética Pintamos la casa
Destrezas clave Sílabas *ca, co, cu*; sílabas con *f*

Nombre ______________________

Pintamos la casa

Sílabas *ca, co, cu*			Sílabas con *f*	Palabras de uso frecuente	
cal	casa	contentas	falta	agua	es
cansada	casi	Cuca	feliz	casa	feliz
cantan	con		Fifí	con	la
			fin	de	no
				el	y

Fifí pinta con cal
la casa el fin de semana.

Cuca pinta con Fifí y es feliz.

Pintan con cal y agua.
Las dos cantan contentas.

Nombre ____________________

Sílabas *ca, co, cu* y sílabas con *f*

Palabras de ortografía				
casa	come	saca	camino	colina
famosa	fotos	felino	final	foca

Escribe una palabra para cada dibujo.

1. ____________ el perro.
2. Entra a la ____________ .

3. Vi la ____________ .
4. Les tomé dos ____________ .

5. Fui por el ____________ .
6. Llegué hasta el ____________ .

7. Ángela es ____________ .
8. Tiene un ____________ .

Actividad para la casa Su niño o niña está completando historias con las palabras de ortografía. Ayúdelo a usar las palabras de ortografía en una historia sobre su día.

Nombre ______________________________

Oraciones exclamativas

Escribe sobre una visita al zoológico. Usa frases u oraciones exclamativas con las palabras *qué, cuál, cómo* o *dónde* para decir lo que sentiste. Recuerda que debes usar acento en estas palabras en oraciones exclamativas.

____

____

____

____

____

Actividad para la casa Su niño o niña aprendió a usar oraciones exclamativas al escribir. Nombre un objeto que vea en la casa y una palabra que lo describa (*ventana/grande, sofá/cómodo, cojín/blando*). Pídale que escriba una exclamación con cada par de palabras, por ejemplo: *¡Qué grande es esta ventana!*.

Nombre ______________________________

Sílabas *ca, co, cu* y sílabas con *f*

Escribe las palabras en el crucigrama.

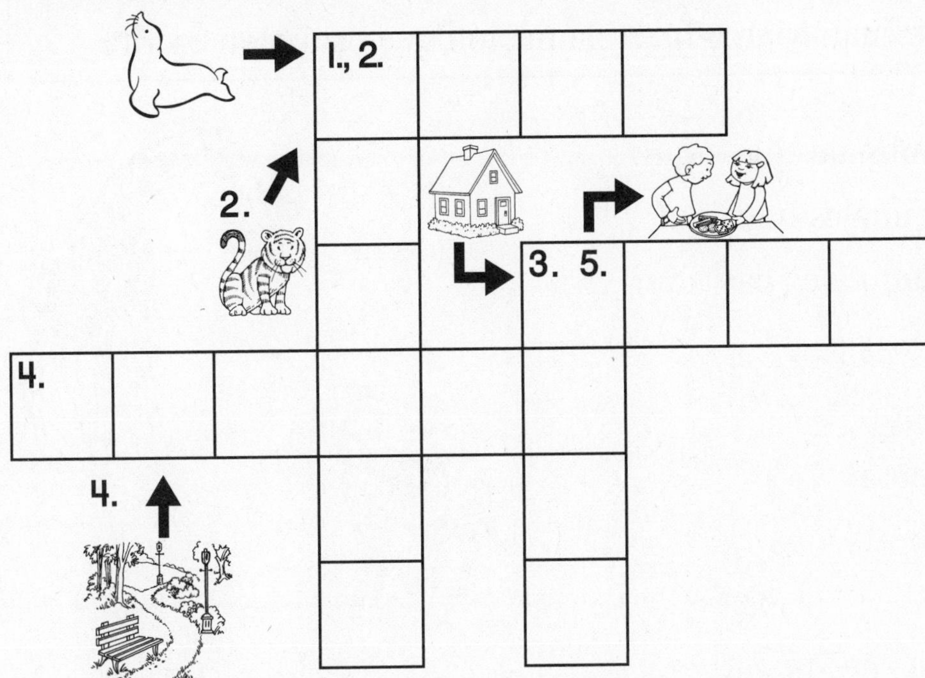

Palabras de ortografía
casa
come
saca
camino
colina
famosa
fotos
felino
final
foca

Escribe las palabras que faltan.

saca	colina	famosa	fotos	final

6. Toma las ______________ .

7. ______________ las monedas.

8. Es muy ______________ .

9. Subo la ______________ .

10. Llegó el ______________ .

Actividad para la casa Su niño o niña está aprendiendo a escribir palabras con *ca, co, cu* y con *f*. Ayúdelo a buscar palabras con *ca, co, cu* y con *f* en libros.

Nombre ______________________________

Oraciones exclamativas

Recuerda que las oraciones exclamativas llevan signos de exclamación al comienzo y al final. Marca la exclamación que está bien escrita.

1
- ¡cuántos animales hay aquí.
- cuántos animales hay aquí
- ¡Cuántos animales hay aquí!

2
- Mira la cebra
- ¡Mira la cebra!
- mira la cebra!

3
- ¡Qué grande es el león!
- Qué grande es el león?
- ¡qué grande es el león.

4
- ¡acabo de ver un oso!
- ¡Acabo de ver un oso!
- Acabo de ver un oso

5
- ¡Se acerca el elefante.
- ¡Se acerca el elefante!
- Se acerca el elefante!

Escuela + Hogar

Actividad para la casa Su niño o niña se preparó para tomar un examen sobre las oraciones exclamativas. Lean juntos un cuento. Pídale que señale las exclamaciones y que diga cómo supo que lo eran.

Nombre ______________________

Di el nombre de cada dibujo.
Escribe *ba, be, bi, bo* o *bu* en la línea.

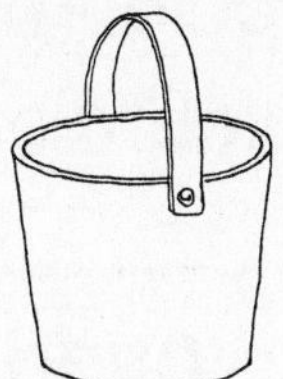

cu<u>bo</u>

1. 

______ te

2. 

______ so

3. 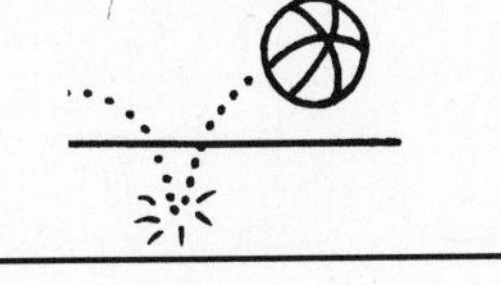

______ lón

4. 

nu ______

5. 

esco ______

6. 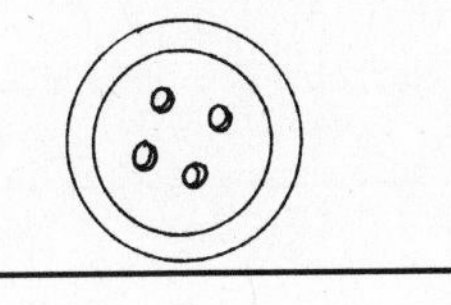

______ tón

Encuentra las palabras que tengan las sílabas *bu* o *ba*.
Rellena el ⬭ para indicar tu respuesta.

7.  

8. 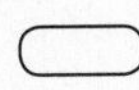 

Actividad para la casa: Su niño o niña identificó las sílabas con *b*. Pídale que escriba todas las palabras con estas sílabas que hay en esta página y que forme oraciones con ellas.

Nombre ______________________

Escoge una palabra del recuadro para completar cada oración.
Escribe la palabra en la línea.

1. Beto ______________ nadar.

2. Mi mamá sale ______________ de la escuela.

3. Tomás no ______________ comer.

4. Melisa toca ______________ el piano.

5. Mi patito nada y ______________ come.

Actividad para la casa: Su niño o niña aprendió a leer las palabras *tarde, bien, quiere, puede, ver* y *luego*. Pídale que escriba cada palabra en una tarjeta, que las lea y que use cada palabra en una oración.

Nombre ____________________

Lee el cuento.
Sigue las instrucciones.

Ted ve un nido caer de un árbol.

El nido tiene tres huevos azules.

Ted recoge el nido.

Ted regresa el nido al árbol.

1. **Escribe** una oración que explique lo que sucede al principio del cuento.

2. **Escribe** una oración que diga lo que sucede en el medio del cuento.

3. **Haz un dibujo** que muestre lo que sucede al final del cuento. Luego **vuelve a contar** lo que sucede al final del cuento.

Actividad para la casa Su niño o niña ha aprendido sobre el orden en que suceden las cosas en un cuento. Vuelva a leer el cuento con su niño o niña. Pídale que actúe los sucesos del cuento en el orden que ocurrieron.

Nombre ______________________________

Estimado tío Karl:

Mi pasatiempo favorito es la pesca. Yo quiero que vayas conmigo. Nosotros podemos ir a la laguna que queda cerca de mi casa. Vamos a pescar un montón de peces. ¡Será muy emocionante! Espero que puedas ir conmigo.

Tu sobrina,
Lynn

No te olvides de los **aspectos principales de una carta amistosa.**

- Empieza con un saludo y termina con una despedida.
- A menudo dice cómo se siente el escritor.

Ahora escribe una carta breve, poniendo las ideas en una secuencia lógica y usando reglas gramaticales apropiadas.

Nombre ______________________

Di el nombre de cada dibujo.
Escribe en la línea *ra, re, ri, ro* o *ru* para completar la palabra.

1. 

______ na

2. 

______ pa

3. 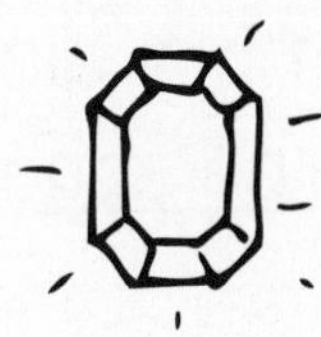

______ bí

4. 

______ tón

5. 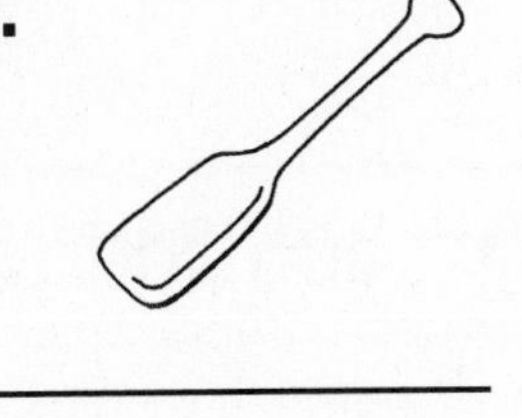

______ mo

6. 

______ sa

Haz un dibujo que represente cada palabra.

7. risa

8. regalo

Escuela + Hogar **Actividad para la casa:** Su niño o niña identificó las sílabas con *r*. Pida a su niño o niña que use cada una de las palabras de esta página en una oración.

Nombre ______________________________

Sustantivos comunes

Los sustantivos son palabras para las personas, los lugares, los animales o las cosas.

Hombre dice cómo llamar a una persona.

Parque dice cómo llamar un lugar.

Pez dice cómo llamar un animal.

Red dice cómo llamar una cosa.

Escribe el sustantivo que va con cada dibujo. **Di** una oración con cada sustantivo.

persona

niña niño

1. ______________________________

lugar

ciudad lago

2. ______________________________

animal

gato conejo

3. ______________________________

cosa

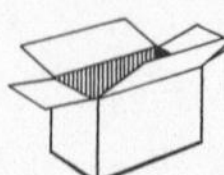

caja sartén

4. ______________________________

Actividad para la casa Su niño o niña estudió los sustantivos comunes. Lean juntos un cuento. Pídale que señale los sustantivos que encuentre y que diga si se refieren a personas, lugares, animales o cosas.

Nombre ______________________________

Sustantivos comunes

Los sustantivos son palabras para las personas, los lugares, los animales o las cosas.

Hombre dice cómo llamar a una persona.

Parque dice cómo llamar un lugar.

Pez dice cómo llamar un animal.

Red dice cómo llamar una cosa.

Escribe el sustantivo que va con cada dibujo. **Di** una oración con cada sustantivo.

persona

niña niño

1. ______________________________

lugar

ciudad lago

2. ______________________________

animal

gato conejo

3. ______________________________

cosa

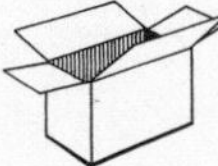

caja sartén

4. ______________________________

Escuela + Hogar **Actividad para la casa** Su niño o niña estudió los sustantivos. Lean juntos un cuento. Pídale que señale los sustantivos que encuentre y que diga si se refieren a personas, lugares, animales o cosas.

Nombre ______________________

Escribe una carta breve. Pon tus ideas en una secuencia lógica.

Formato de carta

Estimado(a) ________________:

____

____

____

____

____

____

________________________,

____

Actividad para la casa Su niño o niña está aprendiendo a escribir cartas. Ayúdelo a hacer el plan de una carta para un familiar o un amigo de la familia.

Nombre ______________________

B b   R r

Copia las palabras. Escribe las letras del tamaño correcto.

ratón	______	Rita	______
beso	______	bola	______
nabo	______	roto	______
risa	______	sobar	______
Beto	______	Rosi	______
rueda	______	bota	______
bata	______	ruta	______
cubo	______	cumbia	______

¿Escribiste todas las letras en el tamaño correcto? Sí No

Actividad para la casa Su niño o niña ha practicado la escritura de palabras con *Bb, Rr.* Pídale que elija dos palabras de la lista y que las escriba tres veces más.

Nombre ______________________

Beti y Bola

Contenido

1. **Encierra en un círculo** los números de página.

2. Encierra en un **cuadrado** los títulos de los capítulos.

3. **Escribe** el título del último capítulo.

____

4. **Escribe** el número de la página en la que comienza "Bola bebe limonada".

____

5. **Escribe** el número total de capítulos de "Beti y Bola".

____

Actividad para la casa: Su niño o niña aprendió a utilizar la tabla de contenido de un cuento para encontrar información. Cuando lean juntos, señale la tabla de contenido y pida a su niño o niña que le ayude a encontrar información, por ejemplo, el número de página de un capítulo concreto.

Ramiro saluda a Rubí con la mano.
Rubí no para de saltar.
Ramiro no pescará nada.

Cuento de fonética La foca Rubí
Destrezas clave Sílabas con *b*; sílabas con *r*

Nombre ____________________

La foca Rubí

Sílabas con *b*		Sílabas con *r*		Palabras de uso frecuente	
baila	bote	para	rápido	bien	no
bate	Rubí	pescará	risa	con	por
bien		pura	Rubí	en	su
boca		Ramiro		es	y
				la	

Busca los signos de puntuación al final de las oraciones exclamativas. Enciérralos en un círculo.

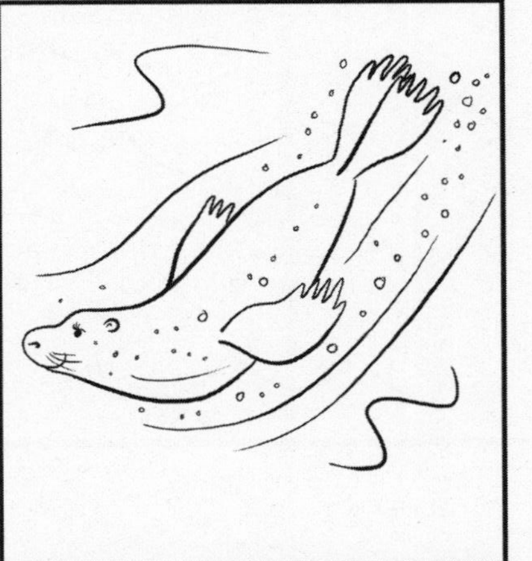

La foca Rubí nada rápido.

Ramiro está en su bote.
¡Bien por Rubí!

Rubí bate sus aletas.
Baila y asoma la boca. ¡Es pura risa!

Nombre ______________________

Palabras con *b* y con *r*

Encuentra la palabra de ortografía que completa la oración.
Escribe la palabra sobre la línea.

Palabras de ortografía
boca
bote
balón
bonito
lobo
risa
rosal
ratón
rico
rama

1. El nido de los pájaros está en la ____________.

2. El ____________ está en el mar.

3. Nana tiene un ____________ en el patio.

4. Abre la ____________.

5. Tu abrigo es muy ____________.

6. El ____________ asustó al elefante.

7. Me da ____________ el loro chistoso.

8. El pastel de Karla es muy ____________.

9. El ____________ es un animal lindo.

10. Tito tiene un ____________ de fútbol.

Actividad para la casa: Su niño o niña está completando estas oraciones con las palabras de ortografía. Pídale que escriba oraciones con dos o más palabras de ortografía.

Nombre ______________________________

Sustantivos comunes

Escribe sobre cosas que haces con tu familia.
Usa palabras del recuadro o tus propias palabras.

mamá	papá	hermano
abuela	abuelo	hermana

Actividad para la casa Su niño o niña aprendió a usar sustantivos al escribir. Escriba oraciones sobre miembros de su familia, por ejemplo: *Tu hermana tiene el pelo rizado* o *A tu mamá le gustan las flores.* Pídale a su niño o niña que encierre los sustantivos en círculos.

Nombre ______________________

Palabras con *b* y con *r*

Lee la pista. **Escribe** una palabra de la lista.

Rima con 

1. ______________

Rima con 

2. ______________

Rima con 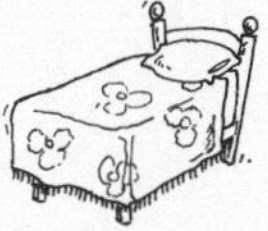

3. ______________

Rima con 

4. ______________

Palabras de ortografía

- boca
- bote
- balón
- bonito
- lobo
- risa
- rosal
- ratón
- rico
- rama

Encuentra una palabra de ortografía en cada fila. **Enciérrala** en un círculo. **Escribe** la palabra.

b é r o s a l m 5. ______________

a n b o n i t o 6. ______________

r a t ó n u j e 7. ______________

c e r b o t e s 8. ______________

z o b a l ó n y 9. ______________

t r o b o c a ñ 10. ______________

boca
bote
balón
bonito
rosal
ratón

Escuela + Hogar

Actividad para la casa: Su niño o niña está aprendiendo a deletrear palabras con *b* y con *r*. Pídale que encierre en un círculo las letras *b* y *r* en las palabras de ortografía.

Nombre ______________________________

Sustantivos comunes

Marca el sustantivo que completa cada oración.

1 Max quiere un __________.

- ⊂⊃ comer
- ⊂⊃ pescado
- ⊂⊃ luego

2 En el __________ hay un lago.

- ⊂⊃ dentro
- ⊂⊃ sentar
- ⊂⊃ parque

3 Max pesca un __________ rojo.

- ⊂⊃ balón
- ⊂⊃ hablar
- ⊂⊃ este

4 Hay un __________ en la red.

- ⊂⊃ llamada
- ⊂⊃ y
- ⊂⊃ caracol

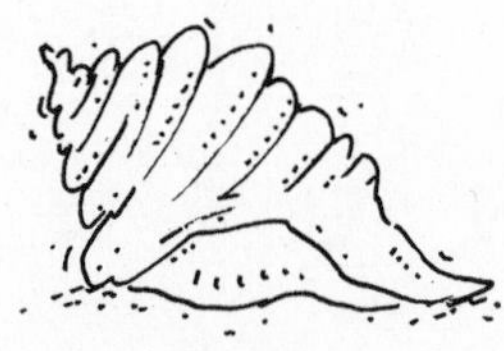

5 La __________ les da un pescado.

- ⊂⊃ como
- ⊂⊃ mujer
- ⊂⊃ eso

Escuela + Hogar

Actividad para la casa Su niño o niña se preparó para tomar un examen de los sustantivos comunes. Lean juntos algo sencillo, como un anuncio. Pídale que encierre en un círculo los sustantivos del texto.

Nombre ______________________________

Di el nombre de cada dibujo.
Escribe *ga, go,* o *gu* en la línea para completar la palabra.

la**go**

1. 

ma ________

2. 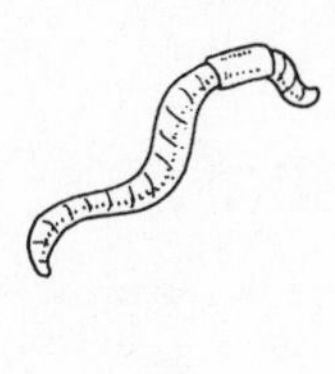

________ sano

3. 

ami ________

4. 

pa ________

5. 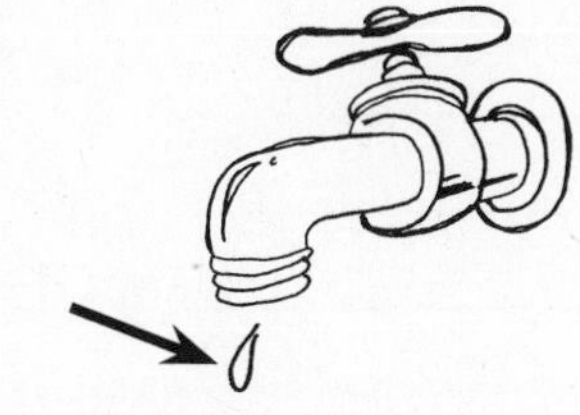

________ ta

6. 

________ to

Encuentra las palabras que contengan las sílabas *ga* o *go*.
Marca el ⬭ para indicar tu respuesta.

7. ⬭ ⬭

8. ⬭ ⬭

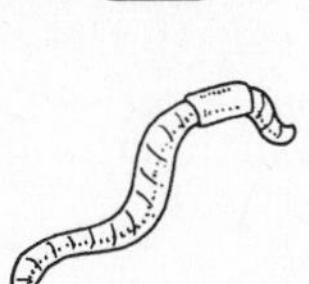 

Actividad para la casa: Su niño o niña identificó las sílabas *ga, go* y *gu*. Pídale que escriba todas las palabras con estas sílabas que recuerde y que forme una oración con cada una de ellas.

Nombre ______________________

Escoge una palabra del recuadro para completar cada oración.
Escribe la palabra en la línea.

jugar	detrás	voy	ser	papel

1. Yo ______________ a pescar.

2. El ______________ está en la mesa.

3. El gato quiere ______________ con la pelota.

4. Melisa camina ______________ de su mamá.

5. Gabo quiere ______________ pintor como su papá.

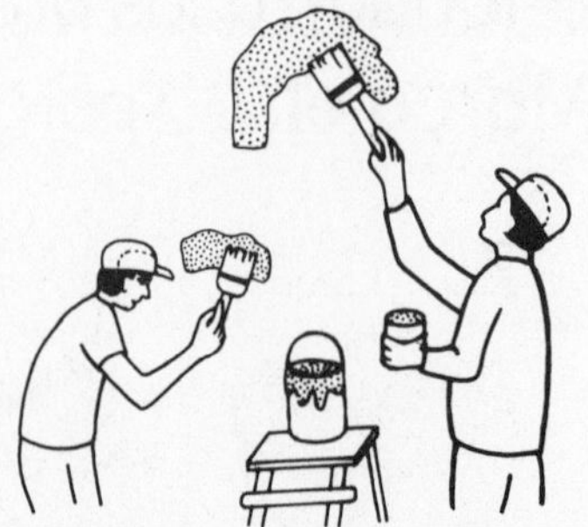

Actividad para la casa Su niño o niña aprendió a leer las palabras *jugar, lugar, tú, detrás, voy, ser* y *papel*. Escriban estas palabras en papelitos de notas autoadhesivas. Pegue los papelitos en la mesa de trabajo de su niño o niña para que las lea cada día.

Nombre ________________________

Mira el primer dibujo. Ese dibujo te muestra lo que ocurrió.
Encierra en un círculo el dibujo que muestre por qué eso ocurrió.

1.

2.

3.

4.

Mira el dibujo que muestra lo que ocurrió.
Haz un dibujo que muestre por qué eso ocurrió.

5.

Escuela + Hogar

Actividad para la casa: Su niño o niña aprendió acerca de la causa (por qué algo ocurre) y el efecto (lo que ocurre). Ayude a su niño o niña a observar causas y efectos haciéndole preguntas como: *"¿Qué ocurrió?"* (efecto) y *"¿Por qué ocurrió?"* (causa).

Nombre ______________________________

Trabajo en grupo

Todos los días tenemos una hora para trabajo en grupo. Yo trabajo con José y Kim. Nos ayudamos con las matemáticas. A veces intercambiamos trabajos. Comentamos nuestros cuentos. Respondemos preguntas. Luego, lo comentamos con la clase.

Aspectos principales de una composición breve

- Contiene datos interesantes.
- Trata acerca de un tema.

Nombre ______________________________

Escoge una de las palabras del recuadro para completar la oración. Luego, lee las oraciones.

coche	leche	mucho	ocho	chupa	chico	noche

1. El ________________ tiene 3 años.

2. El nene ________________ su paleta.

3. El bebé toma su ________________ .

4. Lina quiere ________________ a su mamá.

5. La luna es bonita de ________________.

6. Manolo tiene ________________ gatitos.

7. A Pancho le gusta su ________________.

Actividad para la casa: Su niño o niña ha practicado cómo leer palabras con *ch*. Pídale que forme oraciones con algunas de las palabras de esta página.

Nombre ______________________________

Sílabas *ga, go, gu* y dígrafo *ch*

Palabras de ortografía				
gato	tengo	gotas	goma	lago
chico	mucho	chispa	chino	chile

Escribe el nombre del dibujo.

1. ______________________
2. ______________________
3. ______________________
4. ______________________
5. ______________________

Escribe la palabra que falta.

tengo chispa chino mucho chico

6. ______________ seis años.
7. Abner es el ______________ alto.
8. A Amos le gusta el arroz ______________.
9. Mi amigo Danilo canta ______________.
10. Esa niña tiene mucha ______________.

Actividad para la casa Su niño o niña identificó las sílabas *ga, go, gu* y el dígrafo *ch*. Pida a su niño o niña que escriba en un papel todas las palabras que conozca con estas sílabas. Luego, ayúdelo a escribir un cuento corto usando tantas de estas palabras como pueda.

Nombre ______________________________

Sustantivos propios

Los **sustantivos propios** son nombres especiales para una persona, un lugar, un animal o una cosa. Los sustantivos propios se escriben siempre con **mayúscula**.

Mónica

lago **L**una

Rex

torre **M**arco

Mira los dibujos.
Escribe el sustantivo propio de cada dibujo en la raya.

Chela

1. Esta niña es ______________________.

escuela Luz

2. Va a la ______________________.

calle Sol

3. La escuela está en la ______________________.

Di una oración con cada sustantivo propio. Explica la regla gramatical para escribir los sustantivos propios.

Actividad para la casa Su niño o niña estudió los sustantivos propios. Lean juntos un cuento. Pídale que le señale los sustantivos propios del cuento.

Nombre ______________________________

Red de ideas

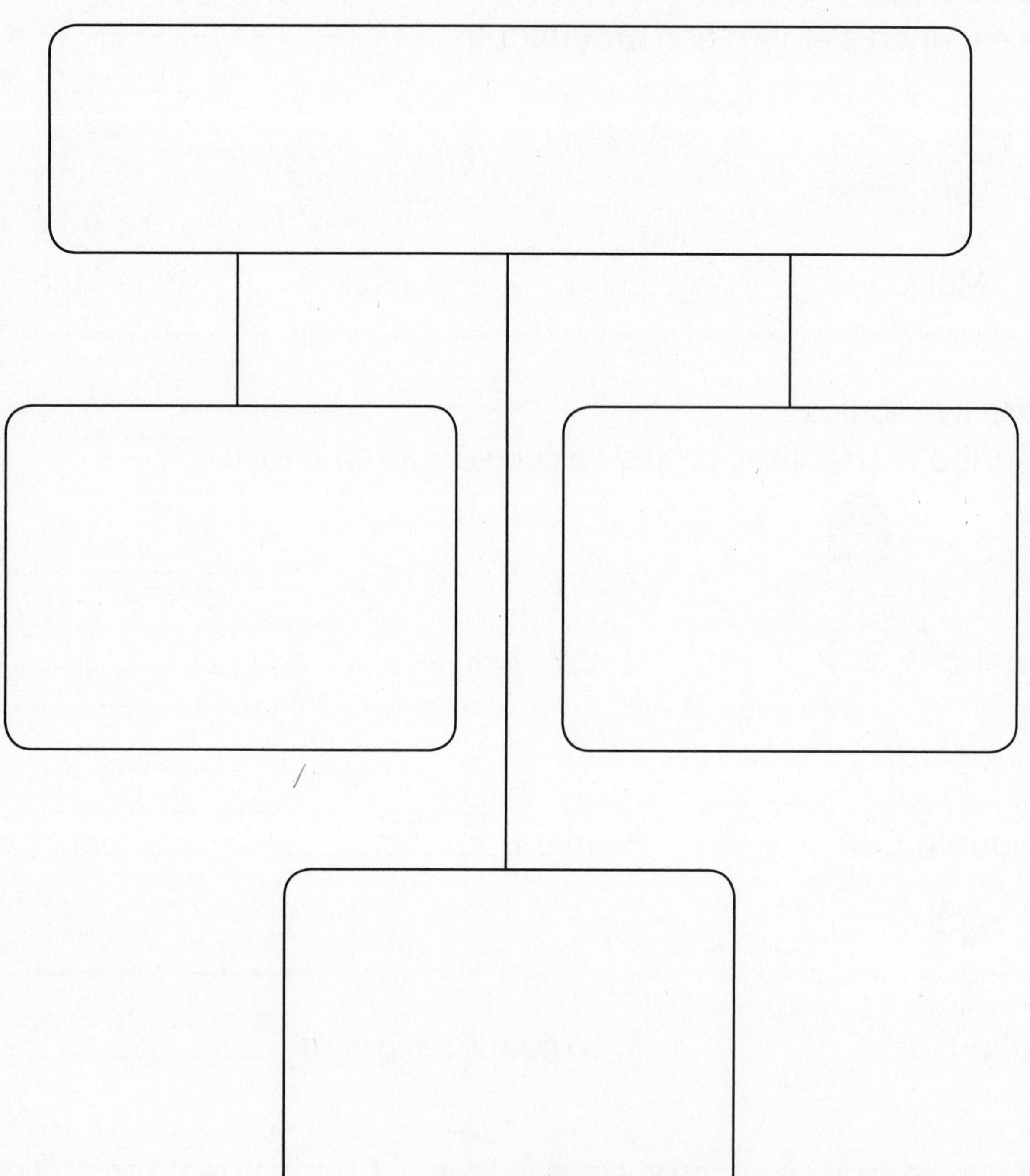

Nombre ______________________

Gg Chch

Copia las palabras. Deja el espacio correcto entre las letras.

gallo ______ Gaby ______

chicle ______ chancho ______

gusto ______ gota ______

Chela ______ pega ______

hago ______ goma ______

noche ______ chorro ______

gato ______ gorro ______

choza ______ coche ______

¿Dejaste el espacio correcto entre las letras? Sí No

Actividad para la casa Su niño o niña ha practicado la escritura de palabras con *Gg, Chch*. Pídale que busque las palabras de la lista que nombran animales y que las escriba tres veces más en una hoja de papel aparte.

Nombre ______________________

Vas a dar una charla sobre la escuela.
Entrevista a estas personas para que te ayuden.

Lee sobre cada persona. **Responde** a las preguntas.

conserje – Una persona que ayuda a cuidar y limpiar un edificio.
bibliotecaria – Una persona entrenada para trabajar en una biblioteca.
enfermera – Una persona que ayuda a cuidar a las personas cuando están enfermas o heridas.

directora – Una persona que dirige una escuela.
maestro – Una persona que ayuda a que las personas aprendan.

1. ¿Quién dirige una escuela? ______________________

2. ¿Quién mantiene seguros los edificios? ______________________

3. ¿Quién ayuda a cuidar a las personas enfermas? ______________________

4. Ahora, con la asistencia de tu maestro, usa las respuestas a tus preguntas para presentar visualmente una charla que incluya los resultados de tus entrevistas.

Actividad para la casa Su niño o niña aprendió a entrevistar. Pida a su niño que haga una lista de los miembros de su familia o amigos que le gustaría entrevistar. Ayúdelo a formular preguntas interesantes para la entrevista. Pídale que actúe los resultados de la entrevista como si fuera un reportero de televisión.

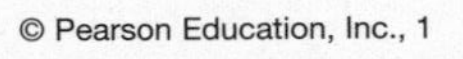

Sol, música y amigos...
Es un bonito domingo
en la góndola de Chico.

Cuento de fonética En la góndola de Chico
Destrezas clave Sílabas *ga, go, gu*; Dígrafo *ch*

Nombre ______________________

En la góndola de Chico

Sílabas *ga, go, gu*		Dígrafo *ch*	Palabras de uso frecuente	
amigos	góndola	Chapa	con	se
domingo	Gula	Chico	de	su
Gastón	mago	chispa	el	un
gata	Olga	mucha	es	
golosa			la	

Se sube Olga con Gula en la
góndola de Chico.
Gula es una gata golosa.

Se sube Gastón con su bombo.
Gastón tiene mucha chispa.

Se sube el mago con Chapa.
Chapa es una paloma mimada.

Nombre ____________________

Palabras con *ga, go, gu* y con *ch*

Palabras de ortografía

gato	tengo	gotas	goma	lago
chico	mucho	chispa	chino	chile

Escoge la palabra que completa la oración. Une con una línea la palabra con la oración.

1. El restaurante ______ estaba lleno.	gato
2. ¿Me prestas tu ______ de borrar?	tengo
3. Vamos al ______ .	gotas
4. Mi ______ es muy juguetón.	goma
5. ______ dos maestras.	lago
6. Le puse ______ en los ojos.	chico
7. Quiero ______ a mi familia.	mucho
8. Me gusta el ______ picoso.	chispa
9. Saltó una ______ del motor.	chino
10. El ______ es inteligente.	chile

Actividad para la casa: Su niño o niña está escribiendo palabras con *ga, go, gu* y con *ch*. Pídale que escoja una palabra de ortografía para completar esta oración: Mi muñeco es de______.

Nombre ______________________________

Sustantivos propios

Completa cada oración con un sustantivo propio. Recuerda que los sustantivos propios comienzan con mayúscula.

Mi maestro o maestra se llama ______________________________.
(el nombre de tu maestro o maestra)

Mi escuela se llama ______________________________.
(el nombre de tu escuela)

Escribe los nombres de tres niños o niñas de tu clase.

______________ ______________ ______________

Cuenta algo sobre cada uno de esos niños.

____

____

____

Actividad para la casa Su niño o niña aprendió a usar los sustantivos propios al escribir. Escriba oraciones sobre personas que conozcan tanto usted como su niño o niña, por ejemplo: *Carlos es nuestro amigo* o *Mi prima se llama María*. Pídale que encierre en un círculo los sustantivos propios de estas oraciones.

Nombre ______________________

Palabras con *ga, go, gu* y con *ch*

Palabras de ortografía				
gato	tengo	gotas	goma	lago
chico	mucho	chispa	chino	

Escribe las palabras.

1. ______________ 2. ______________

3. ______________ 4. ______________

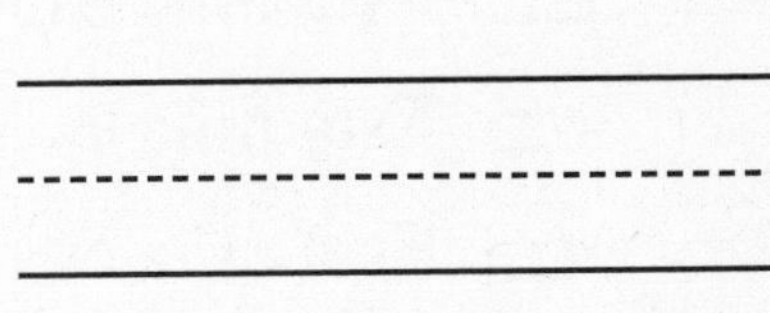

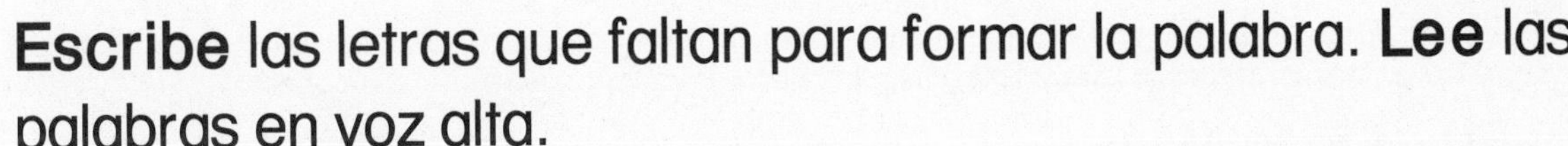

Escribe las letras que faltan para formar la palabra. **Lee** las palabras en voz alta.

5. **t**___**n**___**o** ______________

6. ___**hi**___**o** ______________

7. **m**___**c**______ ______________

8. ______**is**___**a** ______________

9. **g**___**m**___ ______________

Actividad para la casa Su niño o niña está aprendiendo a escribir palabras con *ga, go, gu* y con *ch*. Pídale que escriba palabras que rimen con *ganas* y con *chorro*.

Nombre ______________________________

Sustantivos propios

Marca la oración que está bien escrita.

1
- ⬭ Este niño es jaime.
- ⬭ Este niño es Jaime.
- ⬭ Este niño es JAIME.

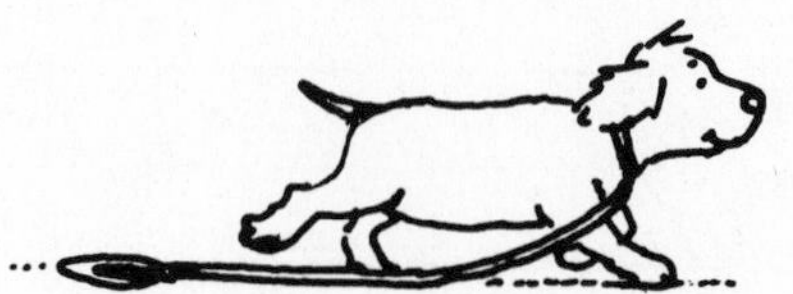

2
- ⬭ El perro se llama PIPO.
- ⬭ El perro se llama pipo.
- ⬭ El perro se llama Pipo.

3
- ⬭ Esta niña es Marta.
- ⬭ Esta niña es MARTA.
- ⬭ Esta niña es marta.

4
- ⬭ Van a la escuela Mar.
- ⬭ Van a la escuela mar.
- ⬭ Van a la escuela MAR.

5
- ⬭ Está en la calle olmo.
- ⬭ Está en la calle Olmo.
- ⬭ Está en la Calle olmo.

Actividad para la casa Su niño o niña se preparó para tomar un examen de sustantivos propios. Lean juntos un breve artículo de periódico o revista. Pídale que encierre en un círculo los sustantivos propios que encuentre.

Nombre ____________________

Escribe *que* o *qui* en la línea para completar cada palabra.

1. pe ________ ño

2. ________ so

3. má ________ na

4. pa ________ te

5. es ________ na

6. e ________ po

Encuentra las palabras que tengan las sílabas *que* o *qui*.
Rellena el ⬭ para indicar tu respuesta. **Usa** lo que sabes de la división de sílabas para deletrear las palabras que tienen las sílabas *que* o *qui*.

7. ⬭ camino
⬭ quisiera
⬭ cuna

8. ⬭ cama
⬭ cosa
⬭ quemado

Actividad para la casa: Su niño o niña identificó las sílabas *que* y *qui*. Pídale que escriba todas las palabras que recuerde con estas sílabas y luego que escriba una oración con cada una de ellas.

Nombre ______________________________

Escoge una palabra del recuadro para completar cada oración.
Escribe la palabra en la línea.
Recuerda usar mayúscula al comienzo de cada oración.

mis maestro también decir soy

1. Él es un ____________ .

2. Me gusta ____________ la verdad.

3. Yo ____________ un artista.

4. Quique y Ramón son ____________ amigos.

5. Rosa ____________ es mi amiga.

Actividad para la casa: Su niño o niña aprendió a leer las palabras *mis, maestro, también, trabajar* y *soy*. Cuando lean juntos, anime a su niño o niña a señalar estas palabras en el texto.

Nombre ______________________

Mira el libro.
Escribe o **encierra en un círculo** tus respuestas.

¿Qué es una escuela?

por Quique Luque

1. ¿Quién escribió este libro? ______________________

2. ¿De qué crees que trata el libro?

el mar la escuela las casas

3. ¿Para qué crees que Quique escribió este libro?

para divertir para asustar para enseñar

Haz un dibujo que muestre de qué trata este libro.

4.

Actividad para la casa: Su niño o niña aprendió a identificar de qué puede tratar un libro al comprender la razón por la que ha sido escrito. Cuando lean juntos distintos materiales, pídale que le diga de qué trata el texto y para qué lo escribió el autor.

Nombre ______________________________

Mi maestra de piano

La Srta. Kindler es mi maestra de piano. Ella me enseña muchas cosas. Por ejemplo, me enseña a colocar los dedos en la forma adecuada. También me ayuda a leer notas para poder tocar el piano bien. Ella siempre me enseña canciones nuevas. Aprendo mucho con ella.

Aspectos principales de una explicación

- Habla de una persona, idea o cosa.
- Ayuda a las personas a comprender el tema.

Nombre ______________________

Sílabas con *ñ*

Di el nombre de cada dibujo.
Escribe en la línea *ña, ñe, ñi, ño* o *ñu* para completar la palabra.

1.

pi ________

2.

mu ________ ca

3.

ca ________ n

4.

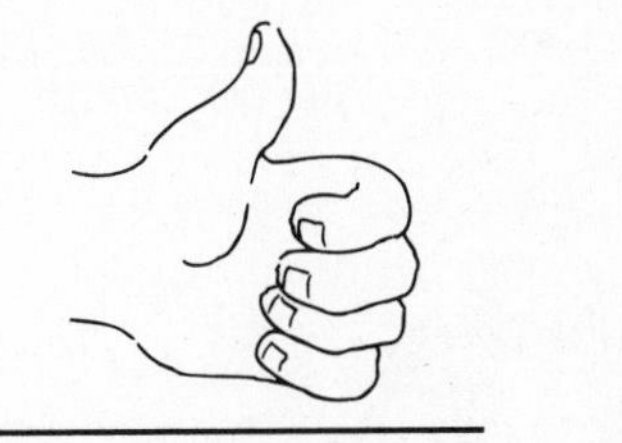

u ________

5.

re ________

6.

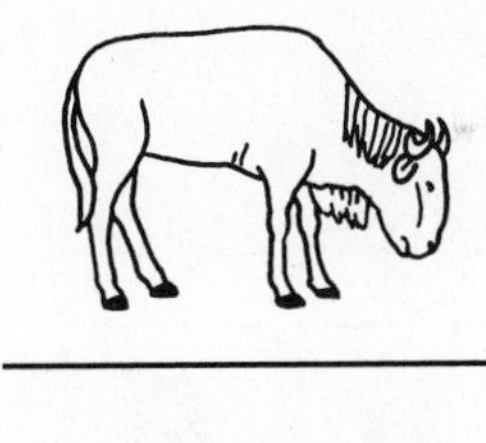

____

Haz un dibujo que represente cada palabra.

7. moño

8. niño

Escuela + Hogar **Actividad para la casa** Su niño o niña ha identificado sílabas con *ñ*. Pídale que use cada una de las palabras.

Nombre ______________________

Sílabas *que, qui* y sílabas con *ñ*

Palabras de ortografía				
uña	quemado	quita	muñeca	aquí
año	paquete	niño	queso	leña

Escribe el nombre del dibujo.

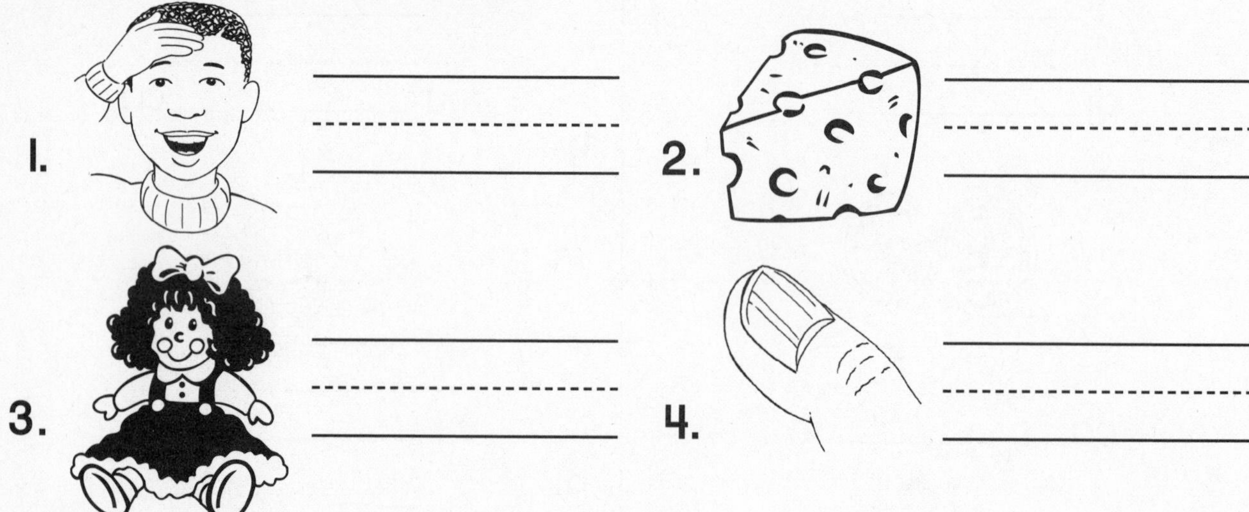

1. ______________________
2. ______________________
3. ______________________
4. ______________________

Ordena las letras. **Escribe** la palabra.

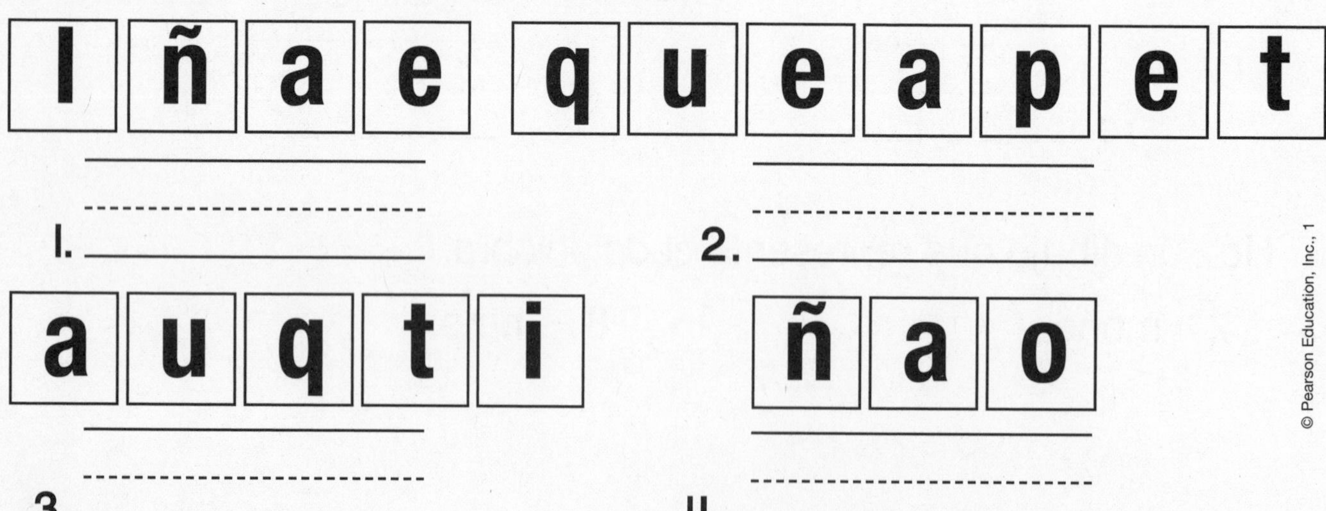

1. ______________________
2. ______________________
3. ______________________
4. ______________________

Actividad para la casa: Su niño o niña está escribiendo palabras con *que, qui* y con *ñ*. Para practicar en casa, pídale que escoja una palabra de ortografía y pregúntele si ésta tiene *que, qui* o *ñ*.

Nombre ______________________

Artículos

Los **artículos** son palabras que presentan al sustantivo. Los artículos son *el, la, los, las, un, una, unos* y *unas*.

La abuela de Juan vive en **las** afueras.

Un niño recogió **unas** uvas.

Los artículos y los sustantivos están de acuerdo.

el niño → **la** niña

los vecinos → **las** vecinas

Escribe un artículo del recuadro para presentar cada nombre.

el	la

1. ____________ escritora

2. ____________ bombero

3. ____________ doctor

4. ____________ maestra

Di una oración con cada artículo.

Escuela + Hogar **Actividad para la casa** Su niño o niña estudió los artículos. Lean juntos un cuento. Pídale que señale un artículo, lo lea en voz alta y diga a qué sustantivo presenta. Repita la actividad con varias oraciones.

Nombre ____________________

Red de ideas

Nombre ____________________

Q q Ñ ñ

Copia las palabras. Escribe las letras de izquierda a derecha.

queso ____________ quiso ____________

niña ____________ caña ____________

Quique ____________ paquete ____________

ñandú ____________ baño ____________

piñata ____________ chiquita ____________

poquito ____________ maña ____________

quema ____________ quina ____________

moño ____________ seña ____________

¿Escribiste las letras de izquierda a derecha? Sí No

Actividad para la casa Su niño o niña ha practicado la escritura de palabras con *Qq, Ññ.* Dígale que busque tres palabras de la lista que se usen al relatar una fiesta de cumpleaños y pídale que las escriba tres veces más en una hoja de papel aparte.

Nombre ______________________________

Mira el mapa.

1. **Encierra en un círculo** la escuela.

2. **Encierra en un cuadro** el banco.

3. **Pon una línea** debajo del parque.

4. **Escribe** el número de casas que hay en el bloque C.

5. **Escribe** el número de carros que hay en el mapa.

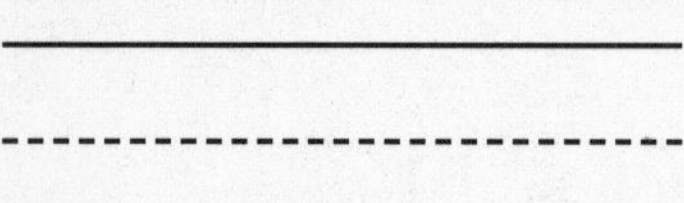

Actividad para la casa Su niño o niña aprendió a usar un mapa para obtener información. Cuando vea un mapa, muéstreselo a su niño o niña y pídale que señale lugares que aparezcan en él.

¡Qué linda música!
Quique está contento
con su banda.

Cuento de fonética La banda de Quique
Destrezas clave Sílabas *que, qui;* sílabas con *ñ*

Nombre ______

La banda de Quique

Sílabas *que, qui*			Sílabas con *ñ*	Palabras de uso frecuente	
banqueta	pequeña	quepis	niños	con	los
bosque	que	Quique	pequeña	del	que
chaqueta	qué		señal	en	un
				es	una
				la	y

Quique es un músico.
Usa quepis y chaqueta.

La banda está atenta a la señal.
Los niños escuchan en la banqueta.

Los músicos tocan una pequeña sonata que imita los sonidos del bosque.

Nombre ______________________

Sílabas *que, qui* y sílabas con *ñ*

Palabras de ortografía				
queso	quemado	quita	paquete	aquí
niño	año	muñeca	uña	leña

Rellena el círculo de la palabra correcta. **Escríbela.**

1. Es ○ **año** ○ **queso** ○ **quita** fresco. ____________
2. ¡Ya llegó el ○ **muñeca** ○ **quita** ○ **paquete!** ____________
3. El ○ **uña** ○ **aquí** ○ **niño** corre a la casa. ____________
4. Cortaremos ○ **quemado** ○ **leña** ○ **queso** para la hoguera. ____________

Lee la palabra. **Escribe** la palabra de ortografía que significa lo contrario.

5. pon ____________
6. allá ____________
7. niña ____________
8. muñeco ____________

Actividad para la casa: Su niño o niña está completando estas oraciones con las palabras de ortografía. Pídale que escriba oraciones con dos o más palabras de ortografía.

Nombre ______________________

Artículos

Copia cada oración con uno de los artículos del recuadro.

el	la	los	las
un	una	unos	unas

1. ____________ maestra enseña a leer.

2. ____________ panaderos hacen pan.

3. ____________ niños juegan afuera.

4. ____________ cartero reparte el correo.

Actividad para la casa Su niño o niña aprendió a usar artículos al escribir. Escriba los siguientes sustantivos en un papel: *compañera, perros, campana, reloj.* Pídale que forme oraciones con estos sustantivos poniendo un artículo delante de cada uno.

Nombre ______________________________

Sílabas *que, qui* y sílabas con *ñ*

Encuentra una palabra de ortografía en cada fila. **Enciérrala** en un círculo. **Escribe** la palabra.

Palabras de ortografía
queso
quemado
quita
paquete
aquí
niño
uña
muñeca
leña

b é u ñ a a l m **1.** ______________

m u ñ e c a j e **2.** ______________

c e r n i ñ o s **3.** ______________

z q u e s o n y **4.** ______________

Traza líneas para conectar palabras con ñ. **Escríbelas.**

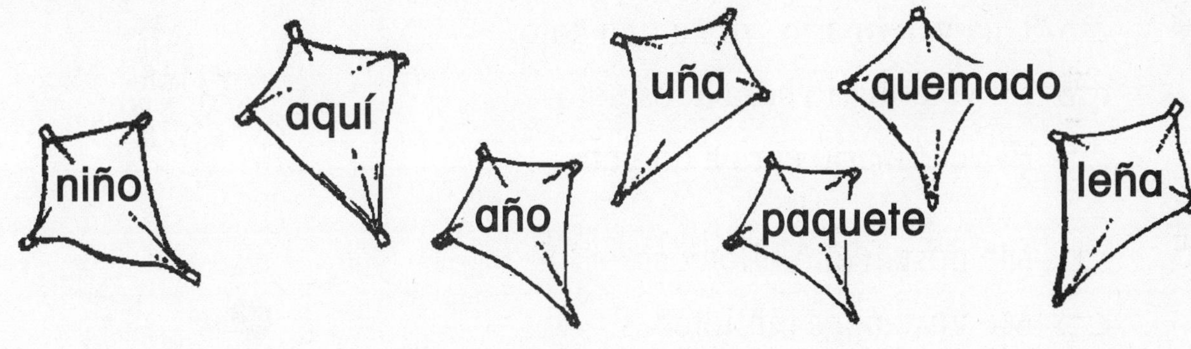

5. ______________ **6.** ______________

7. ______________ **8.** ______________

Actividad para la casa: Su niño o niña está aprendiendo a escribir palabras con *que, qui* y con *ñ*. Pídale que escriba oraciones con dos o más palabras de ortografía.

Nombre ______________________________

Artículos

Marca la oración correcta.

1 ⬭ El doctor Vázquez es alto.
⬭ Los doctor Vázquez es alto.
⬭ Una doctor Vázquez es alto.

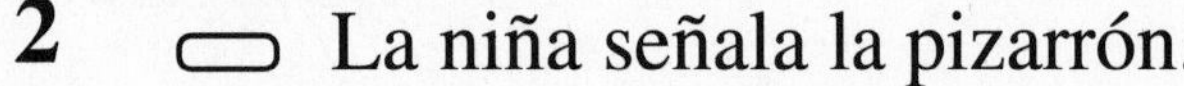

2 ⬭ La niña señala la pizarrón.
⬭ La niña señala el pizarrón.
⬭ La niña señala una pizarrón.

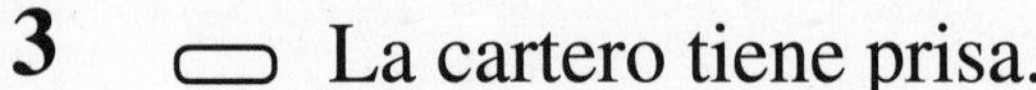

3 ⬭ La cartero tiene prisa.
⬭ Los cartero tiene prisa.
⬭ El cartero tiene prisa.

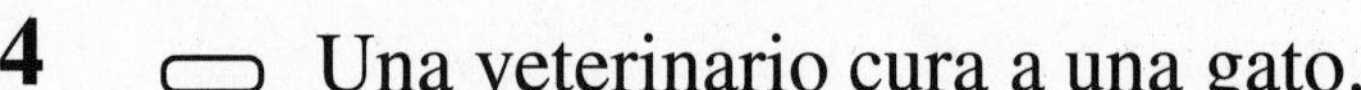

4 ⬭ Una veterinario cura a una gato.
⬭ La veterinario cura a los gato.
⬭ El veterinario cura a un gato.

5 ⬭ Me gustan el bibliotecas.
⬭ Me gustan las bibliotecas.
⬭ Me gustan una bibliotecas.

Escuela + Hogar **Actividad para la casa** Su niño o niña se preparó para tomar un examen de artículos. Miren juntos un periódico o una revista. Pídale que encierre en un círculo cinco artículos y subraye el sustantivo al que presenta cada uno.

Nombre ____________________

Mira el dibujo.
Escoge una palabra del recuadro para completar cada oración.
Escribe la palabra en la línea.

guisantes guía sigue águila guiso

1. El ____________________ está muy rico.

2. El camino ____________________ por aquí.

3. El ratón come ____________________ .

4. Nico es un ____________________ en el parque de animales.

5. Quique toma una foto al ____________________ .

Actividad para la casa: Su niño o niña identificó sílabas con *gue* y *gui*. Escriban juntos una lista de palabras con estas sílabas. Túrnense para elegir una de las palabras de la lista y para representarla con mímica para que el otro averigüe de cuál se trata.

Nombre ______________________________

Escoge una palabra del recuadro para completar cada oración.
Escribe la palabra en la línea.

comer	dentro	allí	gran	mueve

1. Es un ________________ día para ver rosas.

2. Mi perro ________________ la cola.

3. Curro no quiere ________________ el guiso.

4. Mónica quiere ir ________________ mañana.

5. El gato está ________________ de un saco.

Actividad para la casa: Su niño o niña aprendió a leer las palabras *comer, dentro, allí, gran* y *mueve*. Lea una palabra en voz alta. Pida a su niño o niña que la señale y que forme una oración con ella. Repitan el mismo paso con el resto de las palabras.

Nombre ______________________________

Escribe un número en cada cuadrado para mostrar el orden lógico. Después **actúa** los sucesos importantes del cuento en un orden lógico.

1. 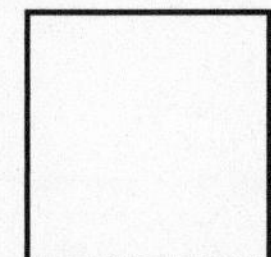

2. 

3. 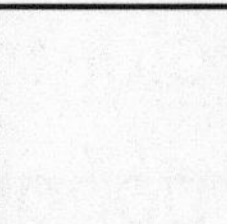

Mira cada dibujo.
Dibuja lo que pasará después.

4. 

5. 

Actividad para la casa: Su niño o niña aprendió acerca del orden en que ocurren las cosas en un cuento. Después de leer un cuento con su niño o niña, pídale que actúe qué pasó en primer lugar, qué pasó después y qué pasó al final.

Nombre ______________________________

Hora de espinas

Es lunes por la noche,
de color negro azabache.
Voy por algo que comer,
pero no tengo nada que temer.
Ahí viene el búho a buscarme,
mejor voy a enroscarme.
Así mis espinas sacaré,
porque puercoespín siempre seré.

Aspectos principales de un poema

- Puede describir un suceso.
- Los versos pueden rimar.

Nombre ______________________

Mira el dibujo.
Escoge una palabra del recuadro para completar cada oración.
Escribe la palabra en la línea.

corre	perro	carro	arriba	barra

1. Lola sale al parque con el ________________ .

2. El papalote sube muy ________________ .

3. Betina ________________ muy rápido.

4. Ella salta la ________________ .

5. Mati sube al ________________ de su papá.

Escuela + Hogar **Actividad para la casa:** Su niño o niña identificó las sílabas con el dígrafo *rr*. Ayúdele a hacer una lista de todas las palabras con el dígrafo *rr* de esta página. Pídale que use cada palabra en una oración.

Nombre ______________________

Palabras con *gue, gui* y con *rr*

Palabras de ortografía				
sigue	guisante	guiño	águila	guiso
torre	corre	arriba	perro	gorra

Escribe una palabra de ortografía para cada pista.

1. Les gusta ladrar. ______________________
2. No pares. ______________________
3. Vuela muy alto. ______________________
4. Te la pones en la cabeza. ______________________

Escoge dos palabras que siguen el patrón ortográfico *r* o *rr* del recuadro para completar cada una de las siguientes oraciones.

ratón	carro	Ramona	perro

1. El ______________________ le ladra al ______________________ .
2. ______________________ tiene un ______________________ azul.

Ahora, **lee** las palabras del recuadro.

Actividad para la casa Su niño o niña está escribiendo palabras con *gue, gui* y con *rr*. Piensen en otras palabras con *gue, gui* y con *rr* y adivínenlas dando pistas de cada nueva palabra.

Nombre ______________________

Sustantivos: Masculino y femenino

Un sustantivo puede ser **masculino** o **femenino.**

Masculino	**Femenino**
niñ**o**	niñ**a**
gat**o**	gat**a**
maestr**o**	maestr**a**
lob**o**	lob**a**

Muchos sustantivos masculinos terminan en **-o.**
Muchos sustantivos femeninos terminan en **-a.**

Escribe *M* si el sustantivo es masculino y *F* si es femenino.

1. el dinosaurio

____

2. la prehistoria

____

3. la manada

____

4. el pasto

____

Di oraciones con estos sustantivos masculinos y femeninos.

Actividad para la casa Su niño o niña estudió los sustantivos masculinos y femeninos. Busquen juntos varias oraciones en un cuento. Señale sustantivos en esas oraciones y pídale que le diga si son masculinos o femeninos.

Nombre ______________________________

Secuencia

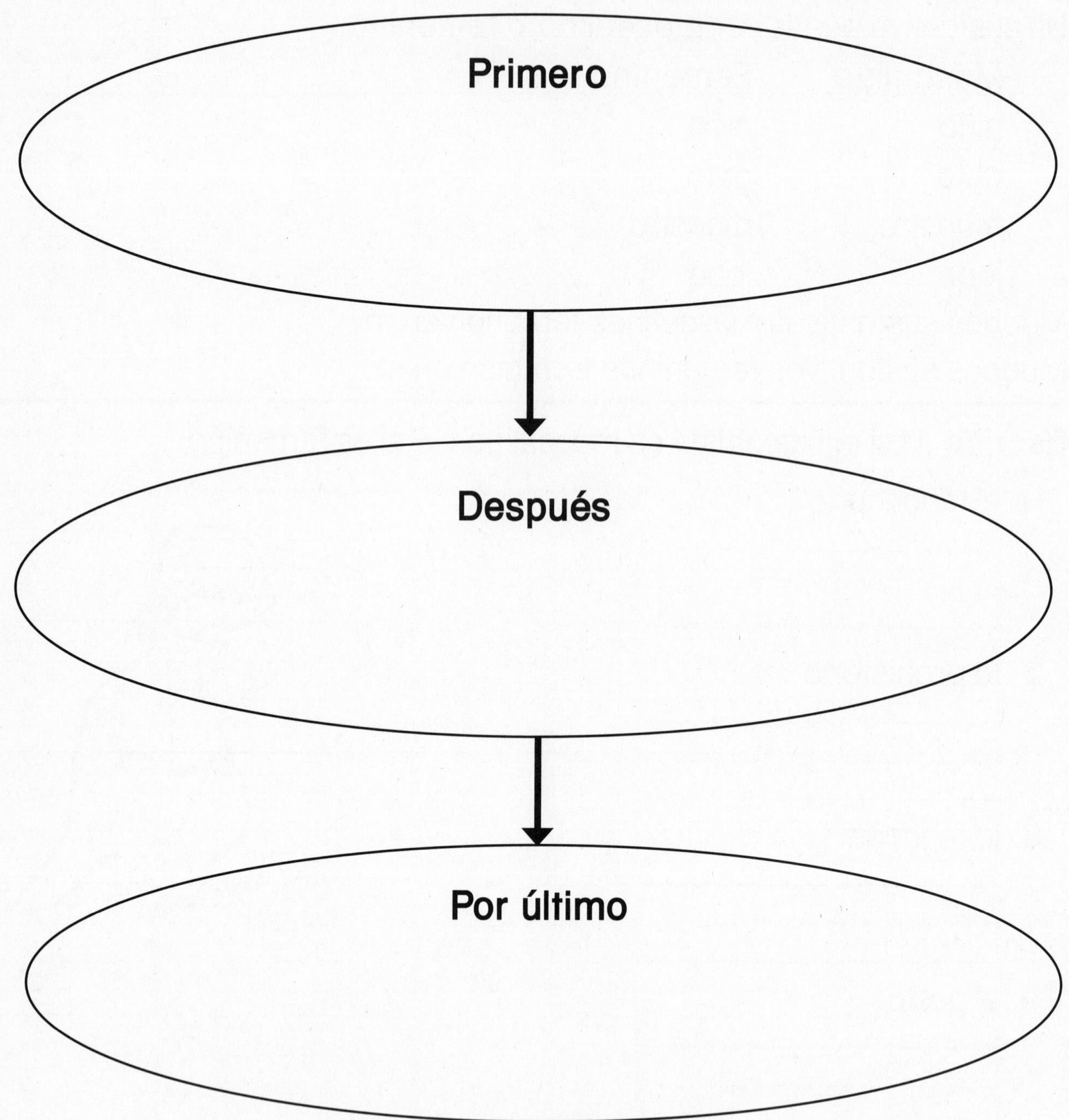

Nombre ______________________

Copia las palabras. Inclina todas las letras de la misma manera.

rr

carro	corre
burro	barra
amarra	chorrito
corrido	perro
derrumbe	borrego
parra	cerrar
cachorro	barriga
morro	cotorra

¿Inclinaste todas las letras de la misma manera?  Sí 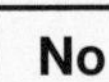 No

Actividad para la casa Su niño o niña ha practicado la escritura de palabras con *rr*. Dígale que busque cuatro palabras en la lista que mencionen animales y pídale que las escriba tres veces más en una hoja de papel aparte.

Nombre ___________________________

Lee el boletín. **Contesta** las preguntas.

El vecindario

Agosto

Una niña y un gato

por Susana Mena

Lola salió al parque. Un gato estaba solo y asustado. El gato se había escapado. Era el gato de Rita. Lola fue a casa de Rita con el gato. Rita se puso muy feliz. Rita le dio un beso a Lola.

1. ¿Cómo se llama el boletín?

____

2. ¿Cuál es el título del relato?

____

3. ¿De qué trata el relato?

____

____

Actividad para la casa: Su niño o niña aprendió a leer un boletín para obtener información. Cuando vean boletines, periódicos o revistas, señale los diferentes tipos de letra, como negrita o cursiva. Comenten por qué ese texto tiene un aspecto diferente al resto del texto.

Miguel monta en su carro.
En casa les espera un rico guiso.

Cuento de fonética El carro de Miguel
Destrezas clave Dígrafo *rr*; sílabas *gue, gui*

Nombre ______________________

El carro de Miguel

Dígrafo *rr*		Sílabas *gue, gui*	Palabras de uso frecuente	
amarra	chicharra	guiso	casa	se
arrea	guitarra	guitarra	de	su
burro	matorral	Miguel	en	un
carro	sierra		la	una
			lo	y

Miguel tiene un carro
y lo arrea un burro.

Miguel amarra la rienda
a un matorral de la sierra.

Se sienta y toca la guitarra.
Lo acompaña una chicharra.

Nombre ______________________

Palabras con *gue, gui* y con *rr*

Palabras de ortografía				
sigue	guisante	guiño	águila	guiso
torre	corre	arriba	perro	gorra

Lee sobre el águila Guilla. **Escribe** las palabras de ortografía que faltan.

El **1.** ______________ Guilla sembró un **2.** ______________.
La planta crece y crece hacia **3.** ______________. La planta
4. ______________ creciendo hasta llegar a una
5. ______________. Guilla se pone su
6. ______________ para recoger la cosecha. Guilla
7. ______________ a buscar a su amigo, el
8. ______________ Curro. Ven
a comer un **9.** ______________.

Actividad para la casa Su niño o niña está completando el cuento con las palabras de ortografía. Pídale que escriba su propio cuento con algunas de las palabras de ortografía.

Nombre ____________________

Sustantivos: Masculino y femenino

Copia cada oración. **Complétala** con un sustantivo del recuadro.

niños	cesta	lago	platos

1. Fuimos a almorzar junto a un ________.

2. Llevamos la comida en una ________.

3. Mamá me llenó los ________.

4. Jugamos mucho con otros ________.

Luego, lee las oraciones que has escrito. Di una oración con el sustantivo plural *mesas*.

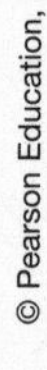

Actividad para la casa Su niño o niña aprendió a usar los sustantivos femeninos y masculinos al escribir. Escriba los siguientes sustantivos en un papel: *verano, primavera, taza, plato.* Pídale a su niño o niña que le diga si se trata de un sustantivo masculino o femenino.

Nombre ______________________

Palabras con *gue, gui* y con *rr*

Escribe las palabras.

Palabras de ortografía
sigue
guisante
guiño
águila
guiso
torre
corre
arriba
perro
gorra

1. ______________ 2. ______________

3. ______________ 4. ______________

Escribe las letras que faltan. **Escribe** la palabra fijándote en el patrón ortográfico.

5. s ___ g ___ e ______________

6. g ___ i ___ o ______________

7. á ___ ___ ___ ___ ___ ______________

guiño
águila
sigue

Escribe dos oraciones usando una palabra que tenga una *r* inicial, como *ratón,* y una con *rr,* como *carro.* Luego **lee** las oraciones.

____

____

Escuela + Hogar **Actividad para la casa** Su niño o niña está aprendiendo a escribir palabras con *gue, gui* y con *rr.* Pídale que escriba palabras que rimen con perro y con guiño.

Nombre ______________________________

Sustantivos: Masculino y femenino

Marca el sustantivo que es masculino o femenino como dice la palabra entre ( ).

1 El dinosaurio levantó la *(femenino)* herida.

- ⬭ pato
- ⬭ pata
- ⬭ ramo

2 La cría come el *(masculino)* fresco.

- ⬭ pasto
- ⬭ pasta
- ⬭ hoja

3 ¡Qué *(femenino)* tan rica!

- ⬭ frito
- ⬭ fruto
- ⬭ fruta

4 Los Triceratops se pusieron en *(masculino)*.

- ⬭ marcha
- ⬭ cabeza
- ⬭ círculo

5 Mi *(femenino)* María soñó con dinosaurios.

- ⬭ hermano
- ⬭ hermana
- ⬭ primo

Actividad para la casa Su niño o niña se preparó para tomar un examen de sustantivos masculinos y femeninos. Miren juntos una revista o un periódico. Pídale que encierre en un círculo los sustantivos femeninos que encuentre y que subraye los masculinos.

Nombre ______________________

Di el nombre de cada dibujo.
Escribe *ja, je, ji, jo* o *ju* en la línea para completar la palabra.

1.

_______ go

2.

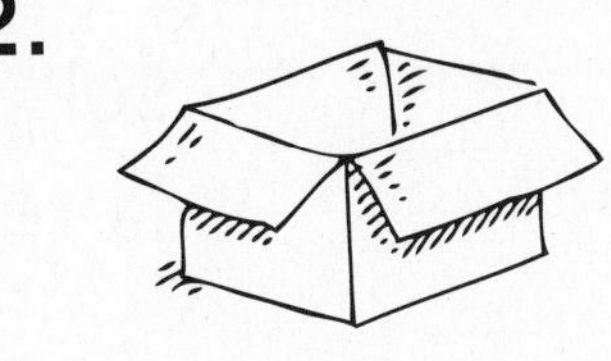

ca _______

3.

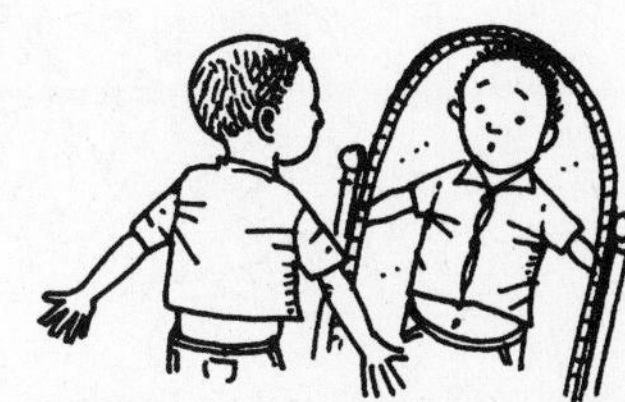

espe _______

4.

_______ nete

5.

cone _______

6.

pa _______

7.

_______ guete

8.

_______ bón

Escuela + Hogar

Actividad para la casa: Su niño o niña identificó sílabas con *j*. Ayúdele a hacer una lista con las palabras de los ejercicios de arriba y pídale que haga oraciones usando las palabras.

Nombre ______________________________

Mira cada dibujo.
Lee las palabras.
Escribe la palabra que corresponde al dibujo en la línea.

1. 

sol
flores ______________________

2. 

caen
luz ______________________

3. 

sol
semillas ______________________

4.

caen
luz ______________________

Escuela + Hogar

Actividad para la casa: Su niño o niña aprendió a leer las palabras *flores, caen, sol, luz* y *estos*. Escriba algunas pistas sobre cada una de estas palabras. Lea las pistas y pida a su niño o niña que averigüe la palabra. Anímele a pensar en algunas pistas.

Nombre ______________________

Mira la cubierta del cuento.
Encierra en un círculo o **escribe** tus respuestas.

1. ¿Quién escribió este libro? ______________________

2. ¿De qué crees que tratará este libro?

perros reales   perros chistosos   un viaje real

3. ¿Cómo crees que será este libro?

divertido   triste   lleno de hechos

4. ¿Por qué crees que el escritor escribió este libro?

para contar hechos sobre los perros   para ponerte triste   para hacerte reír

5. ¿Te gustaría leer este libro? ¿Por qué?

____

____

Actividad para la casa Su niño o niña aprendió a decir de qué puede tratar un libro infiriendo por qué se escribió. A medida que lea varios materiales con su niño o niña, pídale que le comente de qué cree que trata el libro y por qué lo escribió el autor.

Nombre ______________________________

¡Qué venados!

Los venados viven en bosques y campos. Ellos comen toda clase de plantas. A los venados les encantan las manzanas. Ellos comen manzanas que caen al suelo. En el invierno comen hojas. A los venados les gusta mordisquear las ramas. Ellos usan sus patas para cavar en la nieve. Luego, comen las nueces y plantas que encuentran. Me gusta observar a los venados. Son hermosos.

Aspectos principales de una descripción

- Habla de personas o cosas reales.
- Utiliza palabras descriptivas.

Nombre ___________________________

Escoge una palabra de la caja para cada dibujo.
Escribe la palabra en la línea.

venado	volante	vicuña	vaso
nave	vela	Navidad	ave

1. ______________

2. ______________

3. ______________

4. ______________

5. ______________

6. ______________

7. ______________

8. ______________

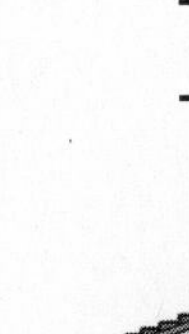

Actividad para la casa: Su niño o niña identificó sílabas con *v*. Pida a su niño o niña que escriba las palabras de esta lección en tarjetas de fichero. Coloquen las tarjetas en una pila. Pida a su niño o niña que tome una de las tarjetas, que lea la palabra y diga una oración con ella. Repitan el ejercicio hasta haber leído todas las palabras.

Nombre ______________________

Palabras con *j* y con *v*

Palabras de ortografía				
debajo	jamón	jefe	jugo	caja
viven	estuvo	venado	vaca	vida

Escribe el nombre del dibujo.

1. ______________

2. ______________

3. ______________

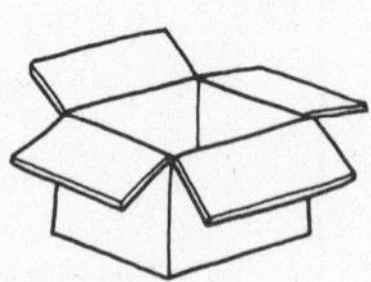

4. ______________

Escoge la palabra de ortografía que está bien escrita. **Escríbela.**

5. viven biben
6. estuvo estubo
7. vaca baca
8. devago debajo
9. bida vida

Actividad para la casa Su niño o niña está escribiendo palabras con *j* y *v*. Pídale que haga ilustraciones de las palabras y les ponga título.

Nombre ______________________________

Sustantivos: Singular y plural

Cuando hay **uno,** usamos sustantivos en **singular.** Cuando hay **más de uno,** usamos sustantivos en **plural.** Los sustantivos en plural acaban en **-s.**

Singular
pájaro

Plural
pájaro**s**

Lee las palabras. **Empareja** cada palabra con un dibujo. **Di** esa palabra.

1.

insecto

insectos

2.

rocas

roca

3.

plantas

planta

4.

tronco

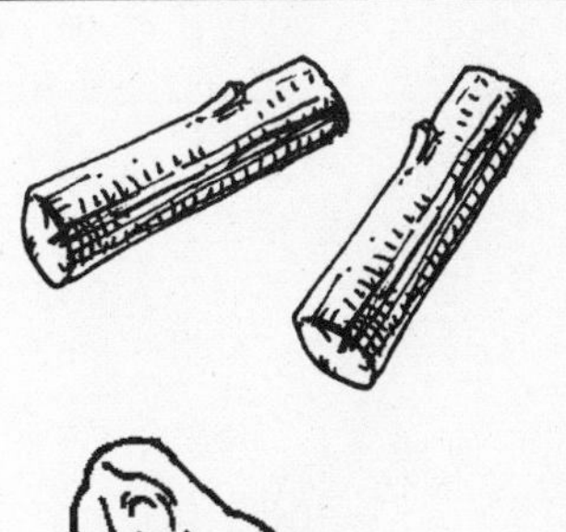

troncos

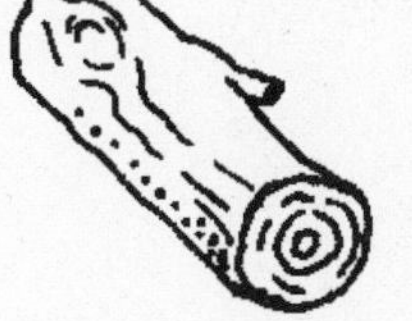

Escuela + Hogar

Actividad para la casa Su niño o niña estudió los sustantivos en singular y plural. Escriba las palabras *mesa, lámpara, ventana, silla* y *vaso*. Pídale que añada una *-s* a cada sustantivo para formar el plural.

Nombre ______________________________

Red de ideas

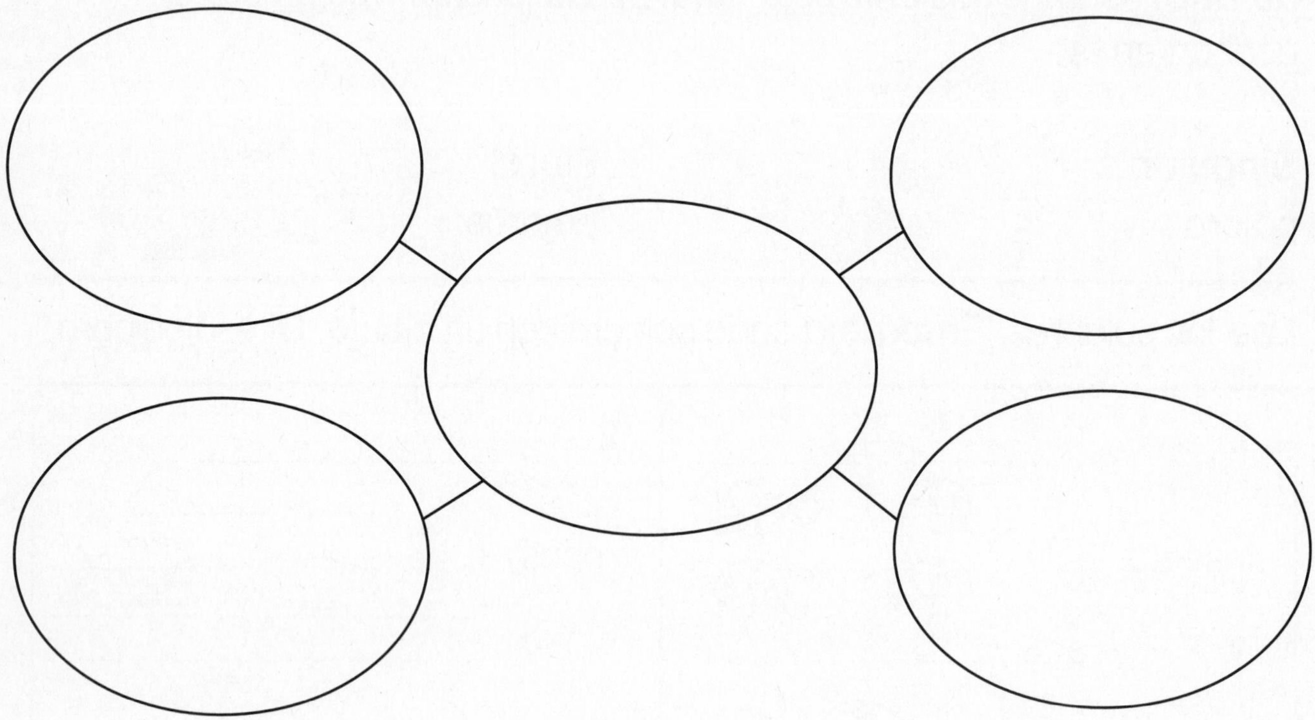

Escuela + Hogar **Actividad para la casa** Su niño o niña está aprendiendo a describir animales por escrito. Pida a su niño o niña que describa cosas que algún animal conocido hace.

Nombre ____________________

J j V v

Copia las palabras. Escribe las letras en el tamaño correcto.

jarra ____________	julio ____________
ajo ____________	avena ____________
cueva ____________	jugo ____________
Juana ____________	vaso ____________
vuelta ____________	teje ____________
traje ____________	vivo ____________
volar ____________	ave ____________
ají ____________	caja ____________

¿Escribiste todas las letras en el tamaño correcto? Sí No

Actividad para la casa Su niño o niña ha practicado la escritura de palabras con *Jj, Vv*. Dígale otras cuatro palabras que tengan esas letras y pídale que las escriba en una hoja de papel aparte.

Nombre ____________________

Lee cada índice. **Responde** las preguntas.

Mi libro de animales
Índice

hormigas	3
zorro	7
león	10
cebra	27

Mi libro de plantas
Índice

pinos	3
rosas	7
árboles	10
enredaderas	21

1. ¿Sobre qué puedes leer en la página 10? ____________________

2. ¿En qué pagina encuentras información sobre las enredaderas?
____

Mira las palabras. Ponlas en orden alfabético.

3. ¿Dónde va **ballena**?

león ____________ zorro   árboles ____________ león

4. ¿Dónde va **cactus**?

árboles ____________ rosas   león ____________ zorro

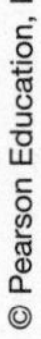

Escuela + Hogar **Actividad para la casa** Su niño aprendió a usar el orden alfabético para hallar información en un índice. Pídale que le ayude con la lista de la compra en orden alfabético.

Como la luz del sol se acaba,
toman con júbilo el camino a casa.

Cuento de fonética La abeja Vivi
Destrezas clave Sílabas con *j*; sílabas con *v*

Nombre ____________

La abeja Vivi

Sílabas con *j*		Sílabas con *v*	Palabras de uso frecuente		
abeja	júbilo	va	amigos	gusta	sol
caja	jugar	vive	casa	la	un
deja	juncos	Vivi	de	lo	y
jinetes	junta	volar	del	luz	
			en	se	

A la abeja Vivi
le gusta volar.

Junta un poco de polen.
Lo deja en la caja
donde vive.

Va a jugar con sus amigos.
Se suben a unos juncos
y galopan como jinetes.

Nombre ______________________

Palabras con *j* y con *v*

Escoge la palabra que completa la oración.
Escribe la palabra sobre la línea.

Palabras de ortografía
debajo
jamón
jefe
jugo
caja
viven
estuvo
venado
vaca
vida

1. Pídele permiso al ______________ .
2. Saca el regalo de la ______________ .
3. En el bosque vi un ______________ .
4. El bocadillo era de ______________ .
5. Los peces ______________ en el agua.
6. Vicente ______________ ayer aquí.
7. Llevo una camisa ______________ del saco.
8. Mi bebida favorita es el ______________ de manzana.
9. Jorge cree que hay ______________ en Marte.
10. La lechera tiene una ______________ .

Escuela + Hogar **Actividad para la casa** Su niño o niña está completando estas oraciones con las palabras de ortografía. Ayúdelo a escribir otras oraciones con las palabras de ortografía.

Nombre ______________________

Sustantivos: Singular y plural

Imagina que estás en este parque.
Escribe sobre las plantas y los animales que ves.

árboles flores ardillas pájaros conejos

____

____

____

____

Actividad para la casa Su niño o niña aprendió a usar sustantivos en singular y plural al escribir. Lean juntos un cuento. Pídale que señale en el cuento los sustantivos que están en plural.

Nombre ______________________________

Palabras con *j* y con *v*

Palabras de ortografía				
debajo	jamón	jefe	jugo	caja
viven	estuvo	venado	vaca	vida

Lee la pista. **Escribe** las palabras de ortografía en el crucigrama.

Horizontales:

1. Opuesto a encima.
4. Es un animal.
5. Me gusta con queso.

Verticales:

2. Se hace con frutas.
3. Sirve para meter cosas.
4. Hay en la Tierra.

Encierra en un círculo la palabra bien escrita.

6. estuvo estubo
7. vaca baca
8. debago debajo
9. biben viven

Actividad para la casa Su niño o niña está aprendiendo a escribir palabras con *j* y *v*. Pídale que escriba palabras que rimen con *caja* o con *venado*.

Nombre ______________________________

Sustantivos: Singular y plural

Marca el sustantivo que está en plural.

1 En el río hay dos ranas.

- ⬭ río
- ⬭ hay
- ⬭ ranas

2 El pájaro come insectos.

- ⬭ insectos
- ⬭ pájaro
- ⬭ come

3 En el árbol hay tres hoyos.

- ⬭ árbol
- ⬭ hoyos
- ⬭ hay

4 El oso se acerca a las rocas.

- ⬭ acerca
- ⬭ rocas
- ⬭ oso

5 La ardilla esconde las bellotas.

- ⬭ bellotas
- ⬭ esconde
- ⬭ ardilla

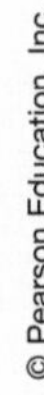

Actividad para la casa Su niño o niña se preparó para tomar un examen de los sustantivos en singular y plural. Miren juntos un periódico o una revista y pídale que encierre en un círculo tantos sustantivos en plural como pueda.

Nombre ______________________

Di el nombre de cada dibujo.
Escribe *ge* o *gi* en la línea para completar cada palabra.

1.

______ gante

2.

______ melos

3.

reco ______

4.

pá ______ na

5.

ru ______

6.

ve ______ tales

7.

______ latina

8.

má ______ co

Actividad para la casa: Su niño o niña identificó las sílabas *ge* y *gi*. Pídale que le diga todas las palabras que recuerde que tienen estas sílabas y escríbalas. Luego, formen oraciones con estas palabras.

Nombre ______________________________

Escoge una palabra para completar cada oración.
Escribe la palabra en la línea.
Recuerda usar mayúscula al comienzo de una oración.

hora usan así va mejor

1. Carla ________________ a pescar.

2. El guepardo es el ________________ corredor.

3. ¿Qué ________________ es?

4. Ellos ________________ corbata.

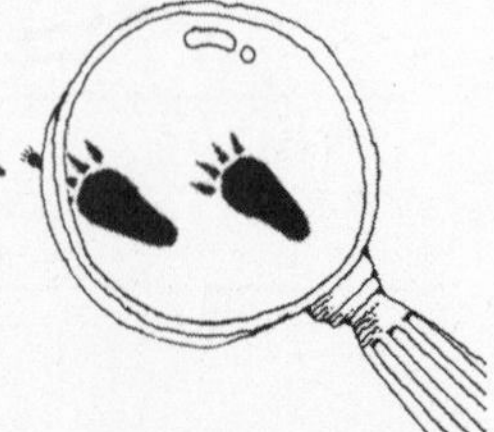

5. ________________ veo las pisadas del ratón.

Actividad para la casa: Su niño o niña aprendió a leer las palabras *hora*, *usan*, *así*, *va* y *mejor*. Ayude a su niño o niña a inventar un cuento o un poema en el que use estas palabras. Escriban juntos el cuento o el poema y léanselo a otros miembros de la familia.

Nombre ______________________________

Mira los dos dibujos.
Escribe oraciones para decir en qué se parecen y en qué se diferencian los dibujos.

Se parecen

1. ______________________________

2. ______________________________

Gema

Se diferencian

3. ______________________________

4. ______________________________

5. ______________________________

Gino

Actividad para la casa: Su niño o niña ha usado dibujos para decir en qué se parecen y en qué se diferencian dos cosas. Señale dos objetos o dos dibujos a su niño o niña. Pídale que diga en qué se parecen y en qué se diferencian.

Nombre ______________________________

Estás leyendo sobre cómo las abejas forman una comunidad. Escribe una lista de temas sobre una comunidad de hormigas. Formula preguntas amplias sobre uno o dos de los temas.

Instrucciones: Escribe una oración que diga cómo ayudas a tu comunidad.

Me gusta ayudar en mi comunidad. Ayudo en el parque. El sábado ayudo a los adultos a limpiar. En primavera ayudo a plantar las flores. Muchos de nosotros ayudamos a decorar el parque para el 4 de Julio. ¡Ayudar es divertido!

Nombre ______________________

Escoge una palabra de la caja para cada dibujo.
Escribe la palabra en la línea.

tarta	dormir	barco	armónica	despertar	carta

1. 

2. 

3. 

4. 

5. 

6. 

Haz un dibujo para cada palabra.

7. lagarto

8. persona

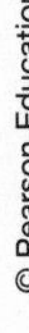

Actividad para la casa: Su niño o niña identificó las sílabas cerradas con *r*. Pídale que escoja cinco de las palabras de esta página y que forme una oración con cada una.

Nombre ______________________

Sílabas *ge, gi* y sílabas cerradas con *r*

Palabras de ortografía				
recogen	ágil	escogen	gigante	gente
arman	orden	árbol	dormir	perlas

Escribe el nombre del dibujo.

1. ______________ 2. ______________

Escoge la palabra de ortografía que está bien escrita. **Escríbela.**

3. recojen recogen ______________

4. ágil ájil ______________

5. arrman arman ______________

6. orden horden ______________

7. jigante gigante ______________

8. dormir dorrmir ______________

Actividad para la casa Su niño o niña está escribiendo palabras con las sílabas *ge, gi* y sílabas cerradas con *r*. Por turnos, den pistas y adivinen palabras de ortografía.

Nombre ______________________________

Sustantivos y títulos especiales

Antes del nombre de una persona puede ir un **título especial:**

señor Campos **doctora** Fuentes

Los **títulos** se pueden escribir **de manera corta**, con una abreviación. La abreviación empieza con **letra mayúscula** y termina con un **punto:**

Sr. Campos **Dra.** Fuentes

Subraya el título especial de cada oración.

1. El Sr.Carrión come pan con miel.
2. La señora Martín mira las abejas.
3. Una abeja picó al Dr. Gómez.
4. La Dra. Conde estudia las abejas.
5. En el jardín de la Sra. Conde hay abejas.

Di los títulos especiales de esta página, leyendo las abreviaciones.

Actividad para la casa Su niño o niña estudió los sustantivos y los títulos especiales. Léale un artículo de un periódico o una revista y pídale que le indique cada vez que escuche un título especial.

Nombre ___________________________

Párrafo expositivo

Respuesta de calificación máxima

Enfoque/Ideas	Un buen párrafo expositivo dice ideas importantes sobre el tema principal.
Organización	Un buen párrafo expositivo dice las ideas en un orden que tiene sentido.
Voz	Un buen párrafo expositivo muestra que estás interesado en el tema.
Lenguaje	Un buen párrafo expositivo usa palabras que describen.
Oraciones	Un buen párrafo expositivo tiene oraciones de diferente tamaño.
Normas	Un buen párrafo expositivo tiene un sustantivo en cada oración.

Actividad para la casa Su niño o niña está aprendiendo a escribir un párrafo sobre insectos. Pida a su niño o niña que le diga qué tipos de insectos viven en grupos.

Nombre ______________________________

G g R r

Copia las palabras. Deja el espacio correcto entre las letras.

gesto ______________________ verde ______________________

corte ______________________ magia ______________________

gigante ______________________ amor ______________________

marcha ______________________ agita ______________________

genio ______________________ Germán ______________________

Gerardo ______________________ circo ______________________

carta ______________________ gema ______________________

imagen ______________________ ardor ______________________

¿Dejaste el espacio correcto entre las letras? Sí No

Escuela + Hogar **Actividad para la casa** Su niño o niña ha practicado la escritura de palabras con *Gg* y *Rr*. Pídale que elija cuatro palabras de la lista que contengan la letra *r* y que las vuelva a escribir en una hoja de papel aparte.

Nombre ______________________

Lee el artículo.
Responde las preguntas.

Las personas viven en comunidades.
Algunos insectos también viven en comunidades.
Las abejas viven en colmenas.
Las hormigas viven en colonias.
Las abejas y las hormigas tienen trabajos importantes en sus comunidades.

1. ¿Qué palabra te dice el tema del artículo? Subráyala.

2. ¿Dónde viven las hormigas?

____

3. ¿Qué insectos viven en una colmena?

____

4. ¿Sobre qué otro insecto te gustaría saber?

____

Actividad para la casa Su niño aprendió a identificar y hacer preguntas de un tema. Comente con su niño sobre qué insecto le gustaría aprender. Si es posible, visite su biblioteca local para buscar libros u otras fuentes de referencia sobre el tema.

—¿Luego puedo jugar con mis amigos?

—No, hoy te quedas en casa para que estés mejor mañana.

Cuento de fonética Gisela con anginas
Destrezas clave Sílabas *ge, gi*; sílabas cerradas con *r*

Nombre ____________________

Gisela con anginas

Sílabas *ge , gi*	Sílabas cerradas con *r*	Palabras de uso frecuente	
anginas	comer	amigos	hoy
gelatina	dolor	casa	la
Gise	enferma	de	luego
Gisela	jugar	en	no
vegetales	mejor	mis	para
	tomarte		

Gisela está enferma en cama.

—Tengo anginas. ¡Qué dolor!

—Gise, ¿quieres comer
sopa de vegetales?

—No, ¡quiero comer gelatina!
—Al tomarte la sopa
—contesta la mamá.

Nombre ______________________________

Sílabas *ge, gi,* y sílabas cerradas con *r*

Palabras de ortografía				
recogen	arman	ágil	gigante	gente
escogen	orden	árbol	dormir	perlas

Escribe el nombre del dibujo.

1. ______________

2. ______________

Escribe las letras que faltan en las palabras de ortografía. **Usa** tu conocimiento de la división en sílabas para deletrear.

1. **reco**__________
2. **ág**__________
3. **esco**__________
4. __________**gante**
5. __________**den**
6. __________**man**
7. **dor**__________
8. __________**las**

Actividad para la casa Su niño o niña está escribiendo palabras con las sílabas *ge, gi* y con sílabas cerradas con *r*. Por turnos, dé pistas para que adivinen las palabras de ortografía.

Nombre ______________________________

Sustantivos y títulos especiales

Escribe la forma corta junto a cada título especial. **Usa** una abreviación del recuadro. La abreviación empieza con mayúscula y termina con un punto.

Sr. Sra. Prof. Dr. Dra.

1. señora ____________
2. doctor ____________
3. señor ____________
4. profesor ____________
5. doctora ____________

Escuela + Hogar **Actividad para la casa** Su niño o niña aprendió a usar los sustantivos y los títulos especiales al escribir. Díctele algunos títulos especiales seguidos de nombres (p.ej., *doctor Álvarez, señor Luján*) y pídale que los escriba con los títulos en forma abreviada (*Dr. Álvarez, Sr. Luján*).

Nombre ___

Sílabas *ge, gi* y sílabas cerradas con *r*

Palabras de ortografía				
recogen	ágil	escogen	gigante	gente
arman	orden	árbol	dormir	perlas

Lee la pista. **Escribe** las palabras.

1. muy rápido ___
2. personas ___
3. muy grande ___
4. planta ___

Encierra en un círculo la palabra bien escrita.

5. **recojen recogen reocgen**
6. **arman aranm arnam**
7. **dormri dormir dromir**

Actividad para la casa Su niño o niña está aprendiendo sílabas a escribir palabras con las sílabas *ge, gi* y sílabas cerradas con *r*. Dibuje un árbol y pídale que escriba palabras con *ge, gi*, y sílabas cerradas con *r* en las ramas.

Nombre ______________________________

Sustantivos y títulos especiales

Identifica y lee las abreviaciones. Marca la forma correcta.

1 señor

- ⬭ Sr
- ⬭ sr.
- ⬭ Sr.

2 señora

- ⬭ Sra.
- ⬭ Sra
- ⬭ sra

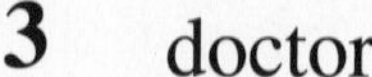

3 doctor

- ⬭ Dr
- ⬭ DR.
- ⬭ Dr.

4 doctora

- ⬭ dra.
- ⬭ Dra.
- ⬭ Dra

5 licenciado

- ⬭ lic
- ⬭ Lic.
- ⬭ lic.

Actividad para la casa Su niño o niña se preparó para tomar un examen de los sustantivos y los títulos especiales. Pídale que escriba una oración utilizando la abreviación correcta de uno de los títulos de esta página.

Nombre ______________________

Di el nombre de cada dibujo.
Escribe *za* o *zo* en la línea.

1.

cabe ______

2.
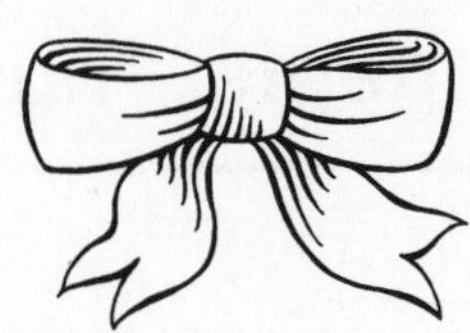

la ______

3.

po ______

4.

______ pato

5.

______ rro

6.

ca ______

Encuentra las palabras que tengan las sílabas *za* o *ze*.
Rellena el ⬭ para indicar tu respuesta.

7. ⬭ saco
⬭ zacate
⬭ ensalada

8. ⬭ cemento
⬭ calcetines
⬭ zeta

Escuela + Hogar **Actividad para la casa:** Su niño o niña ha identificado sílabas con *z*. Pídale que escriba todas las palabras con estas sílabas que hay en esta página y que forme oraciones con ellas.

Nombre ______________________________

Escoge una palabra del recuadro para completar cada oración.
Escribe la palabra en la línea.

vamos te gente nuestra arriba

1. Maruja ______________ da parte de su sándwich.

2. Mi gato está ______________.

3. Tomás y yo ______________ a pescar.

4. Hay mucha ______________ en la tienda.

5. Esa es ______________ casa.

Actividad para la casa: Su niño o niña ha aprendido a leer las palabras *vamos*, *te*, *gente*, mamá, *nuestra*, *donde* y *arriba*. Usen marionetas hechas con bolsas de papel para representar una escena en la que usen estas palabras.

Nombre ______________________________

Lee el cuento. **Mira** los dibujos.
Escribe 1, 2, 3 para mostrar el orden correcto.

1. Era un día soleado.
Tom vio un tobogán.
Tom subió al tobogán.
Tom se deslizó por el tobogán.

2. **Lee** el cuento.
Escribe una oración que diga lo que podría pasar después.
Luego, **haz un dibujo**.

Paula plantó una semilla.
La semilla se convirtió en planta.

____

Actividad para la casa Su niño o niña aprendió sobre el orden en el que ocurren los sucesos en un cuento. A medida que lee cuentos con su niño o niña, pida que le diga qué partes del cuento son importantes y el orden en el que ocurren.

Nombre ______________________________

El tobogán

A Beth y a Dave les gustaba ir al parque. A ellos les gustaba el tobogán grande. Ellos corrieron hacia el parque. ¡El gran tobogán ya no estaba!

—¡Ah! —dijo Beth—. ¡Mira el nuevo tobogán rojo que está allá! Dave corrió hacia el tobogán.

—¡Es un tubo tobogán!

Ellos se deslizaron por el nuevo tobogán, se deslizaron en zig zag. A ellos les gustó más el nuevo tobogán.

Aspectos principales de un cuento realista

- Los personajes y los sucesos parecen reales.
- El ambiente es como un lugar real.
- El cuento tiene un principio, un medio y un final.

Instrucciones: Ahora vuelve a contar el orden de los sucesos del texto. Haz alusión a las palabras que se usan en el cuento.

Nombre ______________________________

La *r* suave entre vocales

Encierra en un círculo la palabra que completa la oración.
Escribe la palabra en la línea.

pero perro

1. Berta tiene un ____________ muy manso.

coro corro

2. Yo ____________ muy rápido.

caro carro

3. Este libro es muy ____________.

para parra

4. La ____________ tiene muchas uvas.

cero cerro

90

5. El número noventa se escribe con un nueve y un ____________.

Actividad para la casa Su niño o niña ha identificado palabras con la *r* suave entre vocales. Ayude a su niño o niña a usar todas las palabras con *r* suave entre vocales que recuerde en un cuento corto. Pídale que ilustre su cuento.

Nombre ______________________

Palabras con *z* y sílabas con *r* suave entre vocales

Palabras de ortografía				
zapato	zumo	cabeza	zorro	lazo
pera	toro	parada	loro	aro

Escribe la palabra que falta.

1. Tina se ató el pelo con un ______________.
2. Me comí una ______________ y dos fresas.
3. Ponte el ______________.
4. El ______________ y la vaca pastan tranquilos.
5. Me duele la ______________.
6. Te espero en la ______________ del autobús.
7. Dame un ______________ de naranja.
8. Tengo un ______________ de colores brillantes.
9. Mi ______________ come galletas.
10. Vimos un ______________ en el bosque.

Actividad para la casa Su niño o niña escribió palabras con *z* y *r* suave entre vocales. Para practicar en casa, pídale que escoja una palabra de ortografía y haga un dibujo de la palabra y lo rotule.

Nombre ______________________

Verbos de acción

Los **verbos** dicen lo que hace una persona o una cosa.

La niña **salta.**

El niño **camina.**

Subraya el verbo de cada oración. **Di** una oración con cada verbo.

1. Nana mira a mamá.
2. Mucha gente ayuda.
3. Vamos al salón.
4. Aquí canta el coro.
5. El niño juega a la pelota.
6. Yo bajo por el tobogán.

Escuela + Hogar **Actividad para la casa** Su niño o niña estudió los verbos de acción. Lean juntos un cuento. Pídale que le diga cuál es el verbo de cada oración que lean.

Nombre ______________________

Tabla del cuento

Título ______________________

Personajes

Ambiente

Principio

↓

Medio

↓

Final del cuento

Nombre ______________________

Zz r

Copia las palabras. Escribe las letras de izquierda a derecha.

zapote ______ aro ______

zumo ______ luz ______

pera ______ marina ______

buzo ______ azul ______

querer ______ puro ______

Zulema ______ zapato ______

cara ______ miramos ______

feliz ______ lápiz ______

¿Escribiste las letras de izquierda a derecha? Sí No

Actividad para la casa Su niño o niña ha practicado la escritura de palabras con *Zz* y *r*. Pídale que copie en una hoja de papel aparte la siguiente oración: *Miramos el zapato azul.*

Nombre ______________________________

Vas a escribir un informe sobre los patios de recreo. Entrevista a personas para obtener la información.
Con la asistencia de tu maestro, responde a cada pregunta para ayudarte a recopilar información.

1. Quieres averiguar sobre patios de recreo en diferentes países. ¿Quién te ayudará a encontrar los libros apropiados?

____

2. ¿Quiénes te ayudarán a averiguar qué juegos son populares?

____

3. ¿Quién puede decirte cuánto cuesta construir un patio de recreo?

____

4. Dibuja a las tres personas que te ayudaron a obtener la información.

Actividad para la casa Su niño o niña aprendió a entrevistar personas que pueden ser fuentes de información. Hablen sobre las personas a quienes tienen en cuenta cuando necesitan información o respuestas. Dígale que escriba dos preguntas para entrevistar a un miembro de su familia o comunidad.

Zarina quiere ser carpintera y hacer armarios de madera.

Y tú, ¿qué quieres ser?

Cuento de fonética ¿Qué quieres ser?
Destrezas clave Sílabas con *z*; la *r* suave entre vocales

Nombre ____________

¿Qué quieres ser?

Sílabas con *z*	La *r* suave entre vocales			Palabras de uso frecuente	
Zacarías	armarios	entero	pintora	de	ser
Zarina	bailarín	giros	quiere	del	tú
zarpar	carpintero	Homero	quieres	muchos	un
Zulema	colores	madera	usará	qué	una
	danzará	mares	Zacarías	quiere	y
	dará	marinero	Zarina		

Homero quiere ser marinero y zarpar a los mares del mundo entero.

Giros y giros dará Zacarías.
Danzará como un bailarín.

Muchos colores usará Zulema.
¡Será una famosa pintora!

Nombre ______________________

Palabras con *z* y con *r* entre vocales

Palabras de ortografía				
zapato	zumo	cabeza	zorro	lazo
pera	toro	parada	loro	aro

Rellena el círculo de la palabra correcta. **Escribe** la palabra.

1. El ○ **zorro** ○ **loro** tiene bigotes. ______
2. Tu ○ **parada** ○ **zapato** es pequeño. ______
3. Agacha la ○ **cabeza** ○ **loro.** ______
4. Me comeré una ○ **cabeza** ○ **pera.** ______
5. El ○ **toro** ○ **zumo** muge. ______
6. Me bajé en la ○ **parada** ○ **cabeza.** ______
7. Tengo un ○ **loro** ○ **zorro** verde y rojo. ______
8. Me gusta el ○ **aro** ○ **zumo** de limón. ______
9. Me pondré el vestido del ○ **aro** ○ **lazo** rojo. ______
10. No te lleves mi ○ **aro** ○ **zumo** de oro. ______

Escuela + Hogar

Actividad para la casa Su niño o niña ha completado estas oraciones con las palabras de ortografía. Pídale que escriba oraciones con dos o más palabras de ortografía.

Nombre ______________________________

Verbos de acción

Escribe sobre algo que haces cada día.
Usa los verbos del recuadro o tus propias palabras.

voy	leo	desayuno
duermo	juego	hablo

Actividad para la casa Su niño o niña aprendió a usar los verbos de acción al escribir. Túrnense para contar cosas que hacen todos los días. Pídale que identifique los verbos en las oraciones que van diciendo.

Nombre ______________________

Palabras con *z* y sílabas con *r* suave entre vocales

Palabras de ortografía				
zapato	zumo	parada	loro	cabeza
pera	toro	zorro	aro	lazo

Escribe las sílabas que faltan. **Usa** tu conocimiento de la división en sílabas para deletrear. **Escribe** la palabra de ortografía.

1. **zo** ______ ______________
2. ______ **mo** ______________
3. **za** ______ **to** ______________
4. **to** ______ ______________
5. ______ **ro** ______________

Escribe la palabra que rime.

espera — dorada — coro

6. ______ 7. ______ 8. ______

Actividad para la casa Su niño o niña está aprendiendo a escribir palabras con *z* y con *r* suave entre vocales. Pídale que encierre en un círculo la *z* y que subraye las palabras con *r* suave entre vocales.

Nombre ______________________________

Verbos de acción

Marca la oración que tiene una raya debajo del verbo.

1
- Mamá planta unas semillas.
- Mamá planta unas semillas.
- Mamá planta unas semillas.

2
- Mamá cava la tierra.
- Mamá cava la tierra.
- Mamá cava la tierra.

3
- La lluvia riega la tierra.
- La lluvia riega la tierra.
- La lluvia riega la tierra.

4
- El sol calienta la tierra.
- El sol calienta la tierra.
- El sol calienta la tierra.

5
- Una planta brota de la semilla.
- Una planta brota de la semilla.
- Una planta brota de la semilla.

Actividad para la casa Su niño o niña se preparó para identificar los verbos de acción. Lean juntos un artículo sencillo en el periódico. Pídale que encierre en un círculo todos los verbos de acción que encuentre.

Nombre ____________________________

Escoge una de las palabras del recuadro para completar la oración. **Escribe** la palabra en la línea.

yema	yodo	ayuda	payaso	y	yoyo	yate

1. Chema me deja su ________________.

2. Yo como ____________ bebo por la mañana.

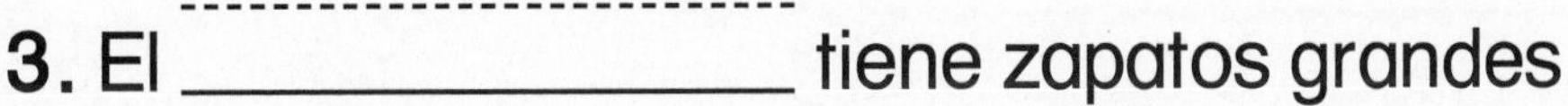

3. El ________________ tiene zapatos grandes.

4. El médico pone ________________ en la cortada.

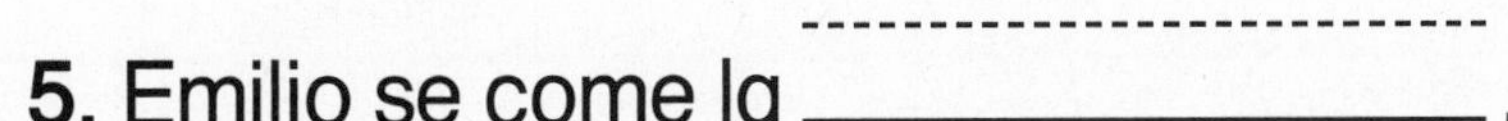

5. Emilio se come la ________________.

6. Lina va a pasear en un ________________.

7. Amalia ________________ a su amiga.

Actividad para la casa: Su niño o niña ha identificado las sílabas con *y* y la conjunción *y*. Pida a su niño o niña que escriba en un papel todas las palabras que conozca con estas sílabas. Luego, por turnos, formen oraciones usando tantas palabras de la lista como puedan.

Nombre ______________________

Escoge una palabra del recuadro para completar cada oración. **Escribe** la palabra en la línea. No olvides que las palabras que se usan para formular preguntas siempre llevan acento.

entre	cuándo	tres	dos	nada

1. Hay ______________ niños en el banco.

2. Paco se sienta ______________ Juan y Teresa.

3. Tengo ______________ libros favoritos.

4. No tengo ______________ en mi bolsa.

5. ¿______________ es la fiesta?

Actividad para la casa: Su niño o niña ha aprendido a leer las palabras *entre, cuándo, tres, dos* y *nada*. Ayude a su niño o niña a inventar un cuento en el que use todas o algunas de estas palabras. Luego, ayúdelo a escribir las oraciones del cuento y pídale que haga un dibujo para ilustrarlo.

Nombre ____________________

Lee este informe.
Encierra en un círculo la respuesta a cada pregunta.

Gallinas

Muchas gallinas son blancas.

Pero también pueden ser rojas o negras.

Algunas gallinas pueden volar un poquito.

A las gallinas les gusta revolcarse en la tierra.

Una gallina puede ser una mascota.

Cerdos

Algunos cerdos son rosados.

Pero también hay cerdos negros.

Un cerdo puede ser una mascota.

A los cerdos les gusta revolcarse en el lodo.

Hacen esto cuando tienen calor.

1. ¿Qué animal puede volar? gallina cerdo

2. ¿Qué animales se revuelcan en el lodo? gallina cerdo

3. ¿Qué animal puede ser negro? gallina y cerdo sólo gallina

4. ¿Qué animal puede ser una mascota? gallina y cerdo sólo cerdo

5. ¿Quién crees que escribió estos textos?
un vendedor de mascotas un policía

Actividad para la casa Su niño o niña ha comparado y contrastado información de dos cuentos. Pídale que elija dos pájaros y que comente en qué se parecen y en qué se diferencian.

Nombre ______________________________

Lo que me gusta de Rubí

Me gusta que al principio Rubí no comía. A veces, yo no quiero comer. Sé cómo se siente ella. Mi parte favorita es cuando Rubí vuela muy alto y lejos. ¡Parece divertido!

Aspectos principales de los comentarios sobre un cuento

- Los comentarios responden al cuento.
- Los comentarios dicen lo que el escritor piensa o siente.

Nombre ______________________________

Di el nombre de cada dibujo.
Escribe *ha, he, hi, ho* o *hu* en la línea para completar la palabra.

1.

_____ da

2.

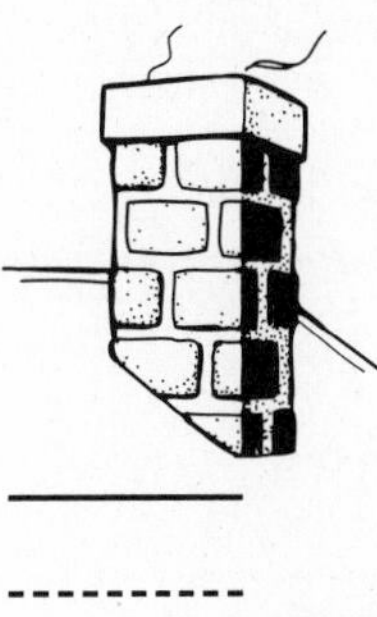

_____ mo

3.

_____ lo

4.

_____ maca

5.

_____ lado

6.

_____ ja

7.

_____ cha

Escuela + Hogar **Actividad para la casa** Su niño o niña ha identificado las sílabas con *h*. Pídale que escriba todas las palabras con estas sílabas que conozca. Luego, por turnos, representen con mímica una palabra de la lista para que la otra persona averigüe de cuál se trata.

Nombre ______________________________

Palabras con *y* y con *h*

Mira cada dibujo.
Escribe la palabra de ortografía.

Palabras de ortografía
yoyo
yema
payaso
yate
yeso
hora
hojas
hospital
hogar
hilo

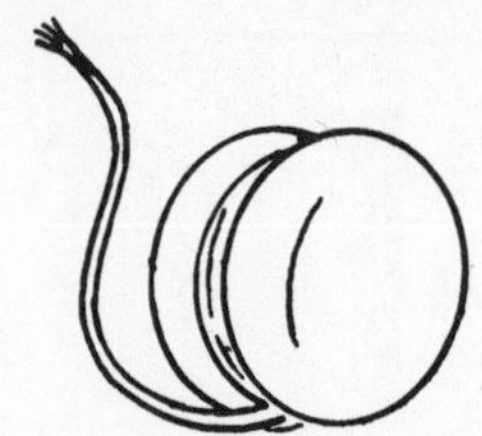

1. ______________________

2. ______________________

3. ______________________

Lee la pista. **Escribe** la palabra.

4. Está en un huevo. ______________________

5. Te hace reír. ______________________

6. Allí vas si estás enfermo. ______________________

7. Sirve para coser. ______________________

8. Donde vive la familia. ______________________

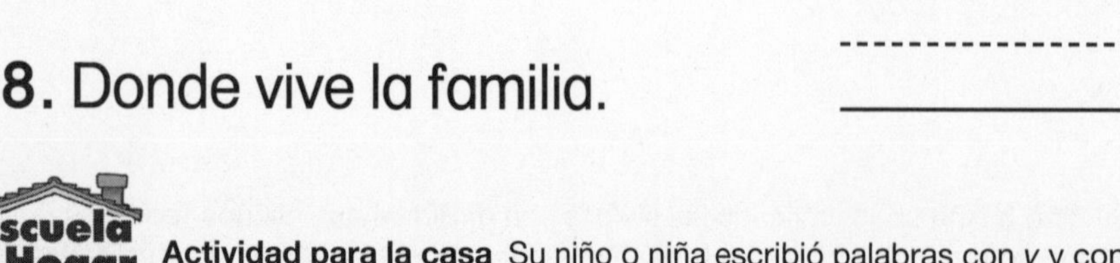

Actividad para la casa Su niño o niña escribió palabras con *y* y con *h*. Ayúdelo a encontrar palabras que rimen con las palabras de ortografía.

Nombre ______________________

El final de los verbos cambia

El **final del verbo** cambia.

Yo nado
Tú nad**as**
Él/Ella/Usted nad**a**
Nosotros nad**amos**
Ustedes/Ellos/Ellas nad**an**

Fíjate en quién hace la acción.
Copia la forma correcta del verbo en el espacio en blanco.

1. Patricia ______________________ un libro.
(lee, leen)

2. Mis hermanos ______________________ galletas.
(come, comen)

3. José ______________________ por el parque.
(pasea, pasean)

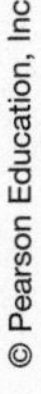

Di una oración con cada verbo que escribiste.

Actividad para la casa Su niño o niña estudió los cambios en el final de los verbos. Escriba los verbos *comer, saltar* y *caminar* en un papel. Pídale que diga oraciones con esos verbos, refiriéndose a sí mismo(a), a usted y a varias personas. Ayúdelo(a) a fijarse en cómo cambia el verbo cada vez.

Nombre ______________________________

Comentarios y sentimientos

Me gusta cuando Rubí . . .	Yo me siento . . .	Porque . . .

Nombre ____________________________

Y y   H h

Copia las palabras. Inclina todas las letras de la misma manera.

yoyo ____________________ cohete ____________________

huevo ____________________ papaya ____________________

huye ____________________ hilo ____________________

yeso ____________________ y ____________________

hora ____________________ hogar ____________________

Yayita ____________________ payaso ____________________

hotel ____________________ hija ____________________

Hugo ____________________ voy ____________________

¿Inclinaste todas las letras de la misma manera? Sí No

Actividad para la casa Su niño o niña ha practicado la escritura de palabras con *Yy* y *Hh.* Pídale que mencione cuatro palabras nuevas que rimen con palabras de la lista y que las escriban en una hoja de papel aparte.

Nombre ________________________________

Busca estas palabras en el Glosario de tu Libro del estudiante.
Haz un dibujo que muestre el significado de cada palabra.

1. feliz

2. madre

3. niños

4. río

5. fiesta

6. flores

Actividad para la casa Su niño o niña ha aprendido a usar un glosario para buscar el significado de palabras. Busque un glosario en casa o en la biblioteca y busquen juntos otras palabras.

Hilda y yo somos hermanas.
Yo me pongo sus joyas.
¡Así apoyo su talento!

Cuento de fonética Hilda la artista
Destrezas clave Sílabas con *y*; la conjunción *y*; sílabas con *h*

Nombre ____________________

Hilda la artista

Sílabas con *y*; la conjunción *y*		Sílabas con *h*	Palabras de uso frecuente	
apoyo	yema	hermanas	con	las
ayuda	yeso	hermosas	de	maestro
joyas	yo	Hilda	el	se
y		Hugo	en	su
			la	y

Encierra en un círculo la "y" cuando se usa como conjunción.

Hilda modela vasijas en yeso.
Con la yema de los dedos
modela el yeso mojado.

Deja que se sequen y las pinta.
Su maestro Hugo
la ayuda y la aconseja.

Hilda además une
pepitas de yeso.
Las pinta de rojo, azul y café.
Sus joyas son hermosas.

Nombre ______________________

Palabras con *y* y con *h*

Palabras de ortografía				
yoyo	yema	payaso	yate	yeso
hojas	hilo	hora	hogar	hospital

Escribe la *y* o *h* que falta. **Escribe** la palabra.

1. ¿Me prestas tu ___o___o? ______________
2. Bate la ___ema. ______________
3. ¿Que ___ora es? ______________
4. Verdes y rojas se caen las ___ojas. ______________
5. El bebé nació en el ___ospital. ______________
6. Juguemos con tu ___ate. ______________
7. Tejo con un ___ilo azul. ______________
8. ¿Necesitas más ___eso? ______________
9. Me disfracé de pa___aso. ______________
10. Éste es mi ___ogar. ______________

Actividad para la casa Su niño o niña ha completado estas oraciones con las palabras de ortografía. Pídale que busque en una revista y escriba palabras con *y* y con *h*.

Nombre ____________________

El final de los verbos cambia

Imagina que tú y tu familia están en la playa. ¿Qué hacen?
Escribe verbos y otras palabras para completar cada oración.
Recuerda que el final de los verbos cambia.

Mi hermano y yo ____________________.

Papá ____________________.

Mamá ____________________.

Mis primos ____________________.

El perro ____________________.

Actividad para la casa Su niño o niña aprendió a usar los distintos finales de los verbos. Escriba los siguientes modelos de oraciones en un papel: *Daniel*____. *Mis primos* ____. Pídale que las complete usando correctamente los verbos que elija.

Nombre ______________________

Palabras con *y* y con *h*

Ordena las sílabas para formar una palabra de ortografía. **Usa** lo que sabes sobre las partes de una palabra para deletrear. **Escribe** la palabra.

Palabras de ortografía
yoyo
yema
payaso
yate
yeso
hora
hojas
hospital
hogar
hilo

1. **ya pa so** 1. ______
2. **jas ho** 2. ______
3. **so ye** 3. ______

Escribe tres palabras de ortografía que empiecen como **huevo**.

4. ______ 5. ______ 6. ______

Escribe tres palabras de ortografía que empiecen como **yegua**.

7. ______ 8. ______ 9. ______

Escuela + Hogar **Actividad para la casa** Su niño o niña está aprendiendo a escribir palabras con *y* y con *h*. Pídale que lea una palabra de ortografía y la use en una oración.

Nombre ______________________________

El final de los verbos cambia

Marca la oración correcta.

1
- ⬭ Marta tocan la flauta.
- ⬭ Marta toca la flauta.
- ⬭ Marta tocas la flauta.

2
- ⬭ Mamá y yo hacen una pizza.
- ⬭ Mamá y yo hace una pizza.
- ⬭ Mamá y yo hacemos una pizza.

3
- ⬭ Yo escribes mi nombre.
- ⬭ Yo escribo mi nombre.
- ⬭ Yo escriben mi nombre.

4
- ⬭ David gana la carrera.
- ⬭ David ganan la carrera.
- ⬭ David ganar la carrera.

5
- ⬭ Sara aprendemos el juego.
- ⬭ Sara aprendo el juego.
- ⬭ Sara aprende el juego.

Escuela + Hogar

Actividad para la casa Su niño o niña se preparó para tomar un examen de los cambios en el final de los verbos. Lean juntos un artículo de un periódico o una revista. Pídale a su niño o niña que subraye los verbos y diga si se refieren a uno o a más de uno.

Nombre ____________________

Mira cada dibujo.
Encierra en un círculo la palabra que completa la oración.
Escribe la palabra en la línea.

llave calle

1. Fina abre la hucha con la ____________________.

cabello cepilla

2. Bruno ____________________ a su perro.

sello silla

3. Esa ____________________ está rota.

ballena llama

4. Luci mira la ____________________.

camello llavero

5. El ____________________ camina por el desierto.

Actividad para la casa: Su niño o niña ha identificado sílabas con *ll*. Hagan una lista con todas las palabras con esta sílaba que recuerden. Pida a su niño o niña que las lea y que forme oraciones usando el mayor número posible de palabras de la lista.

Nombre ______________________________

Escoge una palabra del recuadro para completar cada oración.
Escribe la palabra en la línea.

poco salió viven dio

1. Cecilia ______________ a pasear.

2. Queda ______________ jugo en la jarra.

3. Ella me ______________ un vaso de jugo.

4. Los monos ______________ en la selva.

Escuela + Hogar **Actividad para la casa:** Su niño o niña ha aprendido a leer las palabras *poco, salió, viven* y *dio*. Usen marionetas hechas con una media para representar un cuento en el que usen estas palabras. Ayude a su niño o niña a escribir el cuento que inventen.

Nombre ______________________________

Lee el cuento.
Sigue las instrucciones.

Kate tiene un pájaro mascota llamado Bing.

Su pájaro es verde y rojo.

Un pájaro es la mejor mascota de todas.

Bing juega con una campana.

A Bing le gusta hablar.

1. Escribe dos hechos sobre este cuento.

2. Escribe la oración del cuento que es una opinión. Explícalo.

Actividad para la casa Su niño o niña ha aprendido acerca de hechos y opiniones. Comente la diferencia entre un hecho y una opinión. Un hecho se puede comprobar; una opinión no se puede comprobar. Pídale que le diga un hecho y una opinión acerca de su comida favorita.

Nombre ________________________

Instrucciones: *Escribe un resumen de tu cuento favorito.*

Rubí, en su momento es mi cuento favorito. Rubí se tarda más en hacer cosas que sus hermanos y hermanas. Se tarda en comer. Se tarda en aprender a nadar. Pero es la que primero vuela muy lejos. Ella deja su casa, después regresa. Ella trae a su nueva familia.

Aspectos principales de un resumen

- Es sobre algo que has leído.
- Menciona la información más importante.
- Es corto.

Nombre ______________________________

Escribe *ce* o *ci* en la línea para completar cada palabra.

1. 

ma ______ ta

2. 

______ ne

3. 

pe ______ ra

4. 

co ______ na

5. 

ve ______ no

6. 

______ ma

7. 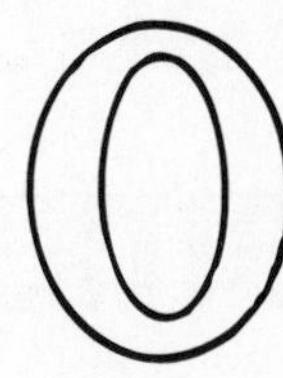

______ ro

Escuela + Hogar

Actividad para la casa: Su niño o niña ha identificado las sílabas *ce* y *ci*. Pídale que escriba todas las palabras que recuerde con estas sílabas y luego que forme una oración con cada una de ellas.

Nombre ____________________________

Palabras con *ll* y con *ce, ci*

Palabras de ortografía				
pollito	lleno	llave	calle	llama
celos	cine	maceta	circo	cemento

Encierra en un círculo la palabra de ortografía que está bien escrita. **Escribe** la palabra.

1. llama yama ____________________
2. calle caye ____________________
3. selos celos ____________________
4. poyito pollito ____________________
5. zine cine ____________________
6. circo sirco ____________________
7. maceta mazeta ____________________
8. cemento semento ____________________
9. yave llave ____________________
10. yeno lleno ____________________

Escuela + Hogar **Actividad para la casa** Su niño o niña escribió palabras con *ll* y con *ce, ci* suave entre vocales. Por turnos, formen oraciones con *ll* y con *ce, ci.*

Nombre ______________________

El presente y el futuro de los verbos

El final de los verbos también cambia para decir **cuándo** pasan las cosas. A veces los verbos dicen lo que pasa ahora. Otras veces dicen lo que pasará mañana o después.

La niña **canta.** (ahora)
La niña **cantará.** (después)

Lee las palabras del recuadro. **Copia** las palabras debajo de *Ahora* si dicen qué pasa ahora. **Copia** las palabras debajo de *Después* si dicen qué pasará más adelante.

canto	ladra	cantaré	ladrará	come	comerá

Ahora	Después
1. ______________	4. ______________
2. ______________	5. ______________
3. ______________	6. ______________

Di oraciones de cosas que pasan ahora y pasarán después con estos verbos.

Actividad para la casa Su niño o niña estudió el presente y el futuro de los verbos. Escriba en un papel los verbos *llamar* y *ver*. Pídale a su niño o niña que diga oraciones sobre algo que pasa ahora y algo que pasará en el futuro con cada uno de estos dos verbos.

Nombre ______________________________

Guía para calificar Resumen

Respuesta de calificación máxima

Enfoque/Ideas	Un buen resumen dice información importante.
Organización	Un buen resumen dice las ideas en el orden correcto.
Voz	Un buen resumen muestra que comprendes las ideas.
Lenguaje	Un buen resumen usa palabras que describen y muestran un orden de tiempo.
Oraciones	Un buen resumen usa oraciones completas.
Normas	Un buen resumen usa sujetos y verbos que concuerdan.

Nombre ______________________________

Ll ll Cc

Copia las palabras. Escribe las letras en el tamaño correcto.

llave ______________________ cereza ______________________

Celia ______________________ calle ______________________

lluvia ______________________ Ciro ______________________

cigarra ______________________ lleva ______________________

camello ______________________ dulce ______________________

llama ______________________ gallina ______________________

cocina ______________________ cinco ______________________

pollito ______________________ brilla ______________________

¿Escribiste todas las letras en el tamaño correcto? Sí No

Actividad para la casa Su niño o niña ha practicado la escritura de palabras con *Ll, ll, ce, ci*. Dígale que imagine un paseo al aire libre y que elija cinco palabras que puedan servir para su relato. Pídale que las escriba en una hoja de papel aparte.

Nombre ______________________________

Lee este informe. Con la ayuda de tu maestro, **sigue** las instrucciones y **responde** a las preguntas para revisar el tema.

Mamíferos	Reptiles
Un mamífero obtiene leche de su madre cuando es joven. Un mamífero tiene pelo en su cuerpo. Los osos, los gatos, las vacas, los perros y las jirafas son mamíferos.	Un reptil tiene la piel seca y no tiene pelo. Los reptiles viven en la tierra y ponen huevos. Los caimanes, los cocodrilos, las tortugas, las culebras y los lagartos son reptiles.

1. ¿Qué te interesa más: los mamíferos o los reptiles? ¿Por qué?

____

2. ¿Qué animal no pertenece al grupo? Enciérralo en un círculo.

caimán tortuga lagarto oso

3. ¿Qué animal no pertenece al grupo? Enciérralo en un círculo.

jirafa gato culebra oso

4. ¿Qué animal falta en este grupo: gato, mono, jirafa?

____

5. Marina escribe un informe llamado "Cosas del campo". ¿Es éste un buen nombre para el informe? ¿Por qué?

____

Actividad para la casa Su niño o niña aprendió a repasar y revisar temas. Elija uno que sea de interés para él. Pídale que comparta algunos hechos del tema con usted. Después, usando una fuente de referencia como una enciclopedia o una computadora, lean juntos acerca del tema. Pídale que revise su lista con base en los resultados de su investigación.

La señora Valle cocinará en la olla
un rico cerdo al romero
con perejil y zanahoria.

Cuento de fonética La cocinera Valle
Destrezas clave Dígrafo *ll*; sílabas *ce, ci*

Nombre ____________________

La cocinera Valle

Dígrafo *ll*	Sílabas *ce, ci*	Palabras de uso frecuente	
ella	cerdo	con	para
olla	cinco	de	por
tallos	cocinará	es	que
Valle	cocinera	la	un
	necesita	lo	y
	racimo		

La señora Valle
es una buena cocinera.

Va al mercado
por lo que necesita
para hacer un asado.

Ella pide cinco
zanahorias, tallos de romero
y un racimo de perejil.

Nombre ______________________

Palabras con *ll* y con *ce, ci*

Palabras de ortografía				
pollito	lleno	llave	calle	llama
celos	cine	maceta	circo	cemento

Escribe la palabra de ortografía que falta.

1. El ______________ pía fuerte y aletea.
2. Mi vecino se ______________ Alejandro.
3. Sara se tomó un vaso ______________ de jugo.
4. No olvides la ______________ de la puerta.
5. Por mi ______________ pasa un heladero.
6. No tengo ______________ de mi hermanito.
7. Sara fue al ______________ con Estela.
8. Compré una linda ______________ de geranios.
9. El ______________ tiene muchos animales amaestrados.
10. Con ______________, ladrillos y arena, haremos nuestra casa.

Actividad para la casa Su niño o niña ha completado estas oraciones con las palabras de ortografía. Pídale que escriba oraciones con dos o más palabras de ortografía.

Nombre ______________________________

El presente y el futuro de los verbos

Dentro de unos años serás mayor.
Escribe cosas que harás entonces.

Actividad para la casa Su niño o niña aprendió a usar los verbos en presente y en futuro al escribir. Digan juntos nombres de bebés y niños pequeños a los que conocen. Digan lo que creen que hará cada uno dentro de unos años.

Nombre ______________________

Palabras con *ll* y con ce, *ci*

Lee las pistas.
Escribe las palabras de ortografía.

Palabras de ortografía
pollito
lleno
llave
calle
llama
celos
cine
maceta
circo
cemento

1. Rima con valle ______________________

2. Rima con gallito ______________________

3. Rima con pelos ______________________

4. Rima con vine ______________________

5. Rima con cabe ______________________

6. Rima con alimento ______________________

Tacha la palabra que no es igual.
Luego, **escribe** la palabra repetida.

7. circo terco circo ______________________

8. maleta maceta maceta ______________________

9. llama lama llama ______________________

10. llevo lleno lleno ______________________

Actividad para la casa Su niño o niña está aprendiendo a escribir palabras con *ce, ci* y con *ll.* Escriba las palabras de ortografía dejando vacío el lugar de la *ll* o de las sílabas *ce, ci* (ga_eta). Pídale que complete cada palabra.

Nombre ________________________________

El presente y el futuro de los verbos

Marca la oración correcta.

1 ⬭ Ahora vienen el ratón.
⬭ Ahora venir el ratón.
⬭ Ahora viene el ratón.

2 ⬭ Ahora el ratón come el queso.
⬭ Ahora el ratón comer el queso.
⬭ Ahora el ratón comemos el queso.

3 ⬭ Después el ratón correr.
⬭ Después el ratón correrá.
⬭ Después el ratón corren.

4 ⬭ Mañana mamá comprará semillas.
⬭ Mañana mamá comprar semillas.
⬭ Mañana mamá compramos semillas.

5 ⬭ Ahora mamá mirar el ratón.
⬭ Ahora mamá miras el ratón.
⬭ Ahora mamá mira el ratón.

Actividad para la casa Su niño o niña se preparó para tomar un examen de los verbos en presente y en futuro. Diga oraciones sobre cosas que están ocurriendo ahora y pídale que las repita cambiando el tiempo al futuro.

Nombre ______________________

Mira el dibujo.
Escoge una palabra de la caja para completar la oración.
Escribe la palabra en la línea.

brazo brújula brisa nombre cebra

1. Celia pone su ______________ en el papel.

2. La ______________ come pasto.

3. Elena mira la ______________.

4. Paco se quebró el ______________.

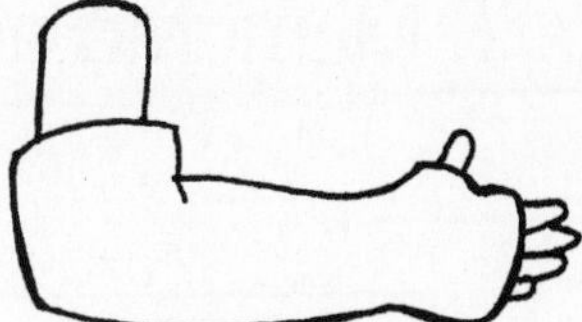

5. La ______________ mueve las hojas.

Actividad para la casa Su niño o niña ha identificado las sílabas con *br*. Escriban juntos una lista de palabras con estas sílabas. Por turnos, escojan una de las palabras de la lista y represéntenla con mímica para que el otro averigüe de cuál se trata.

Nombre ______________________

Escoge una palabra del recuadro para completar cada oración. **Escribe** la palabra en la línea. **Recuerda** usar mayúscula al comienzo de una oración.

hombre tiempo afuera camino viento

1. Hoy el ______________ es lluvioso.

2. El ______________ es muy fuerte.

3. El ______________ se puso un chaleco.

4. Mi mamá no me deja ir ______________.

5. Ese ______________ da muchas vueltas.

Actividad para la casa: Su niño o niña ha aprendido a leer las palabras *hombre, tiempo, afuera, camino* y *viento*. Haga algunas tarjetas relámpago con estas palabras y practique la lectura de las palabras con su niño o niña.

Nombre ______________________

Lee el cuento.
Encierra en un círculo o escribe la respuesta a cada pregunta.

Los zorrillos siempre son negros y blancos.

Algunos zorrillos son negros con manchas blancas.

Los zorrillos comen durante la puesta del sol.

Los zorrillos son buenos excavadores.

Excavan en busca de insectos para comer.

---

1. ¿De qué se trata este cuento?

   insectos   zorrillos   puestas del sol

2. ¿Por qué crees que el autor escribió este cuento? Explícalo.

   para hacerte reír   para hacerte sentir triste   para contar hechos

   ____

3. ¿Qué dos cosas dice el cuento sobre los zorrillos?

   ____

Actividad para la casa Su niño o niña leyó un cuento informativo y averiguó por qué fue escrito. Lea un cuento divertido con su niño o niña y comente por qué lo escribió el autor.

Nombre ______________________________

Listas

Cosas que ayudaron

Sepo plantó semillas en el suelo.

Sepo dejó que la lluvia cayera sobre las semillas.

Cosas que no ayudaron

Sepo les dijo a las semillas que crecieran.

Sepo les leyó un cuento a las semillas.

Aspectos principales de una lista

- Tiene palabras u oraciones escritas una debajo de la otra.
- Puede incluir un encabezado.

Nombre ______________________________

la rana

las ranas

Escoge una palabra en plural de la caja.
Escribe la palabra en la línea que corresponde.

nubes personas delfines felices casas árboles girasoles

1. árbol ______________________

2. casa ______________________

3. delfín ______________________

4. girasol ______________________

5. nube ______________________

6. feliz ______________________

7. persona ______________________

Actividad para la casa: Su niño o niña ha formado los plurales de algunas palabras añadiendo las terminaciones de plural *-s, -es* o *-ces*. Señale a su niño o niña objetos en casa cuyo nombre en plural se forme con una de estas terminaciones. Pida a su niño o niña que forme el plural.

Nombre ______________________________

Palabras con *br* y plurales con *-s, -es, -ces*

Escribe la palabra de ortografía que describe el dibujo o completa cada oración.

Palabras de ortografía
sobre
brisa
broma
brazo
nombre
minutos
felices
peces
sillas
azules

1. ______________________

2. ______________________

3. ______________________

4. ______________________

5. Mi ______________________ es José.

6. No me gustó la ______________________ que hizo Lisa.

7. La carta está en un ______________________ amarillo.

8. Se casaron y fueron ______________________.

Actividad para la casa Su niño o niña escribió palabras con *br* y plurales *-s, -es, -ces*. Dígale una palabra de ortografía y pídale que escriba el plural.

Nombre ________________________

El presente y el pasado de los verbos

El final de los verbos cambia para decir **cuándo** pasan las cosas. A veces los verbos dicen lo que pasa ahora. Otras veces dicen lo que pasó antes.

Hoy **canto** una canción. (ahora) Ayer **canté** una canción. (antes)

Lee las palabras del recuadro. **Copia** las palabras debajo de *Ahora* si dicen qué pasa ahora. **Copia** las palabras debajo de *Antes* si dicen qué pasó antes.

llovió	miró	llueve
brota	mira	brotó

Ahora	Antes
1. ____________	4. ____________
2. ____________	5. ____________
3. ____________	6. ____________

Di oraciones de cosas que pasan ahora y cosas que pasaron antes con estos verbos.

Actividad para la casa Su niño o niña estudió el presente y el pasado de los verbos. Escriba en un papel los verbos *hablar* y *comer*. Pídale a su niño o niña que diga oraciones sobre algo que pasa ahora y algo que pasó antes con cada uno de estos dos verbos.

Nombre ______________________________

Red de ideas

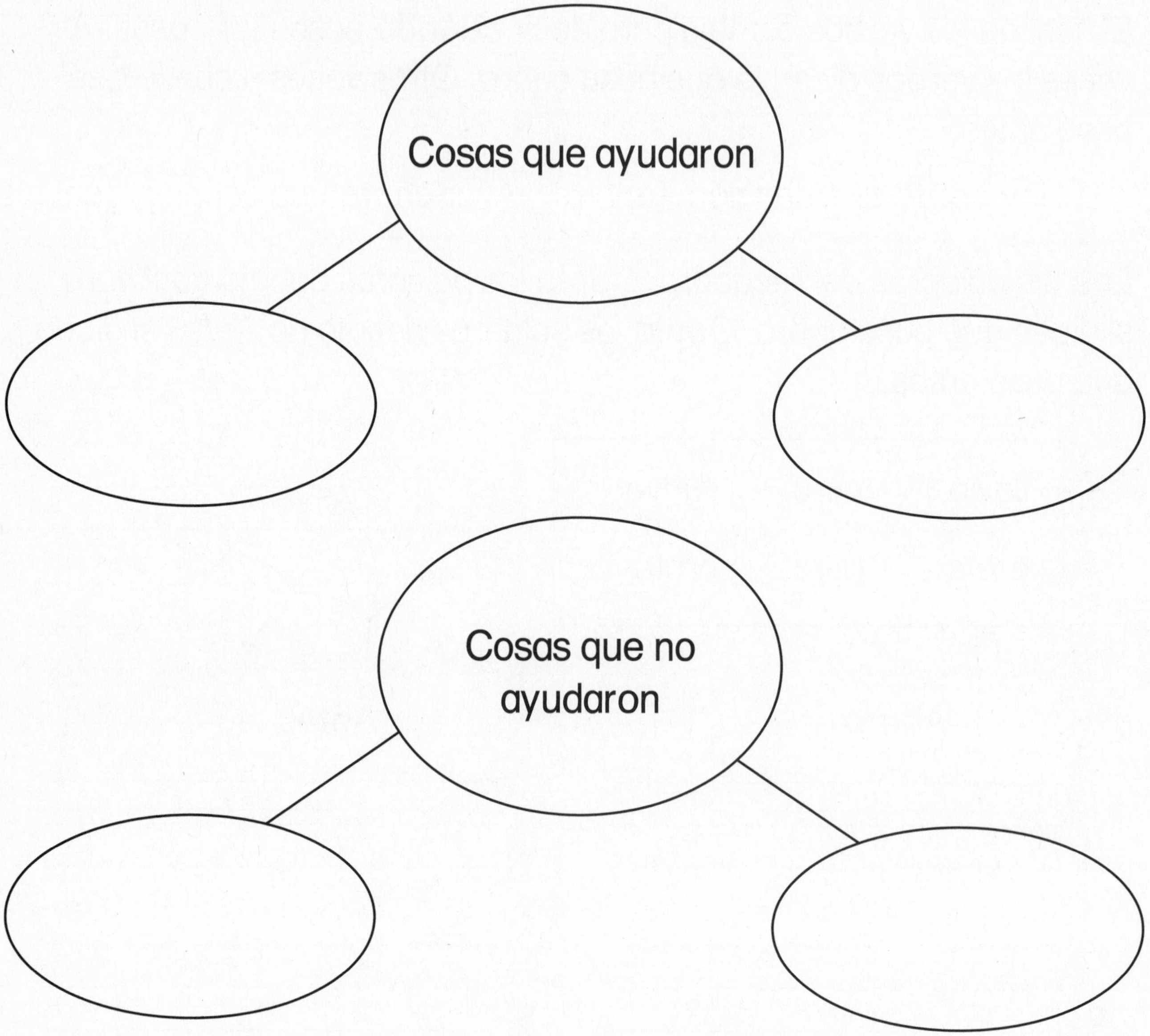

Cosas que ayudaron

Cosas que no ayudaron

Actividad para la casa Su niño o niña puede escribir sobre las acciones de los personajes en los cuentos. Comenten un cuento que usted ha escuchado o leído con su niño o niña y el por qué de las acciones de los personajes.

Nombre ______________________

B r   b r

Copia las palabras. Deja el espacio correcto entre las letras.

brocha ______________ cobre ______________

Brenda ______________ sombra ______________

abre ______________ brisa ______________

bruja ______________ bravo ______________

cabrito ______________ brinco ______________

libro ______________ colibrí ______________

Braulio ______________ hambre ______________

bruma ______________ abrigo ______________

¿Dejaste el espacio correcto entre las letras? Sí No

Actividad para la casa Su niño o niña ha practicado la escritura de palabras con *Br, br*. Dígale las palabras *brazo, obrero, broma* y pídale que las escriba en una hoja de papel aparte.

Nombre ______________________________

Mira el diagrama. **Sigue** las instrucciones.

1. **Encierra** en un círculo unas gotas de lluvia.
2. **Pon** una X sobre el viento.
3. **Dibuja** una línea debajo del título.
4. **Escribe** el nombre de la parte del diagrama que hace que te mojes. ______________________
5. **Escribe** los números del 1 al 3 para mostrar el orden en que ocurre cada escena.

Actividad para la casa Su niño o niña ha aprendido a leer un diagrama rotulado. Cuando pase tiempo con su niño o niña esta semana, hágale notar cualquier diagrama sencillo que vean y comenten la información que ofrece.

Que tengan la *u*:
—Brújula y bruscos
—dije yo.

Cuento de fonética Juegos de palabras
Destrezas clave Grupo consonántico *br*; plurales con *-s, -es, -ces*

Nombre ____________________

Juegos de palabras

Grupo consonántico *br*		Plurales con *-s, -es, -ces*	Palabras de uso frecuente	
abrazos	Bruno	broches	con	la
bravo	fibra	lápices	el	que
brillo	Gabriela	palabras	dijo	una
broches	palabras	timbres	en	y
brújula	timbres	veces	escuela	yo

A veces en la escuela
jugamos con palabras.
Hacemos una ronda
y empieza el juego.

Que tengan la *a:*
—Abrazos, bravo, lápices
—dijo Bruno.

Que tengan la *i:*
—Fibra, brillo y timbres
—dijo Gabriela.

Nombre ______________________

Palabras con *br* y plurales con *-s, -es, -ces*

Palabras de ortografía				
sillas	broma	brisa	brazo	nombre
peces	felices	sobre	minutos	azules

Escribe la palabra de ortografía que completa la oración.

1. Sara contó cincuenta ______________ en el tanque.

2. ¡Era sólo una ______________!

3. La ______________ me despeinó.

4. Después de jugar béisbol, me duele el ______________.

5. Papá nos compró pantalones vaqueros ______________.

6. Dentro de diez ______________ empieza la película.

7. Estuvimos ______________ en la fiesta de Tato.

8. Préstame tus ______________ cuando termines de pintar.

Actividad para la casa Su niño o niña escribió palabras con br y plurales *-s, -es, -ces*. Ayúdelo a encontrar en revistas palabras con *br* y plurales *-s, -es, -ces*. Pídale que las escriba.

Nombre ______________________________

El presente y el pasado de los verbos

Antes, hace tiempo, fuiste un bebé.
Escribe cosas que sucedieron entonces.

Ahora estás en primer grado.
Escribe cosas que haces ahora.

Escuela + Hogar

Actividad para la casa Su niño o niña aprendió a usar los verbos en presente y en pasado al escribir. Miren juntos un álbum de fotos de la familia. Hablen de lo que hacían en esas fotos y usen verbos en pasado. Hablen también de lo que hacen ahora, usándolos en presente.

Nombre ______________________________

Palabras con *br* y plurales con *-s, -es, -ces*

Mira la palabra. **Di** la palabra. **Escucha** el sonido de *br* y de los plurales.

	Escribe cada palabra.	**Verifica.**
1. sobre		
2. brisa		
3. broma		
4. brazo		
5. peces		
6. felices		
7. sillas		
8. minutos		

Actividad para la casa Su niño o niña está aprendiendo a escribir palabras con *br* y plurales *-s, -es, -ces*. Para practicar en casa, léale palabras de la lista y pídale que las escriba. Luego verifiquen juntos las palabras.

Nombre ______________________________

El presente y el pasado de los verbos

Marca la oración correcta.

1
- ⬭ La semana pasada Sapo plantará semillas.
- ⬭ La semana pasada Sapo planta semillas.
- ⬭ La semana pasada Sapo plantó semillas.

2
- ⬭ Hoy Sepo plantar semillas.
- ⬭ Hoy Sepo plantamos semillas.
- ⬭ Hoy Sepo planta semillas.

3
- ⬭ Ayer Sepo gritó.
- ⬭ Ayer Sepo gritará.
- ⬭ Ayer Sepo grita.

4
- ⬭ Hace dos días llover mucho.
- ⬭ Hace dos días lloverá mucho.
- ⬭ Hace dos días llovió mucho.

5
- ⬭ Ahora salir el sol.
- ⬭ Ahora sale el sol.
- ⬭ Ahora salieron el sol.

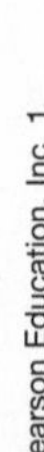

Actividad para la casa Su niño o niña se preparó para tomar un examen sobre el presente y el pasado de los verbos. Lean juntos un artículo del periódico. Pídale que encierre en un círculo los verbos que dicen qué pasa ahora y que subraye los que dicen lo que sucedió antes.

Nombre ______________________

Escoge una palabra de la caja para completar cada oración.
Escribe la palabra en la línea.

excavadora taxi saxofón excursión examen

1. Susana y su mamá suben en un ______________.

2. Los niños hacen un ______________.

3. Seve toca el ______________.

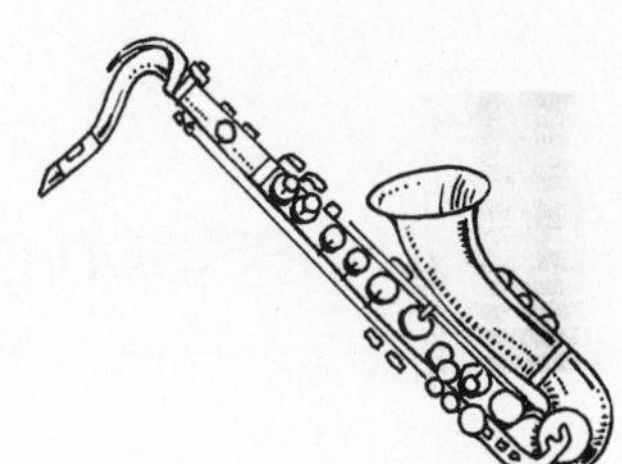

4. Mi papá maneja una ______________.

5. Ellos van a una ______________.

Actividad para la casa: Su niño o niña ha identificado sílabas con *x*. Pida a su niño o niña que escriba las palabras de esta lección en tarjetas de fichero. Coloquen las tarjetas en una pila. Pida a su niño o niña que tome una de las tarjetas, que lea la palabra y diga una oración con ella. Repitan hasta haber leído todas las palabras.

Nombre ______________________

Escoge una palabra para completar cada oración.
Escribe la palabra en la línea. **Recuerda** usar mayúscula al comienzo de una oración.

color ahora vez pintar pregunta

1. Me gusta ______________ las nubes.

2. La niña quiere hacer una ______________.

3. Las nubes son de ______________ gris.

4. ______________ tengo seis años.

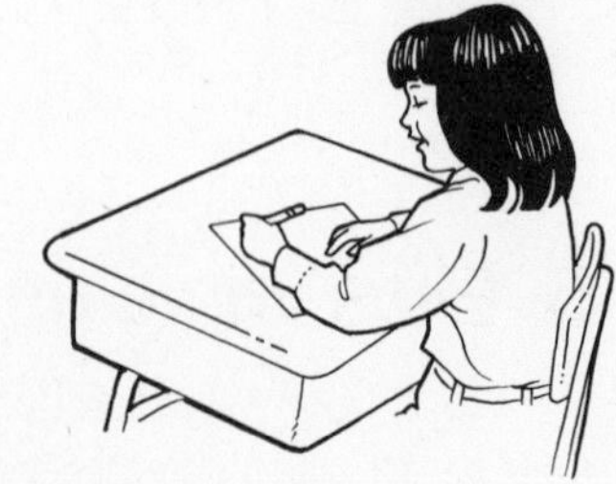

5. ¡Esta ______________ voy a sacar una buena nota!

Escuela + Hogar **Actividad para la casa** Su niño o niña ha aprendido a leer las palabras *color, ahora, vez, pintar* y *pregunta*. Escriba algunas pistas sobre cada una de estas palabras. Lea las pistas y pida a su niño o niña que averigüe la palabra. Anime a su niño o niña a pensar también algunas pistas.

Nombre ______________________

Lee el cuento.
Sigue las instrucciones.

Es divertido tocar los tambores.

No necesitas usar palillos.

Das palmadas encima del tambor con tus manos.

En el pasado, las personas hacían tambores de árboles.

Hacían la parte de encima de los tambores de piel de animal.

1. **Localiza** y **escribe** dos hechos del cuento.

2. **Escribe** la oración del cuento que es una opinión.

Actividad para la casa Su niño o niña ha aprendido a localizar hechos y opiniones. Repase la diferencia entre un hecho y una opinión. Un hecho se puede comprobar; una opinión no se puede comprobar. Pida a su niño o niña que diga un hecho y una opinión acerca de una de las estaciones del año.

Nombre ______________________________

El ave es amarilla en el verano.

Ahora el ave es marrón.
Cambió de color en el invierno.

Aspectos principales de leyendas e imágenes

- Las leyendas hablan de lo que las imágenes muestran.
- Muchas leyendas son oraciones.

Nombre ______________________________

Sílabas con *k, w*

Encierra en un círculo la palabra que completa la oración.
Escribe la palabra en la línea.

kimono koala

1. Olga tiene un ____________.

kilo kiosco

2. Belinda toma limonada en el ____________.

waterpolo kiwi

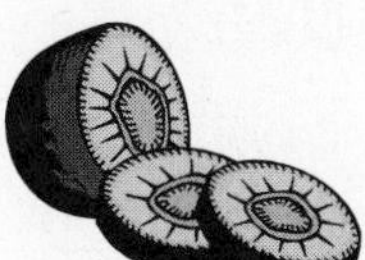

3. Me gusta el sabor del ____________.

kakis wafles

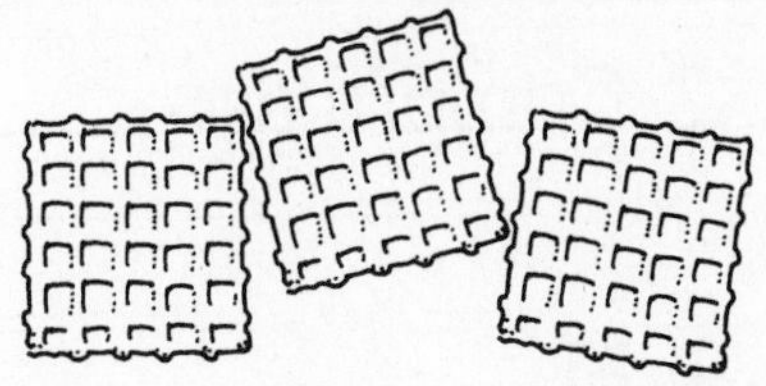

4. A Wanda le gustan los ____________.

kilo kilómetro

5. Salma compró un ____________ de carne.

Escuela + Hogar **Actividad para la casa** Su niño o niña ha identificado sílabas con *k* y con *w.* Pídale que escriba en tarjetas de fichero todas las palabras que recuerde con estas letras. Luego, por turnos, tomen una tarjeta, lean la palabra y formen una oración con ella.

Nombre ______________________

Sílabas con *x*, *k* y *w*

Palabras de ortografía				
exacto	examen	éxito	taxi	saxofón
kimono	kilos	karate	web	kiwi

Mira el dibujo. **Escribe** la palabra de ortografía.

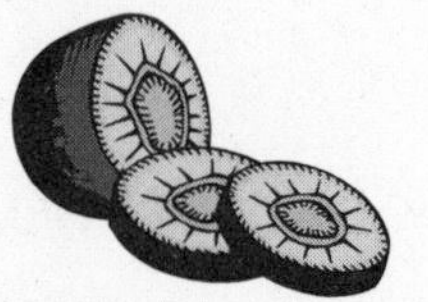

1. ______________ 2. ______________ 3. ______________ 4. ______________

Escribe la palabra de ortografía que completa la oración.

5. Tuve ______________ en el teatro.

6. Estudia mucho para el ______________.

7. Compra dos ______________ de tomates para la cena.

8. El ______________ es un deporte interesante.

9. El pantalón te queda ______________.

10. Muéstrame tu ______________.

Actividad para la casa: Su niño o niña escribió sílabas con *k*, *x* y *w*. Pídale que encierre en un círculo las letras *k*, *x* y *w* de las palabras de ortografía.

Nombre ______________________

Los verbos copulativos *ser* y *estar*

Hay verbos que **no son de acción**. El verbo *ser* dice cómo son las personas, los animales y las cosas. El verbo *estar* dice dónde están o cómo se sienten.

Las mariquitas **son** pequeñas.

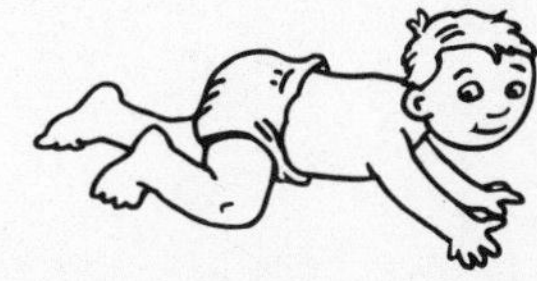

El bebé **está** contento.

Escribe *A* si el verbo es de acción. **Escribe** *No* si no es de acción.

1. Este color es oscuro. ______________
2. Los colores cambian. ______________
3. El cielo está lindo. ______________
4. Matías está sentado. ______________
5. Matías pinta cuadros. ______________

Di otra oración con cada verbo.

Actividad para la casa Su niño o niña estudió los verbos copulativos *ser* y *estar*. Lean juntos un cuento. Señale verbos y pídale a su niño o niña que le diga en cada caso si es de acción o no.

Nombre ______________________

Plan de dibujos y leyendas

Dibujo 1

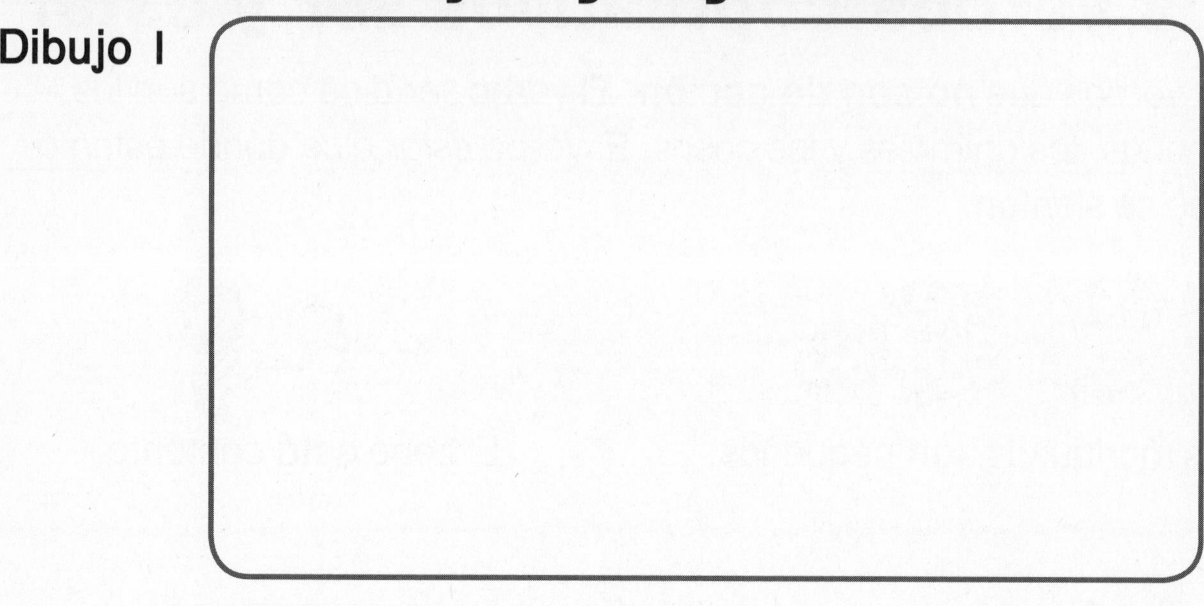

Leyenda: ______________________

Dibujo 2

Leyenda: ______________________

Nombre ______________________________

X x K k W w

Copia las palabras. Escribe las letras de izquierda a derecha.

kilo	______	Waldo	______
examen	______	karate	______
kiwi	______	máximo	______
Katia	______	Xavier	______
éxito	______	kayak	______
Walter	______	extra	______
exacto	______	Kenia	______
kiosco	______	xilófono	______

¿Escribiste las letras de izquierda a derecha? Sí No

Actividad para la casa Su niño o niña ha practicado la escritura de palabras con *Xx, Kk, Ww*. Elija cuatro palabras de la lista y pídale que las escriba en una hoja de papel aparte.

Nombre ______________________________

Mira las partes y los rótulos de la computadora.
Lee cada oración.
Escribe la letra de la parte de la computadora de la que habla la oración.

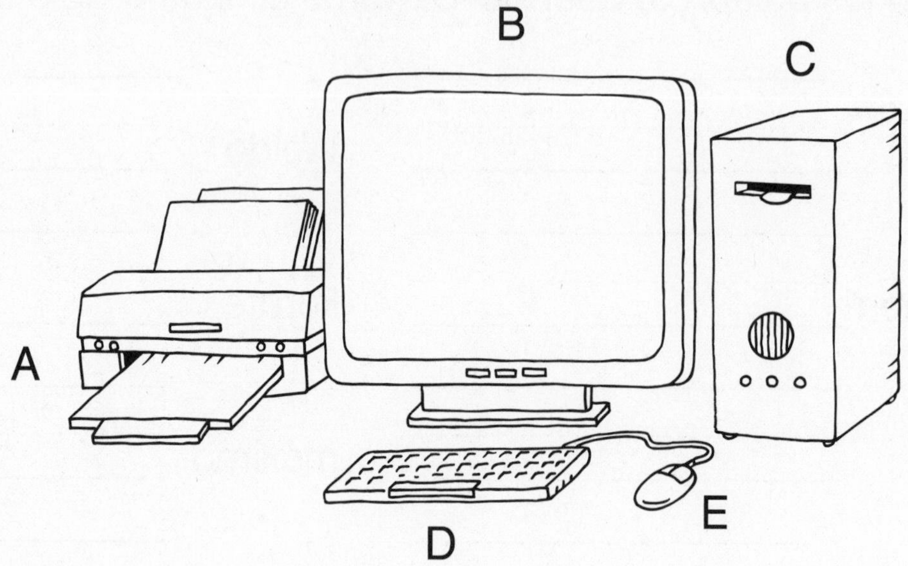

________ Usa el monitor para ver tu archivo.

________ Usa el ratón para abrir los archivos y las páginas Web.

________ Usa el teclado para escribir letras y números.

________ Usa la ranura para insertar un disco.

________ Usa la impresora para imprimir tu archivo.

Actividad para la casa Su niño o niña identificó las partes y usos de una computadora. Si es posible, use una computadora con su niño para que él o ella adquiera más práctica con estas destrezas.

El maestro Watson dijo feliz:
—¡*Wow!* Son unos expertos
con la *W*.

Cuento de fonética ¡Nos encanta la W!
Destrezas clave Sílabas con *x*; sílabas con *k, w*

Nombre ______________________

¡Nos encanta la W!

Sílabas con *x*	Sílabas con *k, w*		Palabras de uso frecuente	
éxito	kiwi	Watson	con	hoy
exquisito	W	Wendy	comer	la
expertos	Waldo	Weston	de	maestro
	Wanda	Wil	dijo	por
	Washington	Wilson	feliz	ver
	waterpolo	wow		

Hoy por fin el maestro Watson
nos enseñó la *W*.
—A ver si tenemos éxito con la *W*
—dijo Watson.

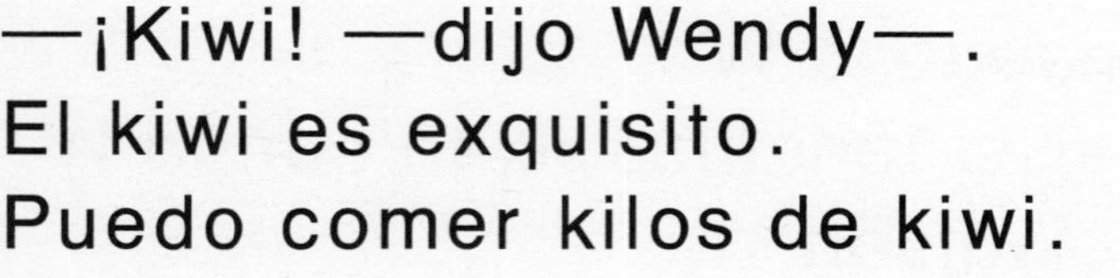

—¡Kiwi! —dijo Wendy—.
El kiwi es exquisito.
Puedo comer kilos de kiwi.

—¡Washington! —dijo Waldo—.
Washington, D.C., es la capital
de los Estados Unidos,
donde vive mi amigo Weston.

Nombre ______________________

Palabras con *x*, *k* y con *w*

Encierra en un círculo la palabra que está bien escrita. **Escribe** la palabra.

Palabras de ortografía
exacto
examen
éxito
taxi
saxofón
kimono
kilos
karate
web
kiwi

1. Toca el ______________.
   sacsofón sasofón saxofón

2. Presenté un ______________.
   examen esamen ecsamen

3. Busca en la ______________.
   hueb web ueb

4. Quiero un ______________.
   kiui quiwi kiwi

5. Ponte un ______________.
   kimono quimono qimono

6. Tomemos un ______________.
   tacsi taxci taxi

7. Me gusta practicar ______________.
   carate karate quarate

8. Dame dos ______________ de papas.
   qilos kilos cilos

Actividad para la casa Su niño o niña ha completado estas oraciones con las palabras de ortografía. Ayúdelo a escribir oraciones con las palabras de ortografía.

Nombre ______________________________

Los verbos copulativos *ser* y *estar*

Mira el dibujo.
Escribe sobre lo que ves.
Usa verbos que no son de acción.

Actividad para la casa Su niño o niña aprendió a usar los verbos copulativos al escribir. Escriba en un papel los siguientes modelos de oraciones: *Yo ____ contento. Juan _____ mi hermano. Papá y yo ______ en casa. Ustedes ____ nuestros amigos*. Pídale a su niño o niña que los complete con las formas correctas de los verbos *ser* y *estar*.

Nombre ______________________

Palabras con *x*, *k* y *w*

Lee la pista. **Escribe** las palabras.

Palabras de ortografía
exacto
examen
éxito
taxi
saxofón
kimono
kilos
karate
web
kiwi

1. instrumento musical ______________________
2. transporte ______________________
3. deporte ______________________
4. fruta ______________________
5. prueba ______________________

Tacha las letras *r*. **Escribe** la palabra que queda.

6. é r x r i t r o
7. r w r e b
8. r r e x r a c r t r o
9. r k r i r l o s
10. k r i m r o r n o

Actividad para la casa Su niño o niña está aprendiendo a escribir palabras con *x*, *k* y *w*. Ayúdelo a escribir oraciones con las palabras de ortografía.

Nombre ______________________________

Los verbos copulativos *ser* y *estar*

Marca la oración con el verbo que no es de acción.

1 ⬭ Delia pinta en el jardín.
⬭ Delia se divierte en el jardín.
⬭ Delia está en el jardín.

2 ⬭ Mira el paisaje.
⬭ El paisaje es lindo.
⬭ Se fija en el paisaje.

3 ⬭ Llegó el verano.
⬭ Delia tiene calor.
⬭ Es un día caluroso.

4 ⬭ A Delia le gusta pintar.
⬭ Delia es buena pintora.
⬭ Delia quiere pintar.

5 ⬭ Sus cuadros son hermosos.
⬭ Me gustan sus cuadros.
⬭ Pinta muchos cuadros.

Actividad para la casa Su niño o niña aprendió a identificar los verbos que no son de acción. Lean juntos un artículo de periódico y dígale que subraye las formas de los verbos *ser* y *estar* que encuentre.

Nombre ______________________________

Mira cada dibujo.
Encierra en un círculo la palabra que completa cada oración.
Escribe la palabra en la línea.

primera   primavera

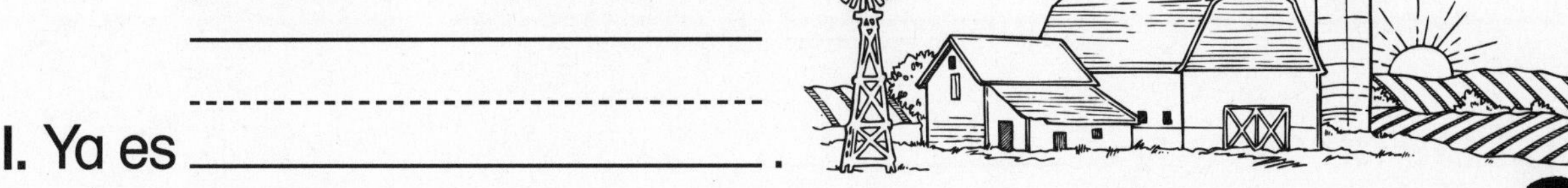

1. Ya es ______________________.

profesor   prisa

2. El ______________________ nos lleva al campo.

prado   primo

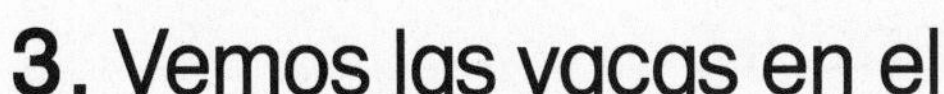

3. Vemos las vacas en el ______________________.

preparo   princesa

4. Yo ______________________ un sándwich.

premio   preferida

5. El sándwich es mi comida

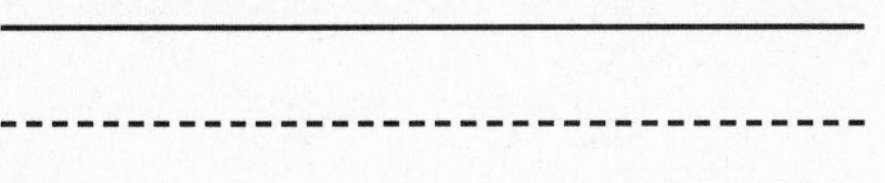

______________________.

Actividad para la casa: Su niño o niña ha identificado sílabas con *pr*. Pídale que le diga todas las palabras que recuerde con estas sílabas y escríbalas. Luego, formen oraciones con estas palabras.

Nombre ______________________________

Escoge una palabra del recuadro para completar cada oración.
Escribe la palabra en la línea.

paseo debajo largo zapatos blancos

1. Este río es muy ____________________.

2. Tengo dos gatos ____________________.

3. Daré un ____________________ por el sendero.

4. El perro está ____________________ de la mesa.

5. Esos ____________________ son bonitos.

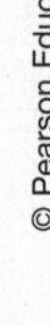

Actividad para la casa: Su niño o niña ha aprendido a leer las palabras *paseo*, *debajo*, *largo*, *zapatos* y *blancos*. Ayude a su niño o niña a inventar un cuento o un poema en el que use estas palabras. Escriban juntos el cuento o el poema y léanlo a otros miembros de la familia.

Nombre ______________________________

Lee el cuento.
Encierra en un círculo la respuesta a cada pregunta.

Zak tiene un cachorro que se llama Sparky.

Zak está sentado en su cama.

Sparky mete su nariz debajo de la cama.

1. ¿Por qué crees que Sparky mete su nariz debajo de la cama?

   Sparky quiere subirse a la cama.

   Sparky quiere algo que está debajo de la cama.

Zak encuentra una pelota debajo de la cama.

¡Sparky empieza a ladrar!

2. ¿Por qué crees que Sparky empieza a ladrar?

   Sparky quiere jugar con la pelota.

   Sparky quiere que Zak lo acaricie.

Luego Zak se va hacia afuera.

¡Sparky salta y salta!

3. ¿Por qué crees que Sparky salta y salta?

   A Sparky le gusta saltar.

   Sparky quiere jugar afuera con Zak.

Actividad para la casa Su niño o niña sacó conclusiones acerca de un cuento. Vuelva a leer el cuento con su niño o niña. Pídale que le diga lo que él o ella saben acerca de los perros y cómo eso les ayudó a sacar conclusiones.

Nombre ______________________________

Un llamada teléfonica entre amigas

Cigarra: ¿Hola?

Señora Hormiga: ¡Hola, Cigarra! ¿Cómo estás? ¡Ojalá estuvieras aquí!

Cigarra: Extraño a mis amigos. Pero no aguanto el frío.

Señora Hormiga: Y sí que hace frío aquí. Estuvimos patinando en el hielo.

Cigarra: Hoy fui a pescar.

Señora Hormiga: ¿Cuándo vas a venir a casa?

Cigarra: Regresaré en la primavera.

Señora Hormiga: ¡Qué llegue pronto!

Cigarra: Adiós, Señora Hormiga.

Aspectos principales de una escena de una obra de teatro

- Está escrita para actuarse ante un público.
- Los personajes tienen diálogos que deben decir.

Nombre ______________________________

Escoge una palabra de la caja para cada dibujo.
Escribe la palabra en la línea.

pingüino	bilingüe	cigüeña	piragüismo	yegüita

1. A Carina le gusta el deporte del ______________________.

2. La ______________________ está en su nido.

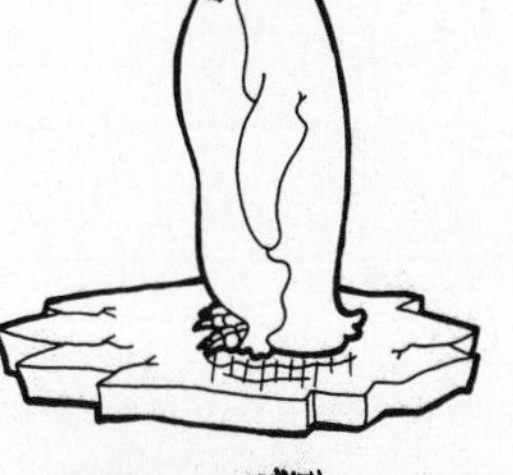

3. El ______________________ come peces.

4. Irene tiene una ______________________.

5. Yin sabe chino y español, es un niño ______________________.

Escuela + Hogar **Actividad para la casa:** Su niño o niña ha identificado las sílabas *güe, güi*. Pídale que forme una oración con cada una de las palabras con *güe, güi* de esta página.

Nombre ______________________

Palabras con *pr* y con *güe, güi*

Palabras de ortografía				
prados	pingüino	princesa	pronto	prisa
primo	cigüeña	vergüenza	bilingüe	agüita

Mira el dibujo. **Escribe** la palabra de ortografía.

1. ______________________

2. ______________________

3. ______________________

Escribe una palabra de ortografía que rime con la palabra subrayada.

4. Tan de ______________________ que da risa.

5. Pónganle el ______________________ en la barriguita.

6. Si en bici monto llego ______________________.

7. Estimo a mi ______________________.

Actividad para la casa Su niño o niña escribió palabras con *pr* y con *güe, güi*. Por turnos, den pistas y adivinen palabras de ortografía.

Nombre ______________________________

Palabras para decir que no

Hay oraciones que dicen lo que hacemos. Otras oraciones dicen lo que **no** hacemos. Esas oraciones llevan la palabra **no** delante del verbo. Son **oraciones negativas.**

No tengo hambre.
No quiero comer.

Cambia la oración a lo opuesto. **Escríbela.**

1. Las cigarras se divierten.

____

2. Las hormigas buscan comida.

____

3. Yo no tengo frío.

____

4. Me gusta el verano.

____

Di otras oraciones negativas con la palabra **no.**

Actividad para la casa Su niño o niña estudió las oraciones negativas. Lean juntos un cuento y busquen las oraciones que contengan la palabra *no*. Luego, señale una oración afirmativa y pídale que añada la palabra *no* para convertirla en negativa.

Nombre ___________________________

Red de ideas

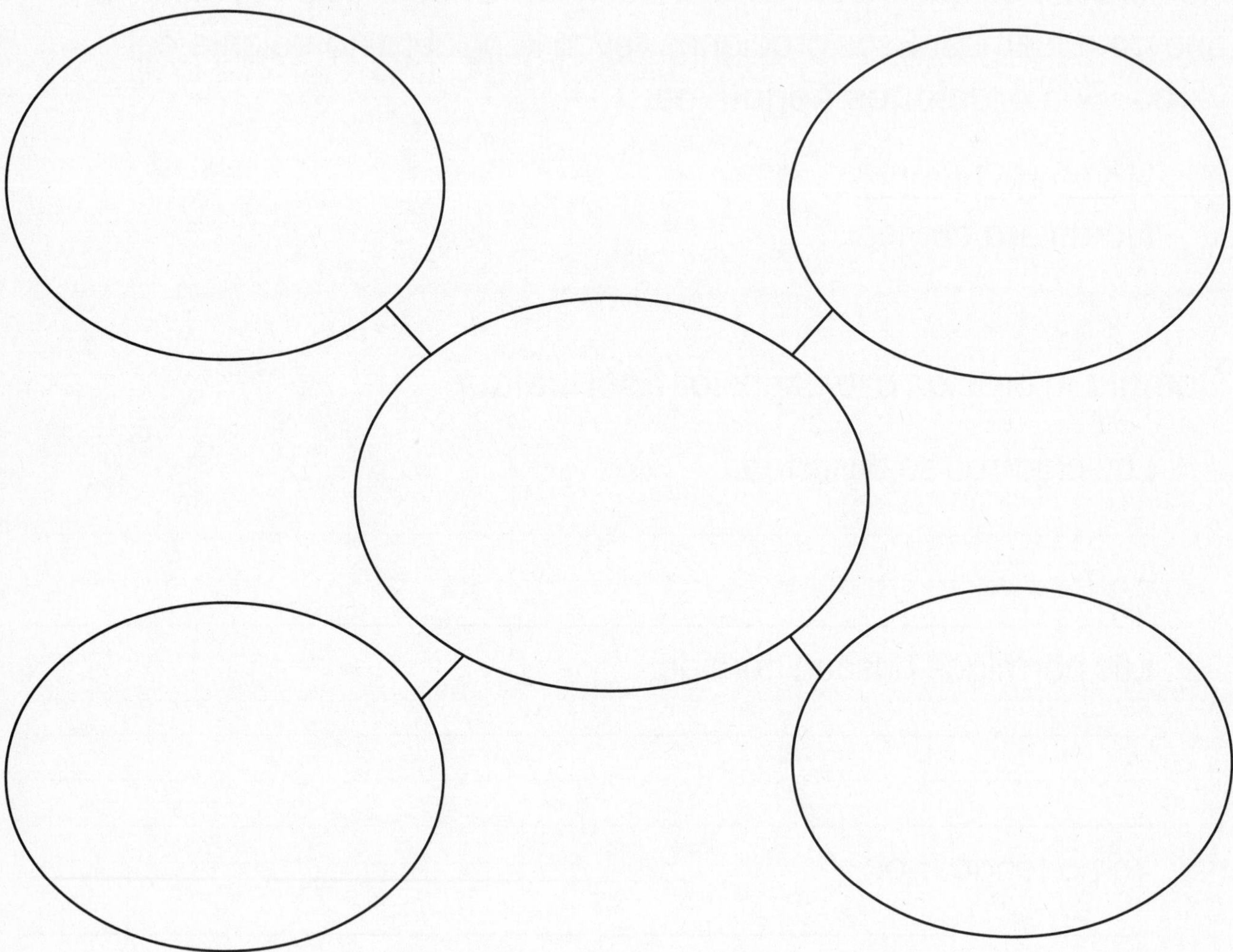

Nombre ______________________

Ü ü

Copia las palabras. Inclina todas las letras de la misma manera.

cigüeña ______ vergüenza ______

agüero ______ antigüedad ______

pingüino ______ zarigüeya ______

agüita ______ desagüe ______

güero ______ lengüeta ______

bilingüe ______ halagüeño ______

lingüista ______ ungüento ______

trilingüe ______ paragüero ______

¿Inclinaste todas las letras de la misma manera? Sí No

Escuela + Hogar

Actividad para la casa Su niño o niña ha practicado la escritura de palabras con *güe, güi.* Léale cinco palabras de la lista y pídale que las escriba en una hoja de papel aparte.

Nombre ________________________________

Daniel preguntó a sus compañeros de clase sobre los animales que les gustan más. Con la asistencia de tu maestro, usa las respuestas de sus compañeros de clase para ayudar a Daniel a completar la pictografía.

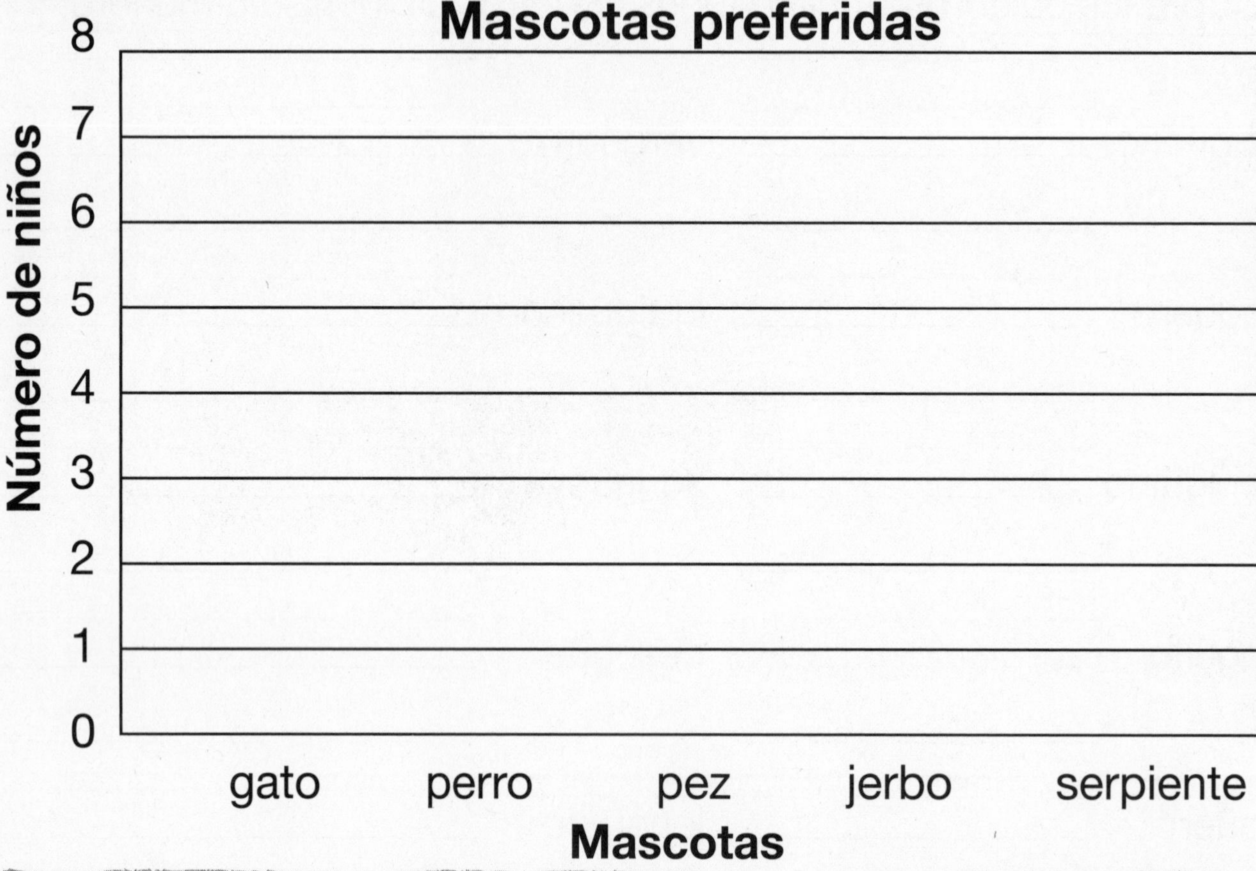

1. A ocho compañeros de clase les gustan más los gatos. **Dibuja** ocho gatos en la pictografía.
2. A siete compañeros de clase les gustan más los perros. **Dibuja** siete perros en la pictografía.
3. A tres compañeros de clase les gustan más los peces. **Dibuja** tres peces en la pictografía.
4. A cinco compañeros de clase les gustan más los jerbos. **Dibuja** cinco jerbos en la pictografía.
5. A un compañero de clase le gusta más la serpiente. **Dibuja** una serpiente en la pictografía.

Actividad para la casa Su niño o niña ha aprendido a leer una pictografía. Hagan juntos una pictografía que muestre información sobre su familia, por ejemplo, las comidas preferidas de cada miembro de la familia.

Según averigüé, la abuela dijo:
—Es halagüeño que mi nieto aprecie las antigüedades.

Cuento de fonética Casi rompo el paragüero
Destrezas clave Grupo consonántico *pr*; sílabas *güe, güi*

Nombre ____________

Casi rompo el paragüero

Grupo consonántico *pr*	Sílabas *güe, güi*	Palabras de uso frecuente	
aprecie	antigüedad	de	me
Prada	antigüedades	dijo	no
precio	averigüe	es	por
primos	halagüeño	familia	soy
siempre	paragüero	los	una
	pedigüeño		

Me llevé por delante el paragüero. Es una antigüedad que no tiene precio.

Es un recuerdo de los primos Prada,
la familia de mi papá.
Así dice mi abuela.

Siempre pido que me lo regalen.
Papá dice que soy pedigüeño.

Nombre ______________________________

Palabras con *pr* y con *güe, güi*

Palabras de ortografía				
prados	pingüino	princesa	pronto	prisa
primo	cigüeña	vergüenza	bilingüe	agüita

Escribe la palabra de ortografía.

1. La _____ lleva una corona. ______________

2. Date _____ o llegaremos tarde. ______________

3. El _____ vive en el Polo Sur. ______________

4. Éste es un libro _____. ______________

5. La _____ vuela alto. ______________

6. Si corre, llegará _____. ______________

7. Saluda a tu _____. ______________

8. ¡Qué _____! ______________

Actividad para la casa Su niño o niña ha completado oraciones con las palabras de ortografía. Pídale que escriba otras oraciones usando estas palabras.

Nombre ______________________

Palabras para decir que no

Escribe una oración negativa sobre cada estación del año.
Usa la palabra *no* en cada una de ellas.

Invierno

____

Primavera

____

Verano

____

Otoño

____

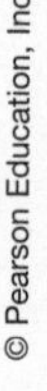

Actividad para la casa Su niño o niña aprendió a usar oraciones negativas al escribir. Escriba en un papel las oraciones siguientes: *Me gusta el invierno, Los días son largos, En verano estoy triste* y *Vamos a pasear en otoño*. Pídale a su niño o niña que las convierta en oraciones negativas.

Nombre ______________________________

Palabras con *pr* y con *güe, güi*

Palabras de ortografía				
prados	pingüino	princesa	pronto	prisa
primo	cigüeña	vergüenza	bilingüe	agüita

Escribe *pr*, *güe* o *güi* en los espacios en blanco para formar palabras.

1. __ __imo
2. ver__ __enza
3. __ __isa
4. __ __onto
5. a__ __ita
6. bilin__ __e
7. __ __ados
8. pin__ __ino
9. ci__ __ __ña
10. __ __incesa

Actividad para la casa Su niño o niña está aprendiendo a escribir palabras con *pr* y con *güe, güi*. Juegue con su niño o niña lanzando una moneda sobre la hoja. Pídale que escriba una oración con la palabra más cercana a la moneda.

Nombre ______________________________

Palabras para decir que no

Marca la oración negativa.

1 ⬭ Los días son largos.
⬭ Los días son cortos.
⬭ Los días no son largos.

2 ⬭ El mapache no duerme todo el invierno.
⬭ El mapache duerme todo el invierno.
⬭ El mapache pasea en invierno.

3 ⬭ El oso sale de su cueva.
⬭ El oso no sale de su cueva.
⬭ El oso duerme en su cueva.

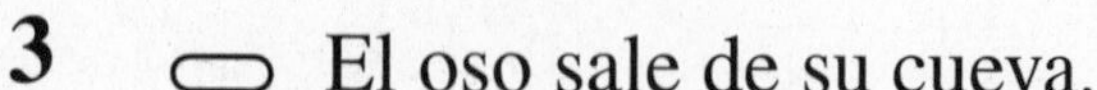

4 ⬭ Las ardillas tienen frío.
⬭ Las ardillas están en el árbol.
⬭ Las ardillas no tienen frío.

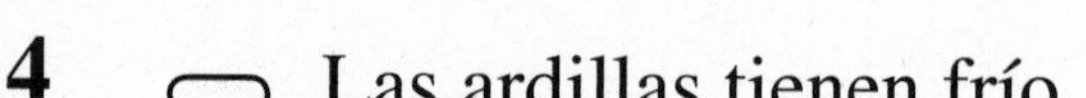

5 ⬭ Los gansos se van.
⬭ Los gansos no se van.
⬭ Los gansos vuelan alto.

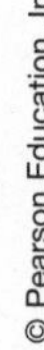

Actividad para la casa Su niño o niña aprendió a usar las oraciones negativas. Lean juntos un artículo del periódico. Túrnense a buscar oraciones negativas y subrayarlas.

Nombre ______________________

Escoge una palabra de la caja para cada dibujo.
Escribe la palabra en la línea.

almendra	cocodrilo	padre	ladra	cuadro	dragón

1. 

2. 

3. 

4. 

5. 

6. 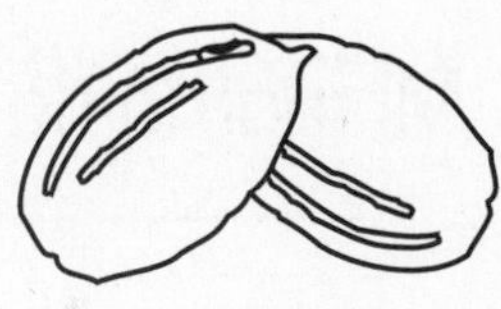

Haz un dibujo para cada palabra.

7. padrino

8. madrugar

Actividad para la casa: Su niño o niña ha identificado el grupo consonántico *dr*. Pídale que escriba todas las palabras con *dr* que hay en esta página y que forme oraciones con ellas.

Nombre ______________________________

Escoge una palabra del recuadro para completar cada oración. **Escribe** la palabra en la línea. Para una pista, **ve** el grupo de letras de al lado.

fiesta	**martes**	**sábado**
hermano	**jueves**	

1. El ____________________ es mi cumpleaños. **doásab**

2. Faltan cuatro días porque hoy es ____________________. **tasmre**

3. Mi mamá hará una torta el ____________________. **esujve**

4. Mi ____________________ preparará las decoraciones. **moarhne**

5. Tú estás invitado a mi ____________________. **taseif**

Actividad para la casa: Su niño o niña ha aprendido a leer las palabras *fiesta, martes, sábado, hermano, jueves*. Escriban juntos una obra de teatro en la que usen estas palabras. Pida a su niño o niña que lea los diálogos varias veces. Hagan marionetas con bolsas de papel y representen la obra con su niño o niña diciendo los diálogos.

Nombre ______________________________

Mira el dibujo.
Encierra en un círculo la oración que describe el dibujo.

1. 

Julia construye una casita para su papá.

Papá construye una casita para Julia.

2. 

Ellos trabajan en un jardín.

Las flores crecen en los jardines.

3. 

Estamos cantando en la obra de teatro.

Los niños preparan el escenario para la obra.

4. 

Tomás es un buen corredor.

Tomás es un buen amigo.

Escribe una oración sobre el dibujo.

5. 

____

____

Escuela + Hogar **Actividad para la casa:** Su niño o niña ha sacado conclusiones a partir de un dibujo. Miren juntos un cuento. Cubra el texto del cuento con un papel. Anime a su niño o niña a que le hable sobre el cuento usando sólo las ilustraciones.

Nombre ______________________________

Querido Ken:

¡Ya casi es tu cumpleaños!
¿Qué regalo te gustaría?
¿Prefieres que sea una sorpresa?
Mamá me llevará a tu fiesta.
Te llevaré mi regalo.
Espero que te guste.

Tu amiga,
Jill

Aspectos principales de una carta amistosa

- La carta fue escrita para alguien a quien el escritor conoce.
- La carta tiene un saludo y una despedida cortés.

Nombre ______________________

Escoge una palabra de la caja para cada dibujo.
Escribe la palabra en la línea.

frutas	frijol	frente	cofre	frazada	fresa

1. 

2. 

3. 

4. 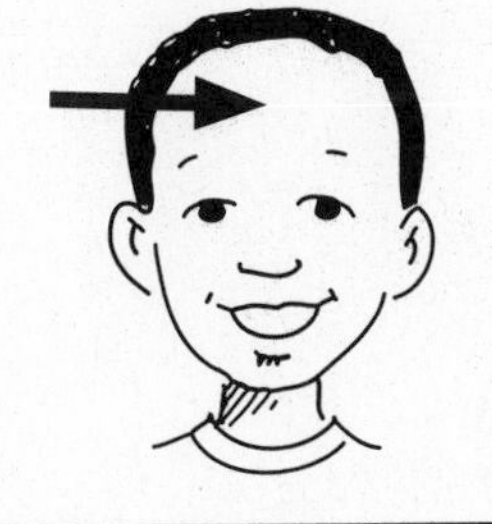

5. 

6. 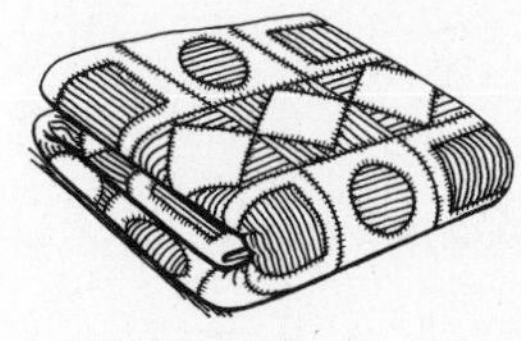

Haz un dibujo para cada palabra.

7. frágil

8. disfrutar

Actividad para la casa: Su niño o niña ha identificado el grupo consonántico *fr*. Escriban en una lista todas las palabras que recuerden con *fr*. Luego, por turnos, formen oraciones en las que usen el mayor número de palabras posibles.

Nombre ______________________________

Palabras con *dr* y con *fr*

Palabras de ortografía				
padrino	cidra	drama	dragón	madre
frutilla	frasco	cofre	frescas	frito

Escribe las palabras en orden alfabético.

drama frasco cidra dragón

1. ______________ 2. ______________

3. ______________ 4. ______________

Traza una línea de la palabra a su figura. **Escríbela.**

cofre

frito

madre

frutilla

5. ______________ 6. ______________

7. ______________ 8. ______________

Actividad para la casa Su niño o niña escribió palabras con *dr* y con *fr*. Pídale que encierre en un círculo *dr* y *fr* en las palabras de ortografía y escriba las palabras.

Nombre ___________________________

Adjetivos

Un **adjetivo** dice algo sobre una persona, un lugar, un animal o una cosa.

mujer **contenta**

ciudad **grande**

perro **joven**

regalo **lindo**

Encierra en un círculo el adjetivo. **Cópialo** en la raya.

1. piñata llena ____________________

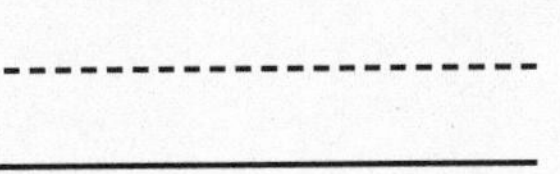

2. focos prendidos ____________________

3. burritos calientes ____________________

4. mensajes secretos ____________________

Di una oración con cada adjetivo.

Escuela + Hogar **Actividad para la casa** Su niño o niña estudió los adjetivos. Lean juntos un cuento. Señale una oración y pídale que identifique los adjetivos que contiene. Siga con otras oraciones.

Nombre ______________________

Red

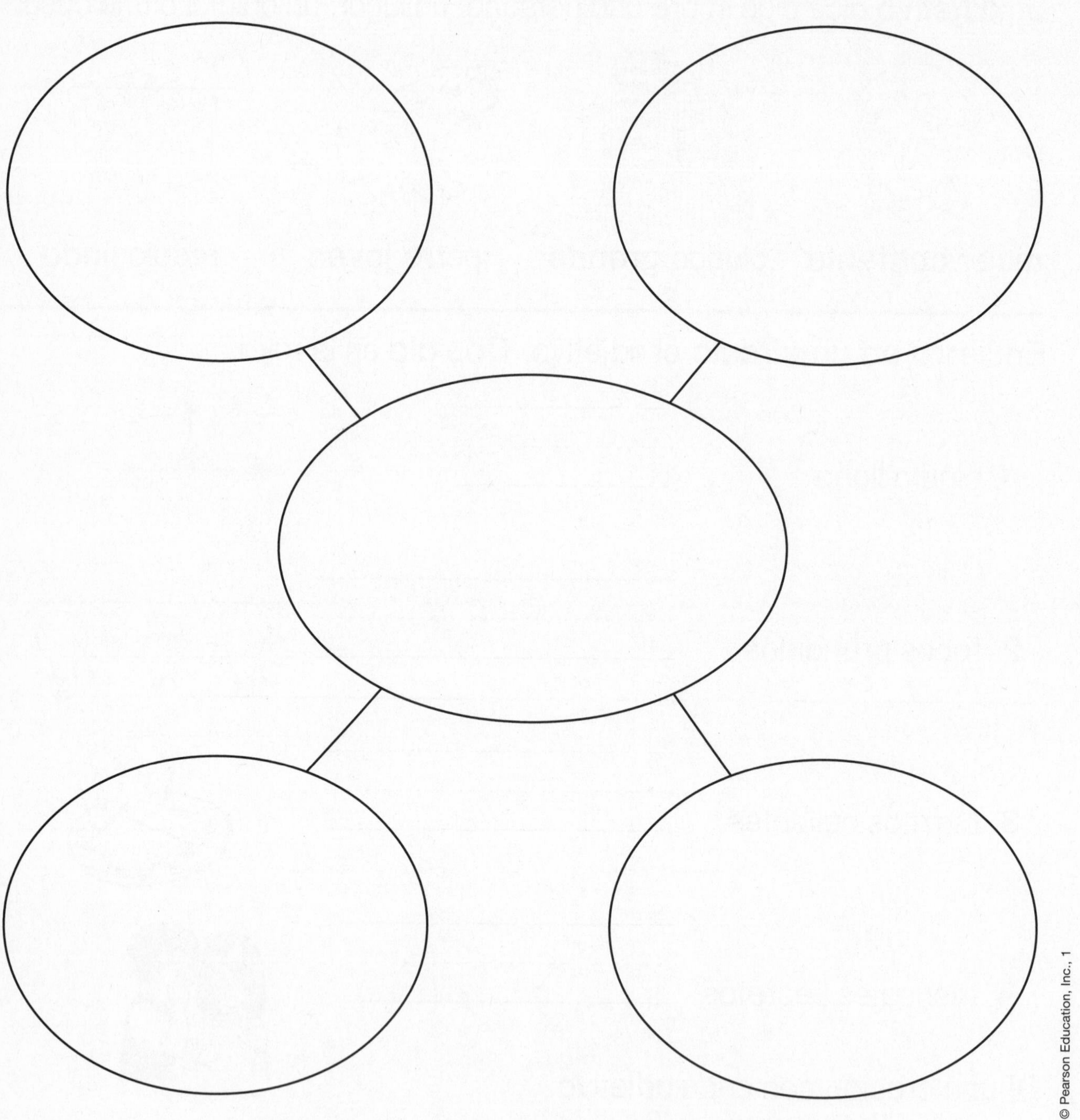

Nombre ______________________

Dr dr   Fr fr

Copia las palabras. Escribe las letras en el tamaño correcto.

drama	______	padrino	______
fruta	______	frito	______
Drusila	______	cuadro	______
freno	______	frotar	______
madre	______	cuadrilla	______
cofre	______	fragancia	______
Franco	______	comadre	______
dragón	______	Froilán	______

¿Escribiste todas las letras en el tamaño correcto? Sí  No

Actividad para la casa Su niño o niña ha practicado la escritura de palabras con *Dr, dr; Fr, fr*. Pídale que lea y copie la siguiente oración: *Franco frota el cuadro de su madre.*

Nombre ________________________

Gus quiere averiguar sobre las diferentes comidas que se preparan para las celebraciones.

Mira los dibujos. **Responde** cada pregunta.

1. Gus quiere averiguar cómo se preparan los tacos. ¿A quién debe entrevistar?

2. Gus quiere averiguar qué tipo de comida preparan diferentes familias en sus celebraciones. ¿A quién debe entrevistar?

3. Escribe una pregunta para la entrevista que Gus podría hacerle al chef.

4. Escribe una pregunta para la entrevista que Gus podría hacerles a sus compañeros de clase.

Actividad para la casa Su niño o niña aprendió a recopilar información mediante entrevistas a las personas. Comente con su niño o niña las tradiciones especiales que su familia tiene para distintas celebraciones. Pídale que escriba dos preguntas para una entrevista a un miembro de su familia sobre las celebraciones y tradiciones.

La comadreja Frida sale
de su escondite.
¡El pan le gusta aún más
que jugar a las escondidas!

Cuento de fonética La comadreja Frida
Destrezas clave Grupo consonántico *dr*; grupo consonántico *fr*

Nombre ____________________

La comadreja Frida

Grupo consonántico *dr*	Grupo consonántico *fr*	Palabras de uso frecuente	
comadreja	disfruta	De	qu
madriguera	Frida	él	se
saldrá	frutas	está	si
		la	su
		no	ve

La comadreja Frida
disfruta de jugar a las escondidas.

Frida se esconde en su madriguera.
Sólo saldrá si su hermano la ve.
Pero él no está jugando.

—Fridaaaa, ¿dónde estás?
Mamá Comadreja ha preparado
un pan de frutas. Mmmm, ¡qué
rico pan!

Nombre ______________________

Palabras con *dr* y con *fr*

Palabras de ortografía				
padrino	cidra	drama	dragón	madre
frutilla	frasco	cofre	frescas	frito

Escribe la palabra de la lista de ortografía que falta para completar la oración.

1. El vinagre de ______________ se usa en ensaladas.
2. Juan hizo un ______________ al caerse de la cama.
3. El ______________ vuela sobre la cuadra.
4. Fui con mi ______________ a jugar al parque.
5. Mi ______________ me regaló un oso de peluche.
6. La abuela guarda sus fotos en un ______________.
7. Pon las frambuesas en el ______________.
8. Las manzanas estaban ______________.

Escuela + Hogar

Actividad para la casa Su niño o niña ha completado oraciones con las palabras de ortografía. Pídale que escriba un cuento con algunas palabras de ortografía.

Nombre ______________________

Adjetivos

Completa cada oración con un adjetivo del recuadro. **Escríbelo** en la raya.

verdes	afiladas	suave

1. Mi gato tiene el pelo ______________.

2. Tiene los ojos ______________.

3. Mira sus garras ______________.

Escribe sobre algo que te gusta.
Usa adjetivos para describirlo.

Escuela + Hogar **Actividad para la casa** Su niño o niña aprendió a usar adjetivos al escribir. Túrnense para describir la ropa que llevan. Pídale que identifique los adjetivos que usen en sus descripciones.

Nombre ____________________

Palabras con *dr* y con *fr*

Palabras de ortografía				
padrino	cidra	drama	dragón	madre
frutilla	frasco	cofre	frescas	frito

Subraya las palabras con *dr* y con *fr*. **Escribe** las palabras.

En este drama un perro le ladra a un dragón.

1. ____________________

2. ____________________

Pon la fruta en el frasco para que esté fresca.

3. ____________________

4. ____________________

Mi madre se fue a ver un drama con mi padre.

5. ____________________

6. ____________________

Encierra en un círculo la palabra que está bien escrita.

7. padrino padrrino
8. frutiya frutilla
9. fryto frito
10. cofre cofrre

Actividad para la casa Su niño o niña está aprendiendo a escribir palabras con *dr* y con *fr*. Ayúdele a escribir palabras que rimen con algunas de las palabras de ortografía.

Nombre ______________________

Adjetivos

Marca la oración que tiene una raya debajo del adjetivo.

1. ○ Nana lee un libro divertido.
   ○ Nana lee un libro divertido.
   ○ Nana lee un libro divertido.

2. ○ Mamá le dio un abrazo fuerte.
   ○ Mamá le dio un abrazo fuerte.
   ○ Mamá le dio un abrazo fuerte.

3. ○ Francisco hizo una piñata grande.
   ○ Francisco hizo una piñata grande.
   ○ Francisco hizo una piñata grande.

4. ○ Comieron tortillas calientes.
   ○ Comieron tortillas calientes.
   ○ Comieron tortillas calientes.

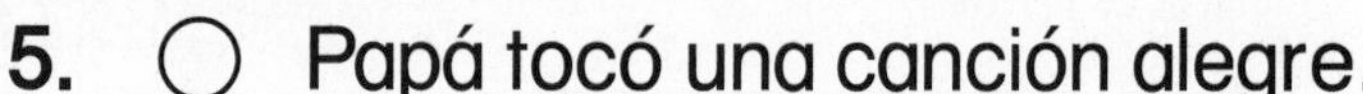

5. ○ Papá tocó una canción alegre.
   ○ Papá tocó una canción alegre.
   ○ Papá tocó una canción alegre.

Escuela + Hogar **Actividad para la casa** Su niño o niña aprendió a identificar los adjetivos. Lean juntos un artículo sencillo de una revista o un periódico. Pídale que subraye todos los adjetivos que encuentre.

Nombre ______________________

Escoge una de las palabras del recuadro para completar la oración. **Escribe** la palabra en la línea.

trineo	letra	trabajo	tren	sastra	potro	truco

1. Mónica está en el ______________.

2. El ______________ corre por el prado.

3. El mago hizo el ______________ del conejo.

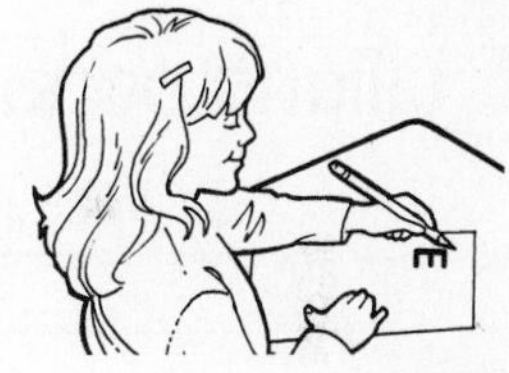

4. Elisa escribe la ______________ de su nombre.

5. Me gusta viajar en ______________.

6. Lina y Patri montan en un ______________.

7. La ______________ cose un traje.

Actividad para la casa Su niño o niña ha identificado las sílabas con *tr*. Por turnos, digan, todas las palabras que conozcan con estas sílabas y pida a su niño o niña que las escriba en un papel. Luego, formen oraciones usando tantas palabras de la lista como puedan.

Nombre ______________________

Escoge una palabra del recuadro para completar cada oración.
Escribe la palabra en la línea.

antes línea lápiz verde nombre

1. Voy a dibujar una casa ______________.

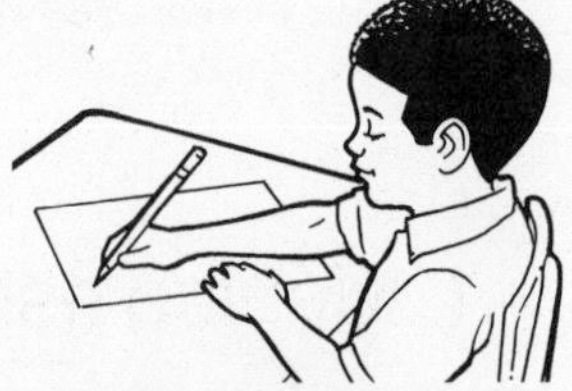

2. Hay que lavarse las manos ______________ de comer.

3. Liliana pone su ______________ en su casillero.

4. La artista hace un dibujo con ______________.

5. Espero mi turno detrás de la ______________.

Actividad para la casa: Su niño o niña ha aprendido a leer las palabras *antes, línea, lápiz, verde* y *nombre*. Pida a su niño o niña que invente una oración usando cada una de estas palabras. Escriba la oración en un papel. Luego, pídale que le lea las oraciones.

Nombre ______________________________

Lee el cuento. **Sigue** las instrucciones.

Un día, Penny y su mamá fueron a Plaza Este. Mamá quería comprar unos *jeans* para Penny. La Plaza Este era un centro comercial grande. Penny y su mamá pasaron mucho tiempo caminando de tienda en tienda. Penny quería regresar a casa. Pero su mamá quería visitar otra tienda. Al fin compraron los *jeans* para Penny. Luego regresaron a casa. Penny entró primero. ¡Vio cadenas de papel por todos lados! Vio un pastel. Sus amigos salieron y gritaron: "¡Sorpresa, Penny!"

1. **Encierra en un círculo** la idea principal del cuento.

   Penny y su mamá caminaron en un centro comercial grande.

   Los amigos de Penny le hicieron una fiesta sorpresa.

2. **Encierra en un círculo** por qué la mamá pasó mucho tiempo en la tienda.

   Quería que los amigos de Penny llegaran antes que Penny.

   Ella quería pasar mucho tiempo con Penny ese día.

3. Escribe un título para este cuento. ______________________________

   ____

4. Vuelve a contar el orden de los sucesos del texto, haciendo alusión a las palabras que se usan en el cuento.

Actividad para la casa Su niño o niña identificó el tema—la idea principal—de un cuento. Vuelva a leer el cuento con su niño o niña. Ayúdele a identificar las oraciones del cuento que le ayudaron a identificar la idea principal.

Nombre ___________________________

Querida Ema:

Mi hermano mayor juega al fútbol. Va a dar una lección gratis de fútbol a los niños. Por favor asiste a la lección. Será en mi casa el 20 de abril a las 3:00 p.m. Espero que puedas venir.

Tu amiga,

Kat

Aspectos principales de la invitación

- Una invitación convida a las personas a asistir a un evento.
- Una invitación dice información importante acerca del evento.

Nombre ________________________

Escoge una de las palabras del recuadro para completar la oración. **Escribe** la palabra en la línea.

gripe	ogro	lágrimas	grande	grillo	granos	alegre

1. La ballena es un animal muy ____________.

2. El niño tiene ____________ en los ojos.

3. La paloma come ____________ de trigo.

4. Mariano está enfermo con ____________.

5. Graciela mira el ____________ con la lupa.

6. El bebé está muy ____________.

7. El cuento trata de un ____________ bueno.

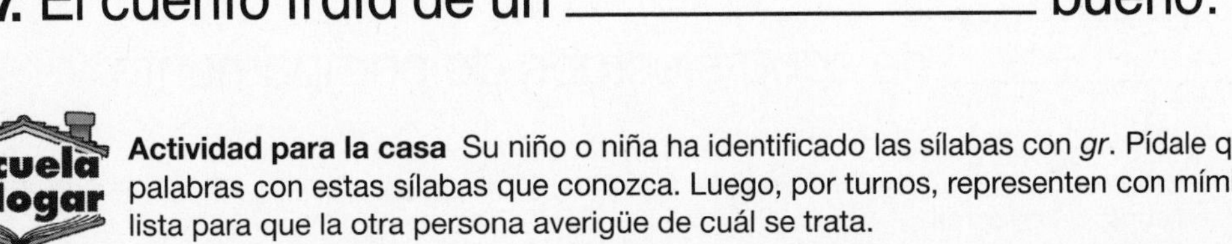

Actividad para la casa Su niño o niña ha identificado las sílabas con *gr*. Pídale que escriba todas las palabras con estas sílabas que conozca. Luego, por turnos, representen con mímica una palabra de la lista para que la otra persona averigüe de cuál se trata.

Nombre ______________________

Palabras con *tr* y con *gr*

Palabras de ortografía				
trazar	trigo	letra	potro	triste
grande	grito	negro	tigre	grupo

Escribe dos palabras de ortografía que tengan el sonido *tr* o *gr* del dibujo.

1. ______________
2. ______________
3. ______________
4. ______________

Escribe las palabras que faltan.

Palabras de ortografía	
trazar	grande
triste	grupo

5. Hay que ______________ muchas líneas.
6. La bola era ______________.
7. El niño estaba ______________.

8. El ______________ de scouts estaba de campamento.

Actividad para la casa Su niño o niña escribió palabras con *tr* y con *gr*. Ayúdelo a encontrar palabras que rimen con las palabras de ortografía.

Nombre ______________________________

Adjetivos: Color y forma

Algunos **adjetivos** dicen de qué **color** son las cosas.

crayón **blanco**

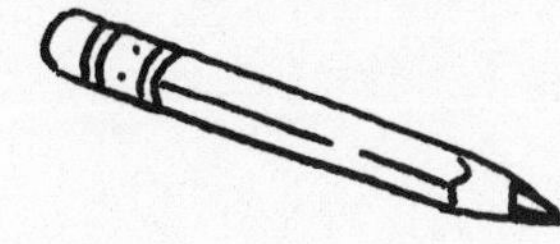

lápiz **negro**

Otros adjetivos dicen qué **forma** tienen.

papel **cuadrado**

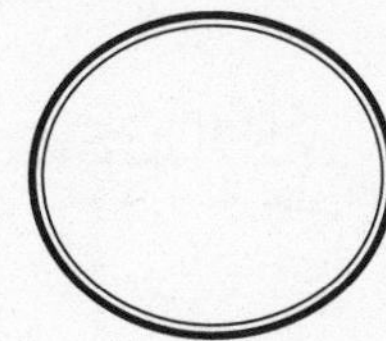

marco **redondo**

El sustantivo y el adjetivo concuerdan.

Encierra en un círculo el adjetivo que dice el color o la forma en cada oración. **Di** otra oración con cada adjetivo.

1. Berta tiene rotuladores azules.
2. Rosa tiene rotuladores verdes.
3. Berta hace círculos redondos.
4. Rosa dibuja cajas cuadradas.
5. Berta agrega puntos rojos.

Escuela + Hogar **Actividad para la casa** Su niño o niña estudió los adjetivos que describen colores y formas. Señale objetos que vea en la casa y pídale que los describa con adjetivos que indiquen sus formas y colores.

Nombre ___________________________

Organizador gráfico

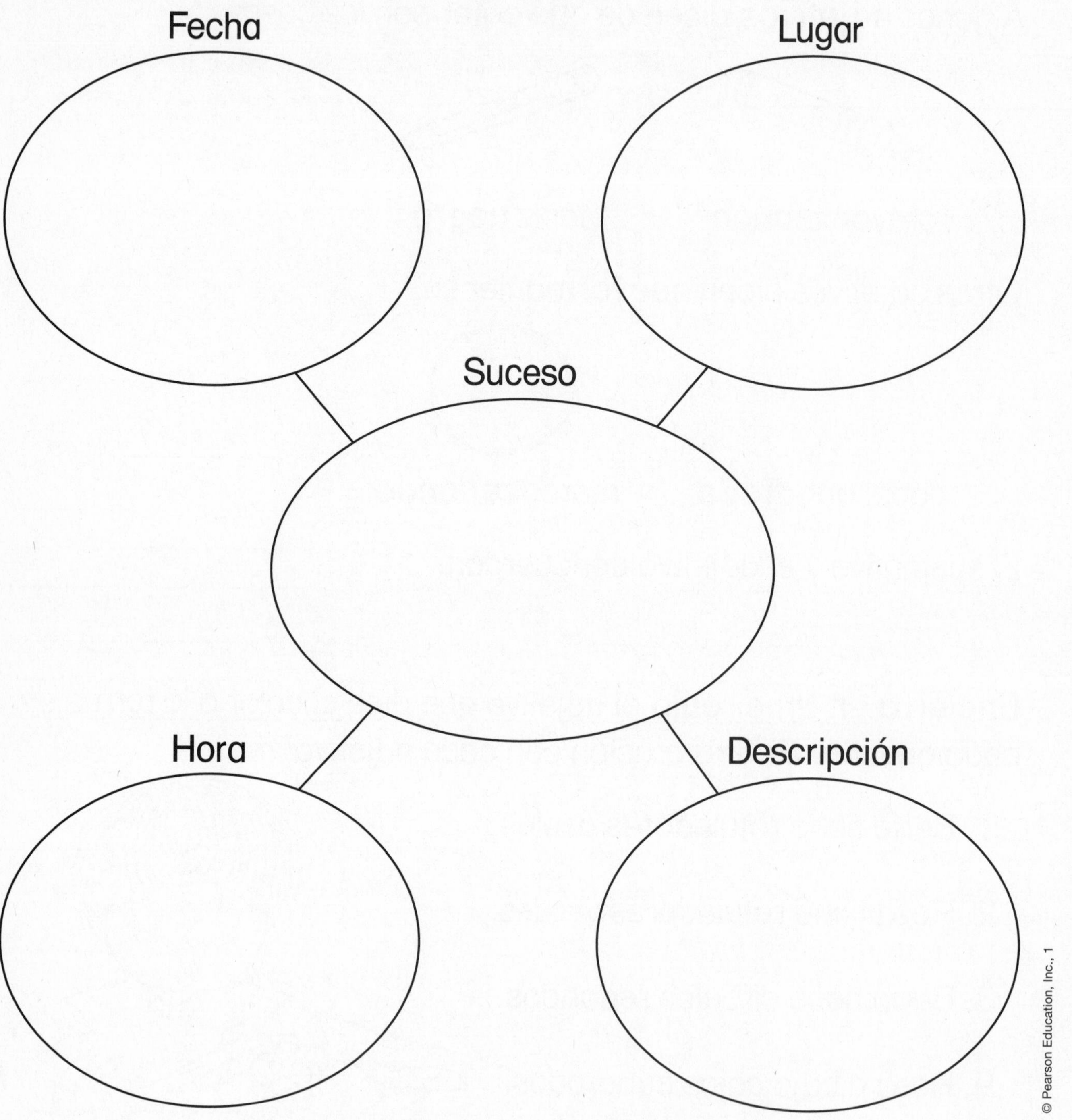

Nombre ____________________

Tr tr Gr gr

Copia las palabras. Deja el espacio correcto entre las letras.

grande ____________________ trigo ____________________

trotar ____________________ gruta ____________________

grillo ____________________ trampa ____________________

triste ____________________ mugre ____________________

Gracia ____________________ otro ____________________

actriz ____________________ grulla ____________________

trapo ____________________ Trevi ____________________

ogro ____________________ grupo ____________________

¿Dejaste el espacio correcto entre las letras? **Sí** **No**

Actividad para la casa Su niño o niña ha practicado la escritura de palabras con *Gr, gr; Tr, tr*. Pídale que elija tres palabras de la lista, haga un dibujo de lo que representan y rotule el dibujo.

Nombre ______________________________

Con la ayuda de tu maestro, **usa** la tabla para responder a las preguntas y presentar visualmente los resultados de la investigación.

Cuentos favoritos	
Ricitos de oro	~~IIII~~
Los tres cerditos	IIII
Caperucita roja	III
La tortuga y la liebre	II
Los cabritos gruñones	

~~IIII~~ = 5

1. ¿Qué cuento les gustó más a cinco niños?

____

2. ¿Qué cuento les gustó a más niños: **Los tres cerditos** o **La tortuga y la liebre**?

____

3. A seis niños les gustó más *Los cabritos gruñones*. Muestra esta información en la tabla.

4. ¿Cuáles son las frases recurrentes como "Había una vez" en estos cuentos? ¿Qué función tienen?

Actividad para la casa Su niño o niña usó una tabla para buscar información, responder a preguntas y anotar los resultados de una investigación. Hagan juntos una tabla para mostrar las tareas que cada miembro de la familia hace en casa. Pida a su niño o niña que complete la tabla cuando estén completas las tareas.

Logramos llegar a Los Trigales.
Desde mi hamaca miro el campo.
¡Qué tranquilidad estar en la hamaca!

Cuento de fonética Camino a Los Trigales
Destrezas clave Grupo consonántico *tr*; grupo consonántico *gr*

Nombre ____________

Camino a Los Trigales

Grupo consonántico *tr*		Grupo consonántico *gr*	Palabras de uso frecuente	
atrás	tres	gran	con	los
trapiche	Trigales	Granada	de	que
tréboles	troncos	Gruño	donde	se
trepar		logramos	está	un
			gran	voy

Voy a Los Trigales
con mi tía Granada.
Atrás va mi perro Gruñón.

Tenemos que trepar un gran cerro.
Vemos tréboles verdes de tres hojas.

Vemos un trapiche donde
se hace azúcar.
Está lleno de troncos de caña.

Nombre ______________________

Palabras con *tr* y con *gr*

Palabras de ortografía				
trazar	trigo	letra	potro	triste
grande	grito	negro	tigre	grupo

Escribe las letras que faltan para formar la palabra. **Lee** las palabras en voz alta.

1. El pantalón me quedó **gran**__ __. ________
2. Tengo un __ __**gre** de peluche. ________
3. De la yegua nace el __ __**tro**. ________
4. Fui al cine con un **gru**__ __ de amigos. ________
5. El pan se hace con harina de **tri**__ __. ________
6. Samuel dio un **gri**__ __ del susto. ________
7. El pelo de mi gata es __ __**gro**. ________
8. Yo escribo con buena __ __**tra**. ________

Actividad para la casa Su niño o niña ha completado estas oraciones con las palabras de ortografía. Léale una oración de esta página y pídale que deletree la palabra de ortografía.

Nombre ________________________

Adjetivos: Color y forma

Colorea los cuadrados y los círculos.

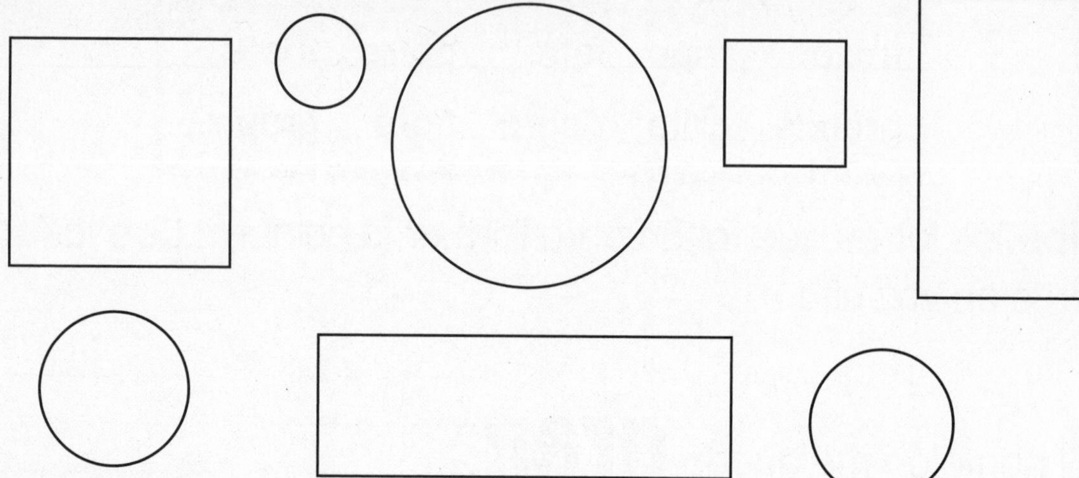

Escribe sobre el dibujo.
Usa palabras que describen el color y la forma.

Actividad para la casa Su niño o niña aprendió a usar adjetivos que describen colores y formas al escribir. Escriba el siguiente modelo de oración en un papel: *El pájaro ___ vuela*. Pídale a su niño o niña que escriba adjetivos de colores para completar el modelo de distintas maneras.

Nombre ______________________

Palabras con *tr* y con *gr*

Escribe palabras de ortografía en el crucigrama.

Palabras de ortografía
trazar
trigo
letra
potro
triste
grande
grito
negro
tigre
grupo

Horizontales

2. dibujar una línea
4. Con su harina se hace pan.
6. un color

Verticales

1. caballo pequeño
3. animal salvaje
5. Doy un alarido.

1. 5. 2.3. 4. 6.

Tacha las letras w y k. **Combina** las letras que quedan para formar palabras. **Escribe** las palabras y léelas.

7. t w r k i w s w t k e ____________

8. l w e k t k r k a ____________

9. g k r w a k n w d k e ____________

10. g w r k u w p k o ____________

Actividad para la casa Su niño o niña está aprendiendo a escribir palabras con *tr* y con *gr*. Pídale que lea y escriba las tres palabras de ortografía que le parezcan más difíciles.

Nombre ______________________________

Adjetivos: Color y forma

Marca la oración que tiene una raya debajo del adjetivo.

1
- ⬭ Dibujaré <u>flores</u> amarillas.
- ⬭ Dibujaré flores <u>amarillas</u>.
- ⬭ <u>Dibujaré</u> flores amarillas.

2
- ⬭ Paula <u>dibuja</u> soles redondos.
- ⬭ <u>Paula</u> dibuja soles redondos.
- ⬭ Paula dibuja soles <u>redondos</u>.

3
- ⬭ Pinta flores <u>rojas</u>.
- ⬭ Pinta <u>flores</u> rojas.
- ⬭ <u>Pinta</u> flores rojas.

4
- ⬭ <u>Corta</u> papel color café.
- ⬭ Corta papel color <u>café</u>.
- ⬭ Corta <u>papel</u> color café.

5
- ⬭ Óscar pinta un <u>cartón</u> cuadrado.
- ⬭ Óscar <u>pinta</u> un cartón cuadrado.
- ⬭ Óscar pinta un cartón <u>cuadrado</u>.

Actividad para la casa Su niño o niña se preparó para tomar un examen sobre adjetivos que describen colores y formas. Lean juntos un libro. Pídale que señale los adjetivos que describen colores y formas.

Nombre ______________________________

Elige una palabra de la caja para completar cada oración.
Escribe la palabra en la línea.

blancos	habla	biblioteca	blusa
dobla	amable	pueblo	

1. Mi profesora es muy ____________________.

2. Valentina lleva unos libros a

la ____________________.

3. Pablo ____________________ el papel por la mitad.

4. Mi hermana ____________________ por teléfono.

5. Los osos polares son ____________________.

6. Yo vivo en un ____________________ muy pequeño.

7. Juanita compra una ____________________ nueva.

Actividad para la casa: Su niño o niña ha identificado las sílabas con *bl*. Escriban todas las palabras con *bl* suave que recuerden y pida a su niño o niña que use todas las que pueda en un cuento corto. Escriba el cuento tal y como se lo cuente. Pídale que ilustre su cuento.

Nombre ______________________________

Elige una palabra del recuadro para completar cada oración.
Escribe la palabra en el crucigrama.

estoy año dice ellos clase

1. ______ descansan en el sofá.

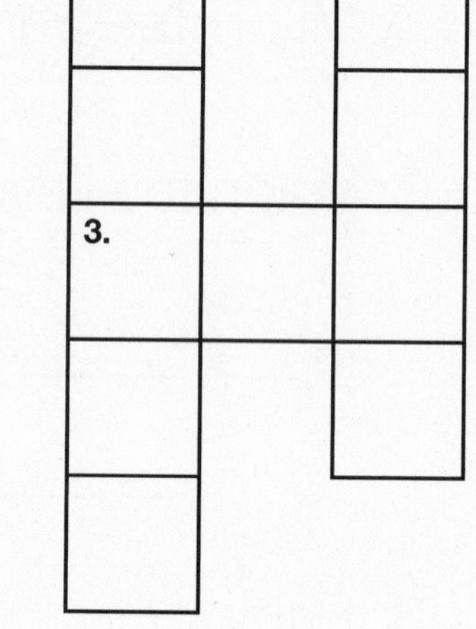

2. Los niños están en ______ de matemáticas.

3. El ______ tiene doce meses.

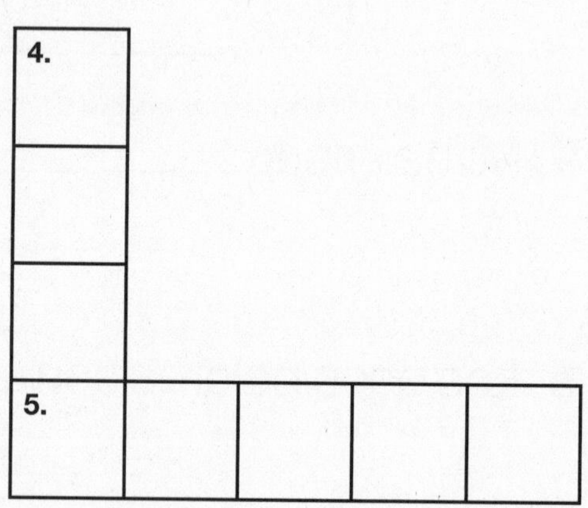

4. Papá ______ que pescamos bien.

5. Yo ______ leyendo.

Actividad para la casa: Su niño o niña ha aprendido a leer las palabras *ellos, clase, año, dice* y *estoy*. Usen marionetas hechas con una media para representar un cuento en el que usen estas palabras. Ayude a su niño o niña a escribir el cuento que inventen.

Nombre ______________________

Lee las oraciones.
Encierra en un círculo las oraciones que son hechos y no opiniones.

1. El presidente es el líder de nuestro país.

Washington, D.C. es un lugar interesante.

La Constitución de Estados Unidos es el plan de gobierno del país.

Los niños están más contentos por el día que por la noche.

Las leyes son normas que cumplimos.

2. **Escribe** dos hechos sobre la lectura.

Actividad para la casa: Su niño o niña ha aprendido a identificar hechos y opiniones en un texto. Lean juntos un texto y señale los hechos y opiniones.

Nombre ______________________________

La granja

Vamos a la granja en autobús.

Vemos vacas, cerdos y ovejas.

Los faroles nos alumbran con su luz,
un granjero jala parquetes enormes de heno
hasta el granero.

Bienvenidos pero tengan cuidado,
ya es tarde y los animales estan cansados.
Nuestro autobús escolar grande y amarillo apaga
sus luces y se queda tranquilo.

Aspectos principales del poema descriptivo

- La mayoría de los poemas descriptivos son más cortos que un cuento.
- Los versos de un poema descriptivo pueden rimar o no rimar.

Nombre ______________________

Elige una palabra de la caja para completar cada oración.
Escribe la palabra en la línea.

regla glotón arregla jungla
iglú globo inglés

1. Manuel ______________ su bici.

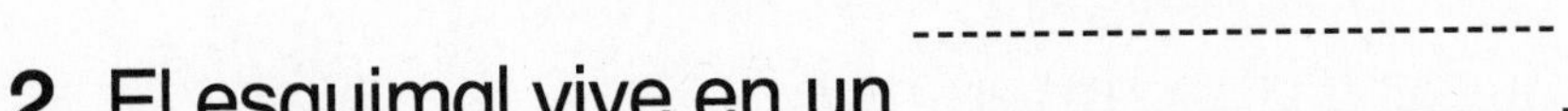

2. El esquimal vive en un ______________.

3. Miguel es un ______________.

4. El explorador está en la ______________.

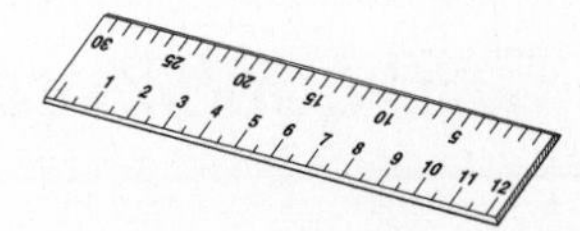

5. Mido el papel con la ______________.

6. Alexia estudia ______________ con una grabadora.

7. Ellos hacen un viaje en ______________.

Actividad para la casa: Su niño o niña ha identificado las sílabas con *gl*. Pídale que haga un dibujo de cada palabra que recuerde con esta sílaba. Luego pídale que rotule cada dibujo con la palabra correspondiente.

Nombre ______________________

Palabras con *bl* y con *gl*

Lee las pistas. **Escribe** la palabra.

Palabras de ortografía
blanca
doblar
blusa
establo
bloque
siglos
reglas
globo
iglú
glotona

Si rima con **banca**
tu camisa es

1. ______________

Si rima con **teclas**
para líneas rectas necesitas

2. ______________

Si rima con **hablar**
tu ropa tienes que

3. ______________

En vez de iglús escribo **"iglos"**
para que rimen con

4. ______________

Escribe la palabra que falta.

5. El caballo está en el ___. ______________

6. Pablito puso otro ___ en su torre. ______________

7. En un ___ vive el esquimal. ______________

8. Mi gata Golosa es una ___. ______________

Actividad para la casa Su niño o niña escribió palabras con *bl* y con *gl*. Pídale que subraye *bl* y *gl* en las palabras de ortografía.

Nombre ___________________________

Adjetivos: Tamaño

Hay **adjetivos** que dicen de qué tamaño son las personas, los animales y las cosas. Los adjetivos como *grande*, *pequeño*, *largo* y *corto* describen el tamaño.

casa **pequeña**

edificio **grande**

Encierra en un círculo el adjetivo que describe el tamaño. **Di** una oración con cada adjetivo.

1. papalote grande
2. cola larga
3. conejo pequeño
4. cola corta
5. planta alta

Escuela + Hogar **Actividad para la casa** Su niño o niña estudió los adjetivos que describen el tamaño. Señale objetos que vea en la casa y pregúntele si cada uno es grande o pequeño, alto o bajo, largo o corto.

Nombre ______________________________

Organizador gráfico

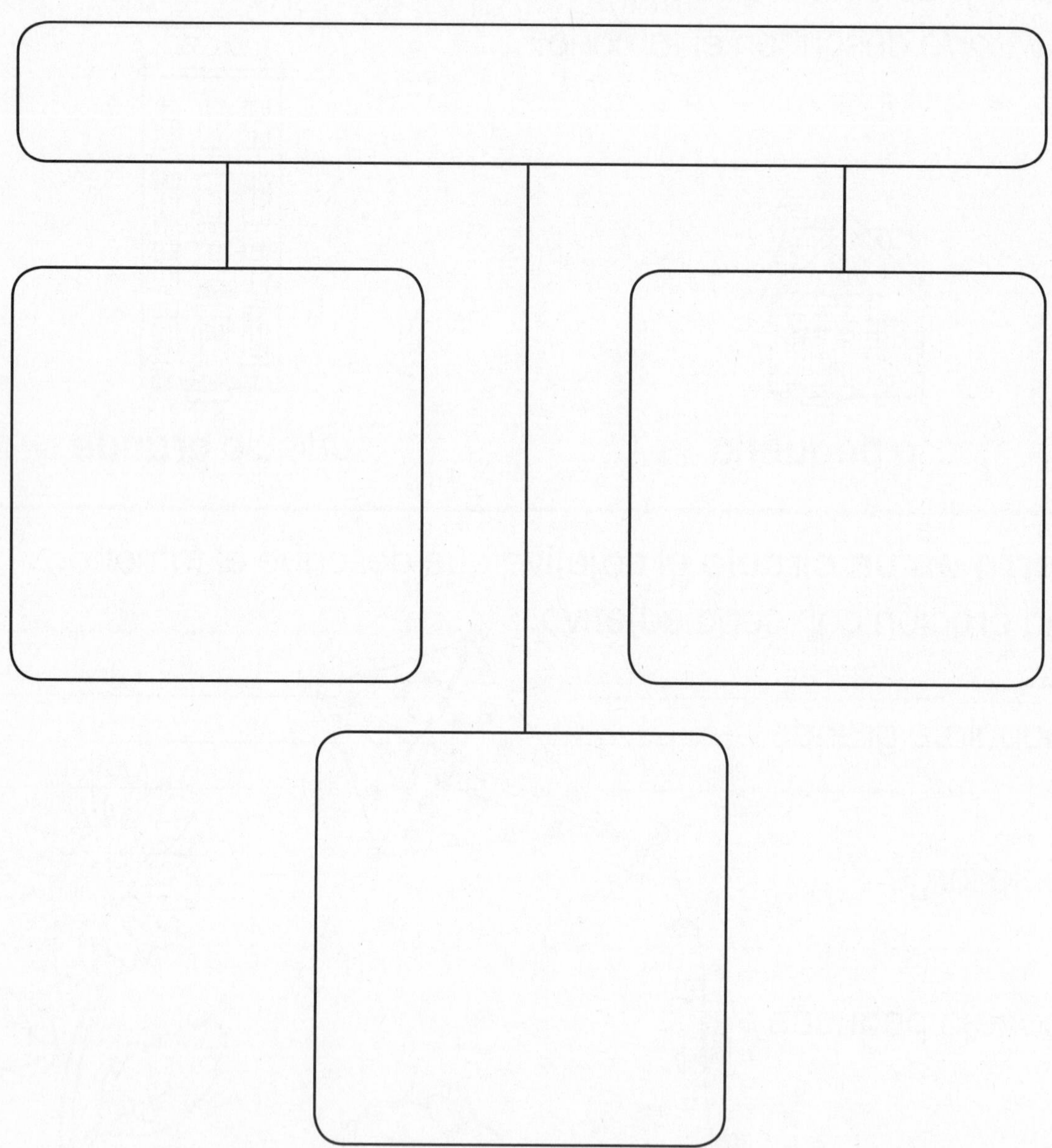

Nombre ____________________

Bl bl Gl gl

Copia las palabras. Escribe las letras de izquierda a derecha.

blusa	regla
globo	tabla
Blanca	Gloria
iglú	cable
establo	glotón
doblar	Glenda
siglo	hablo
bloque	blando

¿Escribiste todas las letras de izquierda a derecha? Sí No

Actividad para la casa Su niño o niña ha practicado la escritura de palabras con *Bl, bl; Gl, gl*. Pídale que lea y escriba cinco palabras de la lista una vez más.

Nombre ______________________________

Ray preguntó a sus amigos sobre sus tesoros favoritos de los Estados Unidos. Ayuda a Ray a completar la gráfica de barras.

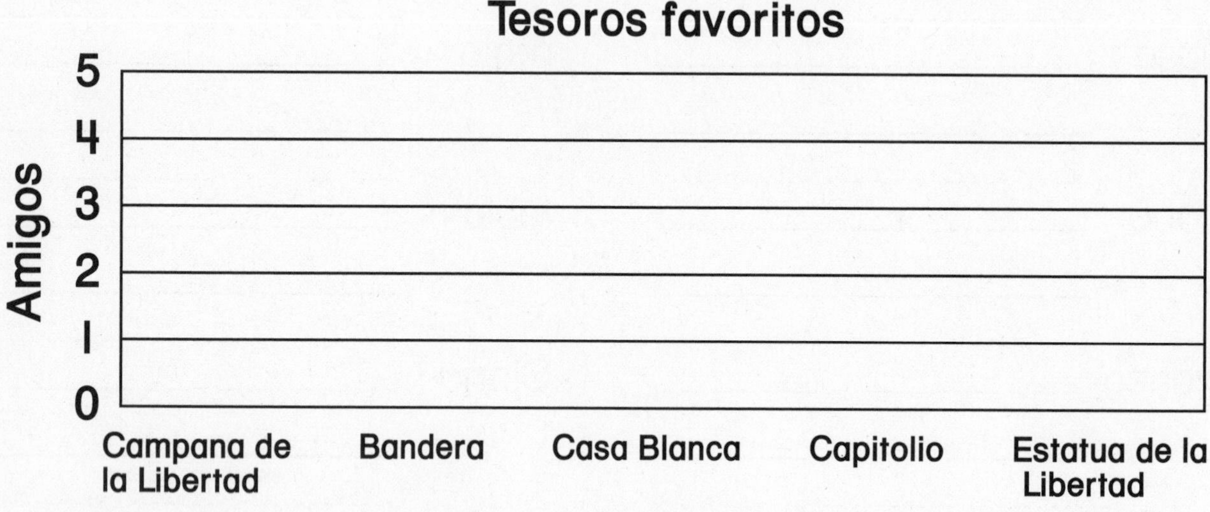

Tesoros favoritos

Marca las barras en la gráfica para mostrar lo que encontró Ray.

1. Tres amigos prefieren la Campana de la Libertad.
2. Cuatro amigos prefieren la Bandera.
3. Dos amigos prefieren la Casa Blanca.
4. Un amigo prefiere el Capitolio.
5. Cinco amigos prefieren la Estatua de la Libertad.
6. Presenta los resultados de la gráfica de Ray a tu clase interpretando el tesoro que recibió más votos de los amigos de Ray.

Actividad para la casa Su niño o niña aprendió a hacer y leer una gráfica de barras. Ayúdelo a realizar una encuesta a los miembros de la familia y amigos sobre lugares favoritos para visitar. Hagan una gráfica de barras para anotar los resultados.

—Muy bien, y hagamos una cama blanda para que duerma.

Cuento de fonética Blas en el establo
Destrezas clave Grupo consonántico *bl*; grupo consonántico *gl*

Nombre ______________________

Blas en el establo

Grupo consonántico *bl*		Grupo consonántico *gl*	Palabras de uso frecuente	
blanco	establo	arreglemos	de	las
blanda	nublado	Glen	dijo	muy
Blas	tablas	Gloria	en	no
			el	que
			escuela	ver

Este año la vaca Gloria tuvo un ternerito.
Glen ayuda a su papá en el establo.

—¡Es tan blanco!
Me gustaría llevarlo a la escuela.
—¡Es muy grande! Invitaremos
a tus amigos si lo quieren ver
—dijo su papá.

—¡Está nublado!
Arreglemos el techo de tablas
para el ternero.
No quiero que se moje.

Nombre ______________________

Palabras con *bl* y con *gl*

Palabras de ortografía				
blanca	doblar	blusa	establo	bloque
siglos	reglas	globo	iglú	glotona

Escribe la palabra de ortografía que falta.

1. Mi casa tiene tres paredes verdes y una ______________ .

2. Yo ayudo a ______________ mis camisas.

3. La ______________ de mi tía Dora es azul.

4. En el ______________ duermen los caballos.

5. En la construcción ponen un ______________ sobre otro.

6. La leyenda de los dragones es de hace muchos ______________ .

7. En mi casa obedecemos las ______________ de los mayores.

8. En la feria me compraron un ______________ amarillo.

Actividad para la casa Su niño o niña ha completado estas oraciones con las palabras de ortografía. Pídale que escriba oraciones usando algunas de las palabras de ortografía.

Nombre ______________________

Adjetivos: Tamaño

Escribe sobre algo que te gusta y que es muy grande. Puede ser una cosa, un lugar o un animal. **Usa** adjetivos para decir cómo es.

Escribe sobre algo que te gusta y que es muy pequeño. Puede ser una cosa, un lugar o un animal. **Usa** adjetivos para decir cómo es.

Actividad para la casa Su niño o niña aprendió a usar adjetivos de tamaño al escribir. Señale de una en una cosas grandes, pequeñas, cortas y largas en fotos o dibujos y pregúntele en cada una: *¿De qué tamaño es ___?* Pídale a su niño o niña que conteste la pregunta.

Nombre ______________________________

Palabras con *bl* y con *gl*

Palabras de ortografía				
blanca	doblar	blusa	establo	bloque
siglos	reglas	globo	iglú	glotona

Escribe las palabras de ortografía en el grupo al que pertenecen.

negro gris

1. ______________________

feria algodón de azúcar

2. ______________________

falda saco

3. ______________________

casa vivienda

4. ______________________

meses años

5. ______________________

comilona golosa

6. ______________________

Encierra en un círculo la palabra que es igual. **Escríbela.**

7. **doblar** dovlar doblar ______________________
8. **establo** establo estavlo ______________________
9. **bloque** bloke bloque ______________________
10. **reglas** reglaz reglas ______________________

Actividad para la casa Su niño o niña está aprendiendo a escribir palabras con *bl* y con *gl*. Dele una pista de una palabra y pídale que la adivine y la escriba.

Nombre ______________________________

Adjetivos: Tamaño

Marca la oración que tiene una raya debajo del adjetivo.

1
- ⬭ Washington, D.C., es una <u>ciudad</u> grande.
- ⬭ <u>Washington</u>, D.C., es una ciudad grande.
- ⬭ Washington, D.C., es una ciudad <u>grande</u>.

2
- ⬭ En el metro hay pasillos <u>largos</u>.
- ⬭ En el metro hay <u>pasillos</u> largos.
- ⬭ En el <u>metro</u> hay pasillos largos.

3
- ⬭ El viaje en metro <u>es</u> corto.
- ⬭ El viaje en metro es <u>corto</u>.
- ⬭ El <u>viaje</u> en metro es corto.

4
- ⬭ Visitamos un museo <u>enorme</u>.

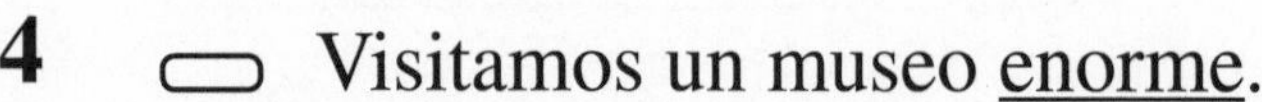

- ⬭ Visitamos un <u>museo</u> enorme.
- ⬭ <u>Visitamos</u> un museo enorme.

5
- ⬭ ¡Mira la <u>bandera</u> gigante!
- ⬭ ¡Mira la bandera <u>gigante</u>!
- ⬭ ¡<u>Mira</u> la bandera gigante!

Escuela + Hogar

Actividad para la casa Su niño o niña se preparó para tomar un examen sobre los adjetivos que describen tamaño. Lean juntos uno de sus cuentos favoritos. Pídale que busque adjetivos de tamaño.

Nombre ______________________________

Mira el dibujo.
Encierra en un círculo las vocales que completan la palabra.
Escribe las vocales en la línea.

si<u>e</u>sta

1.

ia iu

c ______ dad

2.

ie io

c ______ lo

3.

io iu

prem ______

4.

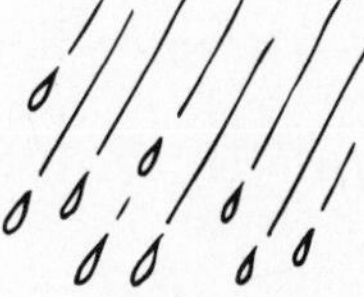

ie ia

lluv ______

5.

io ie

s ______ te

6.

io ia

cam ______ neta

7.

ia ie

famil ______

Actividad para la casa: Su niño o niña ha identificado las sílabas con *iu, io, ie, ia*. Escriba en tarjetas de fichero estas palabras: *triunfo, tierra, miedo, familia, curioso, copia, ciudad, julio, hacia, tiene, interior, viaje, cien, canciones*. Pida a su niño o niña que trace con crayones de diferente color las palabras con *iu, ie, io, ia* (un color para cada grupo vocálico). Luego, pídale que divida las tarjetas en cuatro grupos, según su propio criterio.

Nombre ______________________

Escoge una palabra del recuadro para completar cada oración.
Escribe la palabra en la línea.

hasta	abrir	alto	niños	cosas

1. El jugador de básquetbol es muy ______________.

2. Mamá pone las ______________ viejas en el ático.

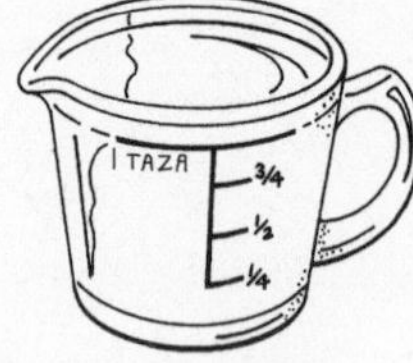

3. La taza está llena ______________ la marca.

4. Me gusta ______________ las revistas de papá.

5. Los ______________ juegan todo el día.

Actividad para la casa: Su niño o niña ha aprendido a leer las palabras *alto, abrir, hasta, niños* y *cosas*. Escriba en tarjetas de fichero estas palabras. Por turnos, tomen una tarjeta y representen con mímica la palabra para que la otra persona la averigüe.

Nombre ______________________________

Lee el cuento.

Nina y Ana son buenas amigas. El domingo se irán a un campamento durante una semana. Dormirán en una tienda de campaña. Conocerán a otras niñas. Irán a nadar. Por la noche, pueden mirar la luna y las estrellas. Nina y Ana lo pasarán muy bien.

1. Lee las oraciones. **Encierra en un círculo** la oración que es una opinión.

Dormirán en tiendas de campaña.

Irán a nadar.

Nina y Ana lo pasarán muy bien.

Buscarán caracolas marinas.

Por la noche, podrán mirar la luna y las estrellas.

2. **Localiza** y **escribe** dos hechos sobre la lectura.

____

____

____

____

Actividad para la casa: Su niño o niña ha aprendido a localizar hechos y detalles en un cuento. Lean juntos un cuento y pida a su niño o niña que señale un hecho y un detalle.

Nombre ___________________________

Instrucciones: *Escribe un cuento sobre una niña que monta a caballo.*

Riley a caballo

Riley fue a una feria con su familia. Allí había caballos. ¿Podría ella montar uno? La mamá de Riley pagó para que ella montara. Riley logró montar un caballo. Ella eligió un caballo negro y blanco. Dieron vueltas alrededor del campo. ¡Fue divertido!

Aspectos principales de un cuento realista

- Tiene personajes y un ambiente que parecen reales.
- Cuenta sucesos que podrían ocurrir en realidad.
- Tiene principio, medio y final.

Nombre ______________________________

Añade -mente a la palabra entre ( ). **Di** las sílabas que forman cada nueva palabra. **Escribe** la nueva palabra en la línea.
peligrosa + -mente = peligrosamente

(alegre)

1. El perro me saluda ____________________.

(rápida)

2. Luego, el perro se marcha ____________________.

(suave)

3. Yo lo acaricio ____________________.

(correcta)

4. Ahora, puedo pasearlo ____________________.

(tranquila)

5. Luego, volvemos a casa ____________________.

Actividad para la casa: Su niño o niña ha formado adverbios terminados en *-mente*. Escriba estos adjetivos en una lista: *triste, lenta, feliz, brusca, valiente, elegante*. Pida a su niño o niña que añada la terminación *-mente* a esas palabras para formar adverbios. Luego, pídale que use cada adverbio en una oración.

Nombre ______________________

Diptongos *iu, io, ie, ia*
Sufijo *-mente*

Palabras de ortografía				
cielo	canciones	miedo	ciudad	viaje
alegremente	intensamente	justamente	solamente	lentamente

Encierra en un círculo la palabra que se relaciona con el dibujo.

1. ______________ 2. ______________ 3. ______________

Escribe la palabra de ortografía que significa lo mismo que la palabra subrayada. **Usa** lo que sabes sobre las partes de una palabra para deletrear.

4. A mí me asustan las películas de terror. ______________
5. México, D.F. es una capital muy grande. ______________
6. Mi familia y yo vivimos felices. ______________
7. Disfruto mucho jugar al fútbol. ______________

Actividad para la casa Su niño o niña escribió palabras con *iu, io, ie, ia* y con la terminación *-mente*. Pídale que encierre en un círculo *iu, io, ie, ia* y la terminación *-mente* en las palabras de ortografía.

Nombre ______________________________

Adjetivos: Cómo es

Algunos **adjetivos** dicen cómo son las cosas o cómo se sienten las personas.

niño **generoso**

niña **inteligente**

Escribe el adjetivo que dice cómo es o está cada cosa.

1. leche fresca ______________________

2. ciruelas duras ______________________

3. niña soñadora ______________________

4. cerdito gordo ______________________

Di una oración con cada adjetivo.

Actividad para la casa Su niño o niña estudió los adjetivos que describen cómo son o están las cosas. Escriba *caliente*, *frío* y *cariñoso* en una lista y *nieve*, *sol* y *calcetines* en otro. Pídale que combine los adjetivos con los nombres (*sol caliente, nieve fría, amigos cariñosos*).

Nombre ___________________________

Cuento realista

Respuesta de calificación máxima

Enfoque/Ideas	Un buen cuento realista dice claramente lo que hacen los personajes.
Organización	Un buen cuento realista tiene un principio, un medio y un final.
Voz	Un buen cuento realista muestra los sentimientos del autor y de los personajes.
Lenguaje	Un buen cuento realista usa palabras que describen a los personajes, el ambiente y los sucesos.
Oraciones	Un buen cuento realista tiene diferentes tipos de oraciones que son claras y completas.
Normas	Un buen cuento realista usa adjetivos que dicen cómo es algo o alguien.

Nombre ______________________

M m

Copia las palabras. Inclina todas las letras de la misma manera.

cambio ______	fácilmente ______
cielo ______	rápidamente ______
aliado ______	solamente ______
estudio ______	amablemente ______
ciudad ______	alegremente ______
viuda ______	finamente ______
viaje ______	simplemente ______

¿Inclinaste todas las letras de la misma manera? Sí No

Escuela + Hogar

Actividad para la casa Su niño o niña ha practicado la escritura de palabras con *iu, io, ie, ia* y el sufijo *-mente*. Pídale que piense en otras tres palabras terminadas en *-mente* y que las escriba en una hoja de papel aparte.

Nombre ______________________________

Lee las palabras guía.
Escribe la palabra del recuadro
que podrías encontrar en esa página.

DICCIONARIO

taza bello dedo hoja casa

1. habla humo

2. baño bote

3. boleto cuna

4. saco tela

dólar feliz gota libro mira

5. letra loma

6. dama ducha

7. gato gusto

8. mano moneda

Actividad para la casa: Su niño o niña ha aprendido a usar el orden alfabético y las palabras guía de un diccionario o un glosario. Mire un diccionario infantil con su niño o niña. Jueguen a encontrar palabras nuevas usando las palabras guía de cada página.

Nombre ____________________

En las sierras

Diptongos *iu, io, ie, ia*			Sufijo *-mente*	Palabras de uso frecuente	
Bolivia	Diego	sierras	detalladamente	el	me
colegio	Mario	silenciosamente	lentamente	en	mi
camioneta	nieve	tienes	silenciosamente	es	por
cielo	quieres		totalmente	la	ver
ciudad	sierra			las	yo

Yo me llamo Mario y vivo en Bolivia.
Diego es mi papá.
Juntos recorremos lentamente las sierras
en la camioneta.

—¡Les contaré detalladamente a los niños
del colegio todas las cosas que vimos!

Cuento de fonética En las sierras
Destrezas clave Diptongos *iu, io, ie, ia;* sufijo *-mente*

—¡Papi, mira la nieve!
Mira cómo cubre totalmente las sierras.
Bajemos de la camioneta.

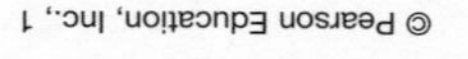

Caminamos silenciosamente por la sierra.
Es distinto a la ciudad.
Tienes que venir si quieres ver el cielo de cerca.

Nombre ____________________

Diptongos *iu, io, ie, ia*
Sufijo *-mente*

Palabras de ortografía				
cielo	canciones	miedo	ciudad	viaje
alegremente	intensamente	justamente	solamente	lentamente

Escribe la palabra de ortografía que falta.
Ya tienes la primera letra.

1. El **c**____ está cubierto de nubes. 1. ____________
2. Me gusta tararear las **c**____ que escucho. 2. ____________
3. Ver esa película me da **m**____. 3. ____________
4. Salgo de **v**____ por la mañana. 4. ____________
5. Los días hay que vivirlos **i**____. 5. ____________
6. En la carrera gané **j**____. 6. ____________
7. Quiero ir al zoológico, **s**____. 7. ____________
8. El caracol se arrastra **l**____. 8. ____________

Actividad para la casa Su niño o niña ha completado estas oraciones con las palabras de ortografía. Ayúdelo a escribir nuevas oraciones con esas mismas palabras.

Nombre ______________________

Adjetivos: Cómo es

Escribe sobre algo de comer que tenga leche o queso y que te guste. **Usa** adjetivos como *sabroso*, *caliente*, *frío* o *rico*.

Actividad para la casa Su niño o niña aprendió a usar los adjetivos que dicen cómo es algo. Miren juntos un álbum de fotos familiar. Comenten lo que ven y fíjense en los adjetivos que dicen cómo son o cómo están las cosas y las personas.

Nombre ______________________

Diptongos *iu, io, ie, ia* Sufijo *-mente*

Palabras de ortografía
- cielo
- canciones
- miedo
- ciudad
- viaje
- alegremente
- intensamente
- justamente
- solamente
- lentamente

Tacha las tres palabras seguidas que rimen. **Escribe** las palabras.

cielo	alegremente	justamente
miedo	solamente	ciudad
lentamente	intensamente	viaje

alegremente	justamente	solamente
miedo	intensamente	viaje
cielo	canciones	solamente

1. ______________________
2. ______________________
3. ______________________
4. ______________________
5. ______________________
6. ______________________

Escribe la palabra que falta.

cielo	miedo
canciones	viaje

7. Está en lo alto ______________________
8. Tener temor ______________________

Actividad para la casa Su niño o niña está aprendiendo a escribir palabras con *iu, io, ie, ia* y con el sufijo *-mente*. Pídale que subraye las palabras con *iu, io, ie, ia* en las palabras de ortografía y encierre en un círculo el sufijo *-mente*.

Nombre ______________________________

Adjetivos: Cómo es

Marca la oración que tiene una raya debajo del adjetivo.

1
- ⬭ Mira el ternero gracioso.
- ⬭ Mira el ternero gracioso.
- ⬭ Mira el ternero gracioso.

2
- ⬭ Tiene el pelo suave.
- ⬭ Tiene el pelo suave.
- ⬭ Tiene el pelo suave.

3
- ⬭ Mi hermana es muy habladora.
- ⬭ Mi hermana es muy habladora.
- ⬭ Mi hermana es muy habladora.

4
- ⬭ Ramona es perezosa.
- ⬭ Ramona es perezosa.
- ⬭ Ramona es perezosa.

5
- ⬭ Comeremos naranjas dulces.
- ⬭ Comeremos naranjas dulces.
- ⬭ Comeremos naranjas dulces.

Actividad para la casa Su niño o niña se preparó para tomar un examen sobre los adjetivos que describen cómo es algo. Lean juntos un artículo sencillo de un periódico o una revista. Pídale a su niño o niña que subraye los adjetivos que dicen cómo es o cómo está algo o alguien.

Nombre ______________________

Escoge una palabra de la caja para completar cada palabra compuesta. **Escribe** la palabra en la línea. Luego, **lee** cada palabra compuesta y une con una línea cada palabra con su dibujo.

latas cristales vidas noche
pájaros platos aviones

1. espanta ______________________

2. limpia ______________________

3. media ______________________

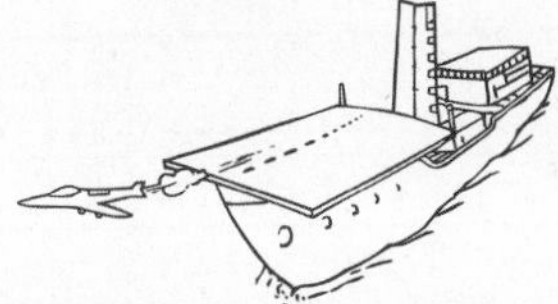

4. salva ______________________

5. porta ______________________

6. abre ______________________

7. lava ______________________

Actividad para la casa: Su niño o niña ha formado palabras compuestas. Escriba en tarjetas de fichero las siguientes palabras compuestas: *rompeolas, pasatiempos, rascacielos, quitamanchas, portamonedas, sacacorchos, saltamontes, guardabosques*. Pida a su niño o niña que las lea y que diga las dos palabras que forman cada una de ellas, por ejemplo *porta-monedas*.

Nombre ______________________________

Escoge una palabra para completar cada oración. **Escribe** la palabra en la línea. **Recuerda** usar mayúscula al comienzo de una oración.

perro silla pequeña había

1. La cama es muy ____________________ para mí.

2. El ____________________ de Luli es cariñoso.

3. No ____________________ leche en la botella.

4. Falta una ____________________ para los niños.

Actividad para la casa: Su niño o niña ha aprendido a leer las palabras *perro, silla, pequeña* y *había*. Escriba algunas pistas sobre cada una de estas palabras. Lea las pistas y pida a su niño o niña que averigüe la palabra. Anime a su niño o niña a pensar también algunas pistas.

Nombre ______________________________

Lee el cuento.
Subraya la respuesta a cada pregunta.

Las palomitas de maíz son un alimento muy antiguo. Personas de muchas partes plantaron maíz. Averiguaron algo sobre este tipo de maíz. ¡El calor lo hacía estallar!

Otros tipos de maíz no estallaban. El maíz reventado parecía un copo de nieve. Algunas personas lo usaban como collar alrededor del cuello o sobre la cabeza. Estas personas también se comían el maíz reventado. Otras personas se lo comían en un tazón con leche.

---

1. ¿De qué se trata este cuento?

   palomitas de maíz   copos de nieve

2. ¿Cuál es la idea importante de este cuento?

   Hace mucho tiempo, las personas usaban las palomitas de maíz de diferentes maneras.

   Las personas pueden usar collares de palomitas de maíz.

3. ¿Por qué crees que algunas personas se ponían collares de palomitas de maíz?

   Les gustaba el color de las palomitas de maíz.

   Les gustaba la forma de copo de nieve de las palomitas de maíz.

Actividad para la casa Su niño o niña identificó el tema—la idea principal—de un cuento. Vuelva a leer el cuento con su niño o niña. Pida a su niño o niña que subraye las oraciones del cuento que le ayudaron a identificar la idea principal.

Nombre ______________________________

Querido Hunter:

Gracias por compartir tu pelota de básquetbol conmigo.
Me divertí jugando dos partidos contigo.

Tu amigo,
Cody

Aspectos principales de una nota para dar las gracias

- Agradece a alguien por hacer algo amable.
- Menciona cómo se siente el escritor.

Escuela + Hogar **Actividad para la casa** Su niño o niña está aprendiendo sobre escribir una nota para dar las gracias. Comenten diferentes maneras de expresar agradecimiento.

Nombre ______________________________

Escoge una palabra de la caja para completar cada oración.
Di las sílabas que forman cada palabra. **Escribe** la palabra en la línea.

chistoso	nuboso	generosa	famoso	silenciosa

1. Ese hombre es un actor ______________________.

2. Hoy el cielo está ______________________.

3. Emilia es muy ______________________.

4. ¡Qué ______________________ es el payaso!

5. Por la noche la calle está ______________________.

Actividad para la casa: Su niño o niña ha identificado adjetivos terminados en *-oso, -osa*. Escriba en tarjetas de fichero estas palabras: *lujo, envidia, furia, tormenta, maravilla, mimo*. Pida a su niño o niña que lea las palabras y que forme con cada una de ellas un adjetivo terminado en *-oso, -osa*. Luego, pídale que diga una oración con cada adjetivo.

Nombre ______________________

Palabras compuestas
Sufijos *-oso, -osa*

Escribe el nombre del dibujo.

Palabras de ortografía
rascacielos
quitasol
sacapuntas
abrelatas
salvavidas
goloso
furioso
caluroso
dichosa
lodoso

1. ______________________

2. ______________________

3. ______________________

4. ______________________

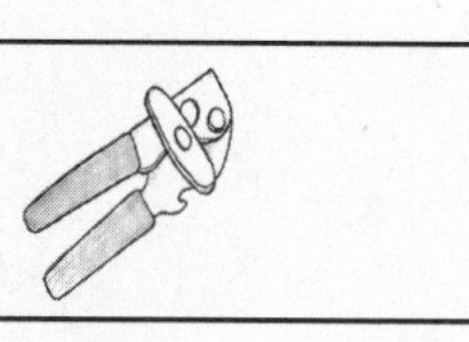

5. ______________________

6. ______________________

Escribe la segunda parte de la palabra compuesta.
Piensa en el significado de las dos partes.
Identifica y **escribe** la palabra compuesta.

7. abre ______________________ ______________________

8. quita ______________________ ______________________

Actividad para la casa Su niño o niña escribió palabras compuestas y con las terminaciones *-oso, -osa*. Pídale que encierre en un círculo las dos partes de las palabras compuestas y las terminaciones *-oso, -osa* de las palabras de ortografía.

Nombre ______________________________

Adjetivos: Cuántos hay

Hay **adjetivos** que dicen cuántos hay: cuántas personas, cuántos animales, cuántas cosas.

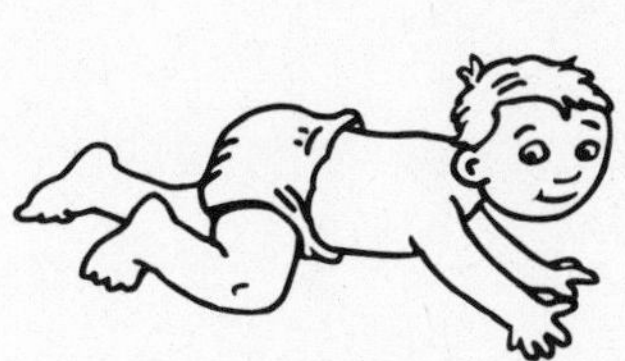

un bebé

tres perros

Traza una línea del adjetivo al dibujo que muestra cuántos hay.
Di una oración con cada adjetivo.

1. dos cunas

2. cuatro sillas

3. cinco dibujos

4. tres niños

5. una casa

Actividad para la casa Su niño o niña estudió los adjetivos que describen cuántos hay. Lean juntos un cuento, si es posible uno en el que se cuenten números de cosas. Pídale a su niño o niña que señale los adjetivos que indiquen número y que muestre con los dedos cuántos hay de cada cosa.

Nombre ______________________

Formato de carta

Querido(a) ____________:

Nombre ______________________

1 2 3 4 5

Traza y **escribe** los números.

1

2

3

4

5

Encierra en un círculo el número que te salió mejor en cada línea.

Copia las oraciones. Deja el espacio correcto entre las palabras.

1. Este oso perezoso es muy gracioso.

2. María es golosa y muy hermosa.

¿Dejaste el espacio correcto entre las palabras? 

No

Actividad para la casa Su niño o niña ha practicado la escritura de los números *1, 2, 3, 4* y *5* y oraciones con los sufijos *-oso, -osa*. Dígale que escriba los números una vez más para practicar. Luego, escriba las siguientes palabras en una hoja de papel y pídale que las vuelva a escribir para crear una oración: *y, mimoso, es, gato, hermoso, Este. (Este gato es hermoso y mimoso).*

Nombre ______________________________

Álex envió este correo electrónico a sus amigos.
Ayuden a Álex a anotar lo que encontró.

De: Álex
Asunto: Tus tesoros favoritos
Fecha: 4 de abril

Quiero averiguar cuáles son sus tesoros favoritos. Por favor díganme cuáles son sus tesoros favoritos.

Tesoros favoritos	
Animal de peluche	
Cobija	
Juguete favorito	
Regalo de un pariente	

𝍸 = 5

Haz marcas en la tabla para mostrar lo que encontró Álex.

1. Cinco de sus amigos escogieron un animal de peluche como su tesoro.
2. Tres amigos escogieron una cobija como su tesoro.
3. Cuatro amigos escogieron un juguete favorito como su tesoro.
4. Siete amigos escogieron un regalo de un pariente como su tesoro.

Actividad para la casa Su niño o niña ha aprendido a escribir, enviar y contestar un correo electrónico. Si es posible, ayude a su niño o niña a escribir y enviar un correo electrónico a los demás miembros de la familia.

—Tu visita fue asombrosa

—dice Mimoso Saltamontes—.

El malestar me pasó.

¡Qué gentil eres conmigo!

Cuento de fonética Mimoso Saltamontes
Destrezas clave Palabras compuestas; sufijos *-oso, -osa*

Nombre ______________________

Mimoso Saltamontes

Palabras compuestas	Sufijos *-oso, -osa*		Palabras de uso frecuente	
agridulce	asombrosa	Mimoso	en	para
hojalata	delicioso	orgullosa	es	pequeña
malestar	esponjoso	sabroso	está	que
saltamontes	fabuloso		la	qué
telaraña	hermosos		me	un

Marisol, la pequeña araña,

hace un pan fabuloso.

Es para Mimoso Saltamontes,

que está enfermo en cama.

Sale Marisol orgullosa
por su delicioso pan.
Lleva un bolso de telaraña
y unos aretes de hojalata hermosos.

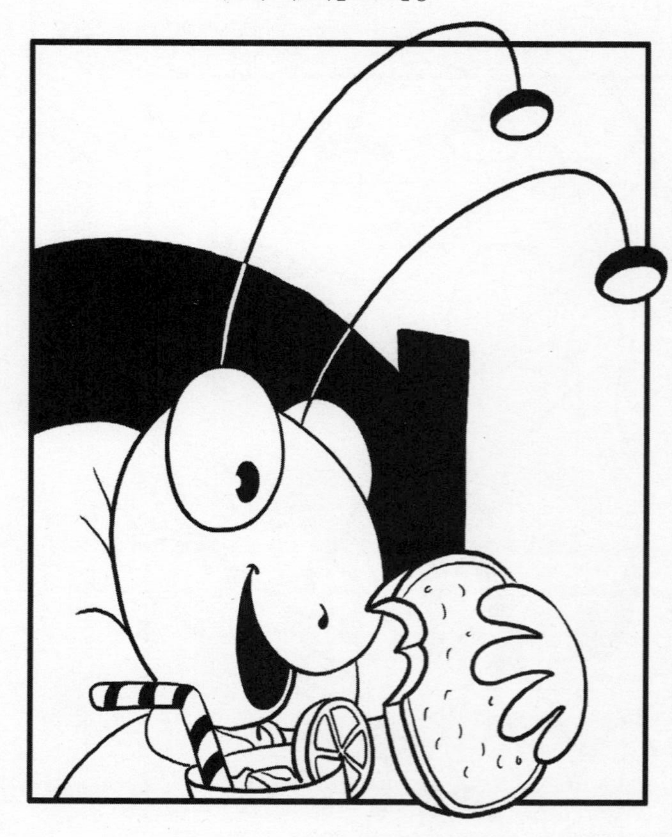

—¡Qué pan tan sabroso!
—Saltamontes chilla—.
Agridulce y esponjoso,
como a mí me encanta.

Nombre ______________________

Palabras compuestas
Sufijos *-oso, -osa*

Palabras de ortografía				
rascacielos	quitasol	sacapuntas	abrelatas	salvavidas
golosa	furioso	caluroso	dichosa	lodoso

Lee las palabras de ortografía. **Identifica** cuáles son las palabras compuestas y cuáles son las palabras con sufijos *-oso, -osa*. **Escribe** las palabras que faltan abajo.

1. Es un edificio altísimo, es un ______________________.
2. Si te metes en la piscina, usa ______________________.
3. Con el ______________________ puedes abrir la lata de atún.
4. Abramos el ______________________ para no quemarnos.
5. El ______________________ está en mi pupitre.
6. Hace un día ______________________.
7. El parque está ______________________ por la lluvia.
8. Anita se siente ______________________ en su cumpleaños.

Actividad para la casa Su niño o niña ha completado estas oraciones con las palabras de ortografía. Ayúdelo a escribir nuevas oraciones con esas mismas palabras.

Nombre ______________________________

Adjetivos: Cuántos hay

Mira el dibujo.
Completa cada oración con un adjetivo del recuadro.

un	dos	tres

1. En esta familia hay ____________________ personas.

2. Hay ____________________ niños.

3. Hay ____________________ hombre.

Escribe sobre los miembros de tu familia.
Usa adjetivos que dicen cuántos hay.

Actividad para la casa Su niño o niña aprendió a usar los adjetivos que dicen cuántos hay al escribir. Coloque grupos de una, dos, tres, cuatro y cinco monedas de 1¢ en la mesa. Pídale a su niño o niña que escriba oraciones sobre los grupos usando adjetivos que dicen cuántos hay.

Nombre ______________________________

Palabras compuestas Sufijos *-oso, -osa*

Une dos partes para formar una palabra.
Piensa en el significado de cada palabra.
Identifica y **escribe** la palabra compuesta.
Lee la palabra.

Palabras de ortografía
rascacielos
quitasol
sacapuntas
abrelatas
salvavidas
goloso
furioso
caluroso
dichosa
lodoso

quita puntas 1. ______________________

abre sol 2. ______________________

rasca vidas 3. ______________________

salva latas 4. ______________________

saca cielos 5. ______________________

Encierra en un círculo la palabra que esté bien escrita.

6. golosa goloza

7. lodoso lotoso

8. furrioso furioso

9. dichoza dichosa

Actividad para la casa Su niño o niña está aprendiendo a escribir palabras compuestas y palabras con las terminaciones *-oso, -osa*. Pídale que busque y escriba nuevas palabras compuestas y palabras con las terminaciones *-oso, -osa*.

Nombre ______________________________

Adjetivos: Cuántos hay

Marca la oración que tiene una raya debajo del adjetivo.

1
- ⬭ Hay <u>diez</u> familias en el parque.
- ⬭ Hay diez <u>familias</u> en el parque.
- ⬭ Hay diez familias en el <u>parque</u>.

2
- ⬭ Cuatro hermanos <u>juegan</u> al fútbol.
- ⬭ Cuatro <u>hermanos</u> juegan al fútbol.
- ⬭ <u>Cuatro</u> hermanos juegan al fútbol.

3
- ⬭ Veo tres <u>padres</u> en un banco.
- ⬭ Veo <u>tres</u> padres en un banco.
- ⬭ <u>Veo</u> tres padres en un banco.

4
- ⬭ ¿Dónde <u>están</u> mis dos hermanas?
- ⬭ ¿Dónde están mis dos <u>hermanas</u>?
- ⬭ ¿Dónde están mis <u>dos</u> hermanas?

5
- ⬭ <u>Seis</u> niños corren.
- ⬭ Seis <u>niños</u> corren.
- ⬭ Seis niños <u>corren</u>.

Escuela + Hogar **Actividad para la casa** Su niño o niña se preparó para tomar un examen sobre los adjetivos que dicen cuántos hay. Lean juntos un artículo sencillo de un periódico o una revista. Pídale que subraye los adjetivos que dicen cuántos hay.

Nombre ______________________________

Encierra en un círculo la palabra para cada dibujo.
Escribe la palabra en la línea.

como cromo

1. ______________________

telegrama crucigrama

2. ______________________

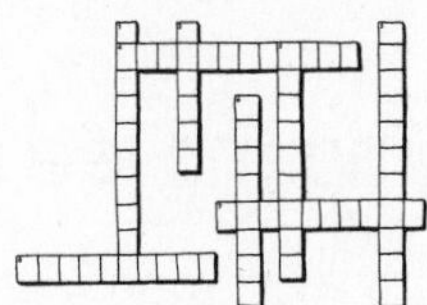

cristal gritar

3. ______________________

rudo crudo

4. ______________________

letra cráter

5. ______________________

escribe recibe

6. ______________________

rema crema

7. ______________________

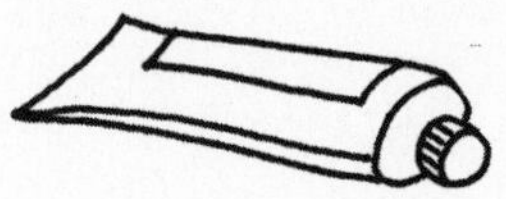

Actividad para la casa: Su niño o niña ha identificado sílabas con *cr.* Pídale que le diga todas las palabras que recuerde con estas sílabas y escríbalas. Luego, formen oraciones con estas palabras.

Nombre ________________________

Escoge una palabra del recuadro para completar cada oración.
Escribe la palabra en la línea.

cuento fuera sobre era

1. Mi mamá me lee un ________________.

2. Cuando ________________ pequeña, me gustaba el tobogán.

3. El libro está ________________ la mesa.

4. Mi perro se quedó ________________ de casa.

Actividad para la casa: Su niño o niña ha aprendido a leer las palabras *algún, cuento, aunque, sobre* y *era*. Escriba las palabras en tarjetas de fichero y pida a su niño o niña que lea las palabras y forme una oración con cada una de ellas.

Nombre ______________________________

Une con una línea lo que ocurre con por qué ocurre.

Lo que ocurre	**Por qué ocurre**

1.  

2.  

3.  

4.  

5. 

Actividad para la casa: Su niño o niña ha aprendido acerca de qué ocurre (efecto) y por qué ocurre (causa). Cuando vean juntos un espectáculo deportivo, por ejemplo, un partido de fútbol o una competencia de natación, anime a su niño o niña a que identifique lo que ocurre y por qué.

1.CL1.D.1 Hacer inferencias sobre un texto. **También 1.CL1.D.2.**

Nombre ______________________

Cómo hacer un tambor

Primero consigue una lata de café con tapa de plástico.

Después, colorea un pedazo de papel.

Envuélvelo alrededor de la lata.

Luego, dáselo a tu amigo.

¡Ve quién puede golpear más fuerte el tambor!

Aspectos principales de las instrucciones

- Las instrucciones dan detalles acerca de cómo hacer algo.
- Las instrucciones deben ser claras y fáciles de comprender.

Escuela + Hogar **Actividad para la casa** Su niño o niña está aprendiendo a escribir instrucciones simples. Hagan una actividad en casa y comenten cómo se hace.

Nombre ______________________________

Añade -ito/-ita a cada palabra. **Di** las sílabas que forman cada nueva palabra. **Escribe** la nueva palabra en la línea.

libro libr<u>ito</u>

1. casa ____________________
2. despacio ____________________
3. pequeña ____________________
4. pollo ____________________
5. fácil ____________________

Usa las palabras nuevas para completar cada oración.

6. Adela tiene un ____________________.

7. Mi abuelo camina muy ____________________.

8. El auto de Tomás es muy ____________________.

9. Este salto es ____________________.

10. El pájaro está en su ____________________.

Actividad para la casa: Su niño o niña ha identificado la formación de palabras con *-ito*, *-ita*. Escriba estas palabras en una lista: *chiquito, cuidadito, cosita, gatito, rapidito, papelito, malita, bajito, platito.* Pídale que lea las palabras una por una y que diga la palabra de la que procede (por ejemplo: *chiquito/chico*).

Nombre ______________________

Palabras con *cr*
Sufijos *-ito, -ita*

Palabras de ortografía				
escribir	crema	crudo	secreto	cruzo
bajito	pequeñito	carrito	mesita	casita

Escribe la palabra de ortografía que significa lo mismo que la expresión subrayada.

1. Yo ir de un lado al otro esa calle todos los días. 1. ______________
2. El bonsai es un arbolito de poca altura. 2. ______________
3. Tu pantalón tiene un bolsillo escondido. 3. ______________
4. Es sopa espesa de zanahoria. 4. ______________
5. En la hoja debes hacer una oración. 5. ______________
6. El durazno se come sin cocinar. 6. ______________
7. Mi primo aún es chiquitín. 7. ______________
8. Ponlo sobre esa mueble pequeño. 8. ______________

Actividad para la casa Su niño o niña escribió palabras con *cr* y los diminutivos *-ito, -ita*. Para repasar este tema juntos, dele pistas de una palabra con *cr* o con el sufijo *-ito, -ita* para que las escriba.

Nombre ______________________________

Adjetivos para comparar

Pon **más** o **menos** delante de un adjetivo para comparar dos personas, lugares, animales o cosas:

Mi lápiz es **más corto** que el tuyo.

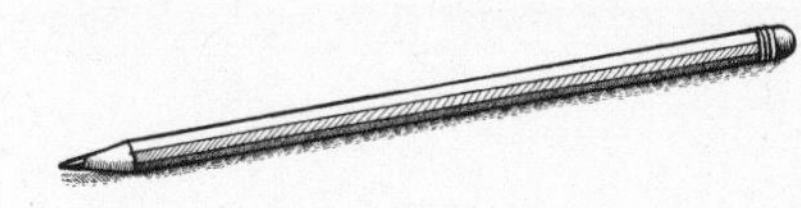

Pon **el más** o **el menos** delante de un adjetivo para comparar tres o más personas, lugares, animales o cosas:

Este lápiz es **el más afilado** de todos.

Subraya los adjetivos que comparan cosas. Subraya también las palabras **más, menos** o **el más** que los acompañan.

1. La ballena es menos graciosa que su bebé.
2. El ballenato es más pequeño que la ballena.

3. Este cuento es el más divertido de todos.

Di oraciones con adjetivos para comparar.

Escuela + Hogar **Actividad para la casa** Su niño o niña estudió los adjetivos para comparar. Lean juntos un cuento y ayude a su niño o niña a identificar los adjetivos para comparar que encuentren en el texto.

Nombre ____________________

Instrucciones

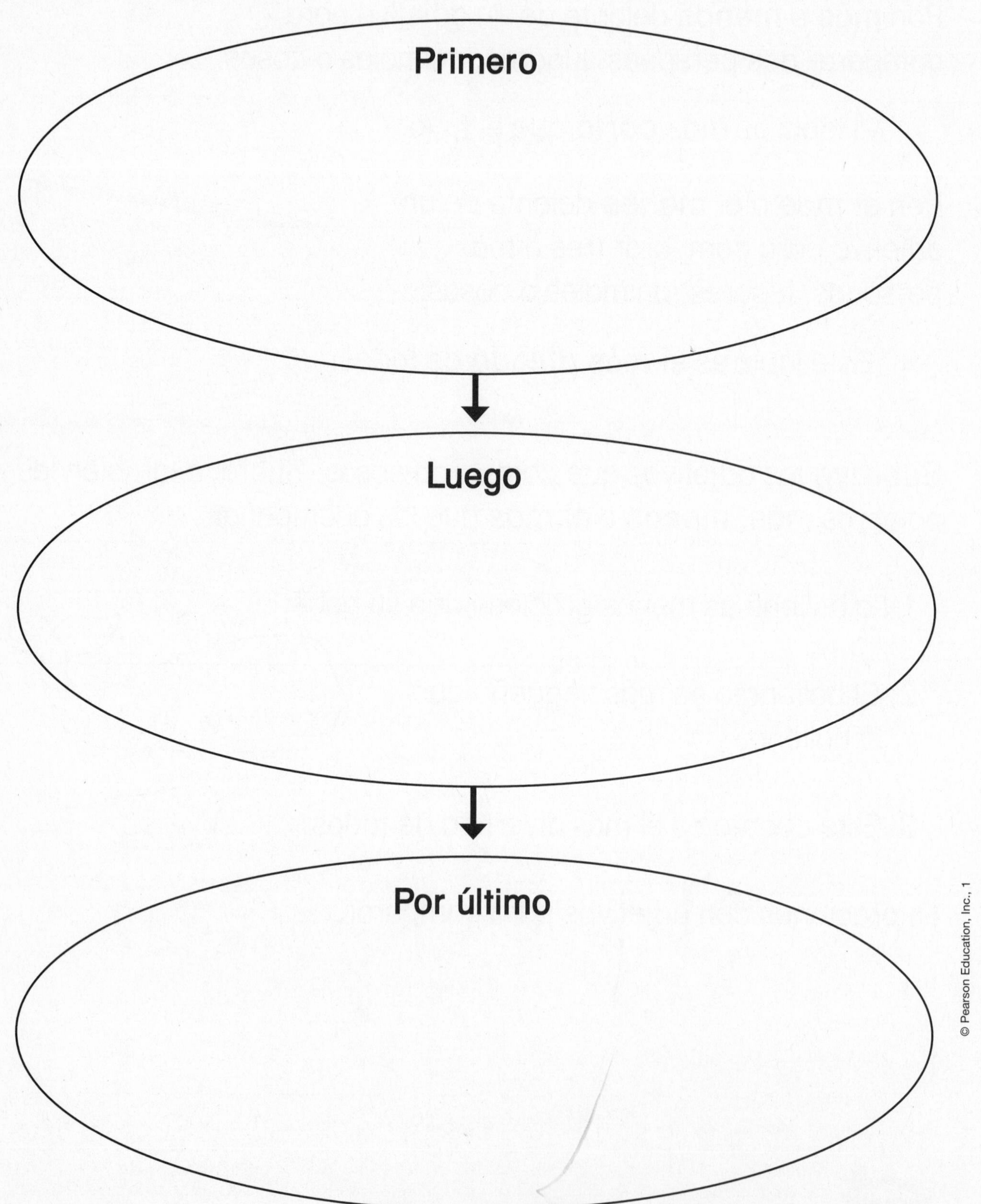

Nombre ______________________________

6 7 8 9 10

Traza y **escribe** los números.

6

7

8

9

10

Encierra en un círculo el número que te salió mejor en cada línea.

Copia las oraciones. Deja el espacio correcto entre las palabras.

1. El pastelito es pequeñito y está crudo.

2. Dime en voz bajita el secreto de Marita.

¿Dejaste el espacio correcto entre las palabras? **Sí** **No**

Escuela + Hogar

Actividad para la casa Su niño o niña ha practicado la escritura de los números *6, 7, 8, 9* y *10* y oraciones con palabras que contienen *cr* y con los sufijos *-ito, -ita*. Dígale que escriba los números una vez más para practicar. Luego, escriba las siguientes palabras en una hoja de papel y pídale que las vuelva a escribir lo más claramente que pueda: *crema, escribe, patito, mamita*.

Nombre ______________________

Pon cada grupo de apellidos en orden alfabético.
Escribe los apellidos en la línea.

Turza Taylor Terry Tinoco

1. ______________
2. ______________
3. ______________
4. ______________

Lin Leiva López Lance

5. ______________
6. ______________
7. ______________
8. ______________

Costello Clavero Cruz Chang

9. ______________
10. ______________
11. ______________
12. ______________

Actividad para la casa Su niño o niña ha aprendido a usar el orden alfabético para buscar nombres en una guía telefónica. La próxima vez que tenga que buscar un número de teléfono, pida a su niño o niña que le ayude a encontrarlo.

Sus ojitos se asoman
detrás de las hojas.
Parecen dos cristales negros.
¡Era un sapito!

Cuento de fonética El sapito Crocró
Destrezas clave Grupo consonántico *cr*; sufijos *-ito, -ita*

Nombre ______________________

El sapito Crocró

Grupo consonántico *cr*	Sufijos *-ito, -ita*	Palabras de uso frecuente	
cristales	hojita	al	las
Cristian	jardincito	de	mira
Crocró	ojitos	detrás	no
crujido	sapito	está	su
secreto		la	una

Cristian sale a regar su jardincito.
Mira una flor.
Toma la pala y hace
un hueco grande.

Cristian oye un crujido.
¿Será un papel? ¿Una hojita seca?
El Sol se oculta.

Aunque no ve mucho,
sigue buscando.
Su jardincito guarda un secreto.
Allí está Crocró.

Nombre ______________________

Palabras con *cr* y sufijos *-ito, -ita*

Palabras de ortografía				
escribir	crema	crudo	secreto	cruzo
bajito	pequeñito	carrito	mesita	casita

Escribe el sufijo -ito o -ita. **Escribe** la palabra.

1. Quiero una cas______ de chocolate. ______
2. Mira el carr______ . ______
3. Espero que la alarma suene baj______. ______
4. El dibujo quedó muy pequeñ______. ______

Completa la oración con palabras con *cr*. **Escribe** la palabra.

5. ______ y leer son buenos para saber. ______
6. Aplícate ______ en las manos. ______
7. Para ir a mi casa ______ un puente. ______
8. El pan todavía está ______ . ______

Actividad para la casa Su niño o niña ha completado oraciones con las palabras de ortografía. Pídale que escriba otras oraciones usando estas palabras.

Nombre ______________________________

Adjetivos para comparar

Escribe una oración en la que compares estos dos animales.

el elefante

la foca

Actividad para la casa Su niño o niña aprendió a usar los adjetivos para comparar al escribir. Dígale los nombres de otros dos animales y pídale que los compare formando otra oración.

Nombre ________________________________

Palabras con *cr*
Sufijos *-ito, -ita*

Palabras de ortografía				
escribir	crema	crudo	secreto	cruzo
bajito	pequeñito	carrito	mesita	casita

Encierra en un círculo la palabra que esté bien escrita.

1. grema crema
2. cruzo cruso
3. mesita mecita
4. pequeñito pequenito

Escribe palabras de ortografía en el crucigrama.

Horizontales

8. Así es el bonsai
10. casa pequeña

Verticales

5. copiar, anotar
6. No está cocinado
7. carro pequeño
9. escondido, oculto

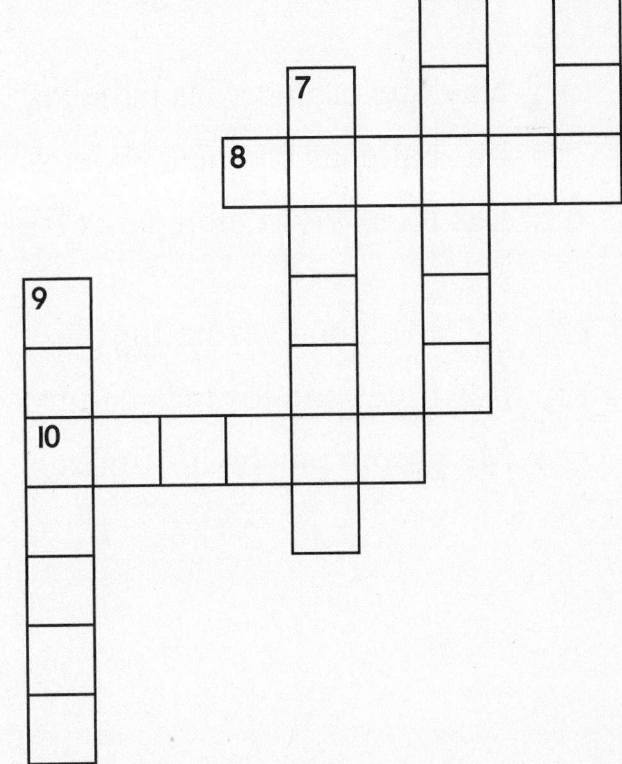

Actividad para la casa Su niño o niña está aprendiendo a escribir palabras con *cr* y con los diminutivos *-ito, -ita*. Ayúdelo a buscar palabras con *cr* y con los diminutivos *-ito*, *-ita* en un periódico.

Nombre ______________________

Adjetivos para comparar

Busca la oración con adjetivos que comparan. Márcala.

1
- ⬭ ¿Quieres escribir un cuento?
- ⬭ Este cuento me gusta.
- ⬭ Tu cuento es más largo que el mío.

2
- ⬭ Esta ballena es la más pequeña de todas.
- ⬭ ¿Cómo se comunican las ballenas?
- ⬭ Escribo un cuento sobre una ballena.

3
- ⬭ Te presento a mi hermana.
- ⬭ Mi hermana se llama Marta.
- ⬭ Marta es menos alta que tú.

4
- ⬭ Hay que proteger las ballenas.
- ⬭ Las ballenas son más viajeras que las focas.
- ⬭ Las focas viven en lugares fríos.

5
- ⬭ ¿Viste alguna vez un tigre?
- ⬭ Los tigres son los más peligrosos de todos.
- ⬭ Me gustan mucho los tigres.

Escuela + Hogar

Actividad para la casa Su niño o niña se preparó para tomar un examen sobre los adjetivos para comparar. Pídale que diga oraciones con adjetivos que comparan.

Nombre ______________________________

Escoge una palabra de la caja para cada dibujo.
Escribe la palabra en la línea.

plaza sopla pluma amplio plato plomero

1. 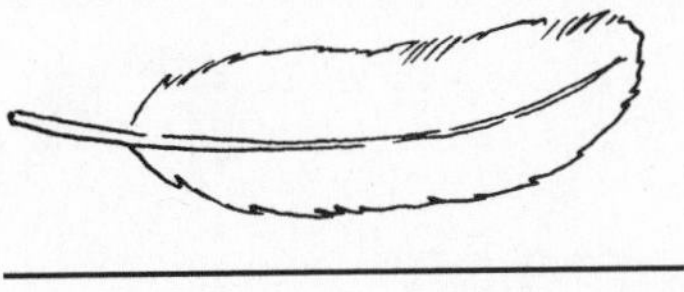

2. 

3. 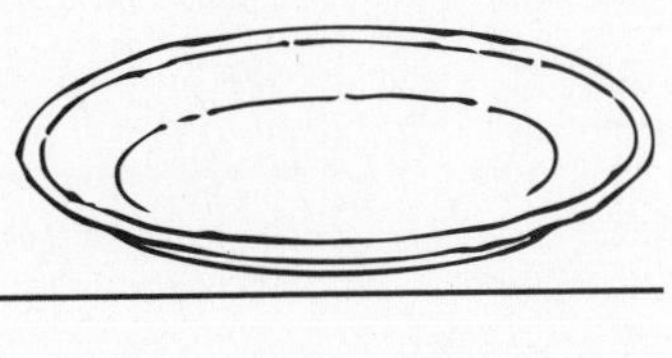

4. 

5. 

6. 

Haz un dibujo para cada palabra.

7. cumpleaños

8. planeta

Actividad para la casa: Su niño o niña ha identificado palabras con *pl.* Pídale que escriba todas las palabras con este grupo consonántico que hay en esta página y que forme oraciones con ellas.

Nombre ______________________________

Escoge una palabra del recuadro para completar cada oración. **Escribe** la palabra en la línea. No olvides que las palabras que se usan para formular preguntas siempre llevan acento.

ustedes	**desde**	**hermanas**	**nueva**	**dónde**

1. Ana y María son ______________ gemelas.

2. La vista de la ciudad ______________ la torre es muy bonita.

3. Gustavo tiene una bicicleta ______________.

4. Ya pueden ______________ pasar.

5. ¿ ______________ está mi gatito?

Actividad para la casa: Su niño o niña ha aprendido a leer las palabras *hermanas*, *ustedes*, *desde*, *nueva*, *dónde*. Escriba pistas para una de estas palabras. Lea las pistas a su niño o niña para que averigüe de qué palabra se trata. Pídale que escriba o diga otras pistas de estas palabras.

Nombre ______________________

Lee el cuento.
Localiza hechos del cuento para escribir la respuesta a cada pregunta.

Hace muchas semanas, Tony y Papá plantaron semillas de margaritas. Plantaron las semillas en una parte soleada de un jardín. Pronto comenzaron a crecer margaritas en el jardín. Las plantas crecieron muy altas y tenían muchas margaritas. Un día llovió muy fuerte. Tony salió al jardín al día siguiente. Estaba tan triste. Todas las plantas estaban dobladas. Luego, llegó Papá con unos palitos y cordel. Amarró las plantas a los palitos. ¡Pronto todas las plantas estaban derechas!

1. ¿Quiénes son los personajes del cuento?

2. ¿Dónde sucede el cuento?

3. ¿Por qué estaba triste Tony?

4. ¿Por qué Papá amarró las plantas a los palitos?

5. ¿Cómo crees que se siente Tony al final del cuento?

Actividad para la casa Su niño o niña identificó los personajes, el ambiente y el argumento de un cuento. Juntos lean un cuento que tenga un problema una solución obvios. Mientras lee, haga pausas y pregunte a su niño o niña cómo se sienten los personajes y por qué se sienten así.

Nombre ______________________

Limpiar

Bob y Sue son ardillas. A ellos les gusta jugar en el terreno vacío que está detrás de la ferretería. Un día, un niño botó basura y golpeó a Sue. Sue se enojó.

Sue reclamó: —Toda esta basura tiene que parar.

Bob dijo: —Sí. Vamos a pedirle a la gente que ayude a limpiar.

Bob y Sue hicieron avisos para hacer limpieza el sábado. Treparon a los árboles y colgaron los avisos. El sábado, llegó mucha gente. Nadie supo quién tuvo la gran idea de limpiar el terreno vacío. Pero todos querían ayudar. ¡Ahora Bob y Sue tienen un lugar limpio para jugar!

Aspectos principales de un cuento fantástico con animales

- Los personajes son animales.
- Los personajes hacen cosas que los animales reales no hacen.

Instrucciones: Ahora vuelve a contar el principio, el medio y el final del cuento. Pon atención a la secuencia de eventos.

Nombre ______________________

Añade **-ando** o **-iendo** a cada palabra. **Escribe** la nueva palabra en la línea.

comer **comiendo**

1. hablar ______________________
2. subir ______________________
3. trabajar ______________________
4. bailar ______________________
5. escribir ______________________

Escoge una de las palabras que escribiste arriba para completar cada oración. **Escribe** la palabra en la línea.

6. María está ______________________ en el jardín.

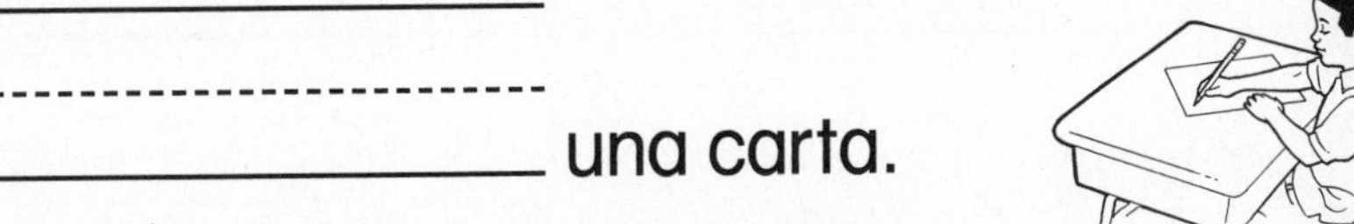

7. Estoy ______________________ una carta.

8. Todos están ______________________ en la fiesta.

9. Mi papá está ______________________ por teléfono.

10. El elevador está ______________________.

Actividad para la casa: Su niño o niña ha identificado los sufijos *-ando/-iendo.* Escriban en una lista estos verbos: *partir, limpiar, viajar, reunir, escuchar, llamar, vivir, salir.* Luego, pida a su niño o niña que lea cada verbo y le añada el sufijo *-ando* o *-iendo.*

Nombre ______________________________

Palabras con *pl*
Sufijos *-ando, -iendo*

Palabras de ortografía				
planeta	sopla	plato	pluma	playa
hablando	andando	comiendo	cantando	saliendo

Escribe el nombre del dibujo.

1. ____________ 2. ____________ 3. ____________

Encierra en un círculo la palabra bien escrita. **Escríbela.**

4. ablando hablando ____________

5. pluma pluna ____________

6. salendo saliendo ____________

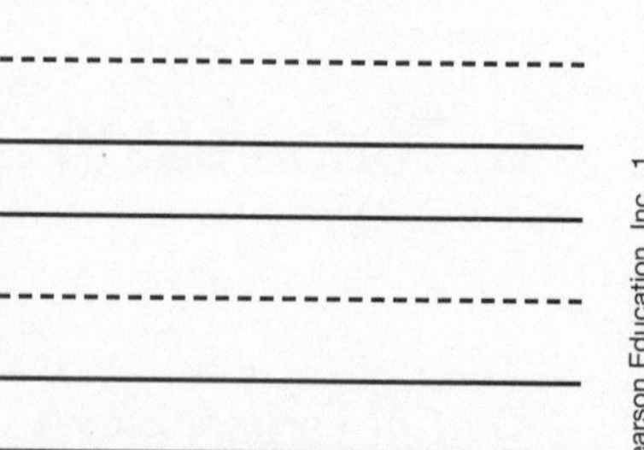

7. plalla playa ____________

8. andanddo andando ____________

Escuela + Hogar **Actividad para la casa** Su niño o niña escribió palabras con *pl* y terminadas en *-ando, -iendo.* Pídale que encierre en un círculo *pl* y las terminaciones *-ando, -iendo* en las palabras de ortografía y escriba las palabras.

Nombre ______________________________

Oraciones imperativas

Una **oración imperativa** es un **mandato** que dice a alguien que haga algo. Comienza con **mayúscula.** Se escribe con **punto (.)** o con **signos de exclamación (¡ !).**

Vayan al jardín.

¡Vigila al perro, por favor!

Subraya los mandatos.

1. ¿Tienes sed?

2. Sírvete un vaso de leche.

3. Se cayó un poco al suelo.

4. Por favor, límpialo.

5. Deja que te ayude.

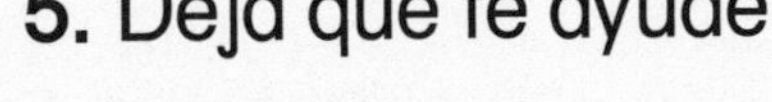

Di otros mandatos.

Actividad para la casa Su niño o niña estudió las oraciones imperativas. Explíquele el juego siguiente: mientras vayan hablando, su niño o niña deberá decir "mandato" cada vez que usted diga un mandato.

Nombre ______________________________

Plan del cuento

Personajes

Ambiente

Sucesos

Principio

Medio

Final

Nombre ______________________________

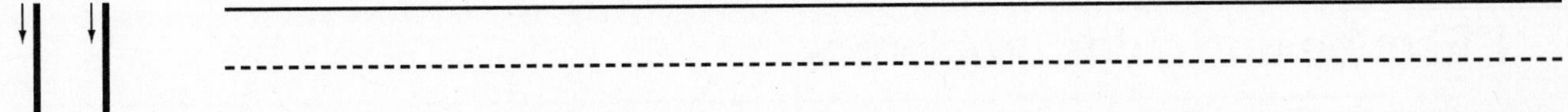

Traza y **escribe** los números.

11

12

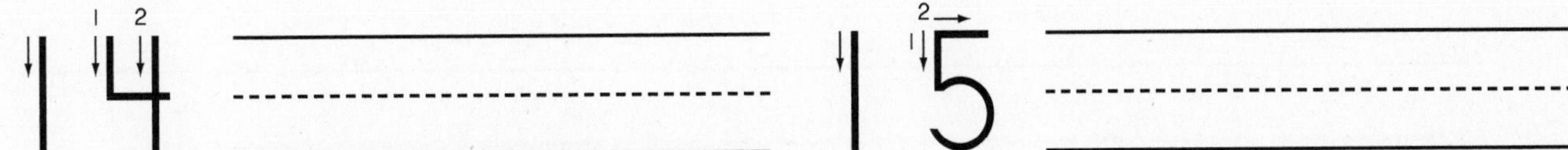

13

14 15

Copia las palabras. Deja el espacio correcto entre las palabras.

1. Hay 13 patitos nadando en el lago.

2. El ascensor está subiendo al piso 14.

3. Mi hermana cumple 15 años en mayo.

Actividad para la casa Su niño o niña practicó la escritura de los números 11 a 15 y las palabras con *pl, -iendo, -ando*. Practiquen la escritura de los números una vez más. Luego, pida que vuelva a escribir una de las oraciones.

Nombre ______________________

¿En qué casos se necesita una solución ingeniosa para resolver un problema?

Paso 1: Piensa sobre los problemas que tienes que resolver.

1. Escribe uno o dos problemas.

____

Paso 2: Escoge un tema.

2. Escribe el problema que quieres tratar de resolver.

____

Paso 3: Formular preguntas para la investigación.

3. Escribe dos preguntas sobre el problema que quieres resolver.

____

4. ¿Qué fuentes de información te pueden ayudar a encontrar maneras creativas de resolver este problema?

____

Actividad para la casa Su niño o niña ha aprendido a generar ideas para un tema, formular preguntas para la investigación y escoger fuentes de referencia. Hable con su niño o niña sobre problemas en su casa que necesitan resolverse, y ayude a su niño o niña a desarrollar soluciones.

Cantamos
"Feliz cumpleaños" y soplé
las velitas.
Si me sigo divirtiendo, mi deseo
se estará cumpliendo.

Cuento de fonética Cumpleaños en la playa
Destrezas clave Grupo consonántico *pl;* sufijos *-ando, -iendo*

Nombre ____________________

Cumpleaños en la playa

Grupo consonántico *pl*		Sufijos *-ando, -iendo*		Palabras de uso frecuente	
complicado	playa	cantando	platicando	amigos	la
cumpleaños	repleta	cumpliendo	riendo	con	mi
cumplió	simple	disfrutando		el	muy
placer	soplé	divirtiendo		en	que
plan		jugando		feliz	todos

Pasamos el domingo festejando mi
cumpleaños en la playa.
Mamá pensó que era complicado.
Pero resultó muy simple.

La playa estaba repleta de amigos.
Me sentí feliz con todos mis amigos
riendo y disfrutando.

Se cumplió con todo el plan.
Pasamos el día jugando, cantando y
platicando.
Todo era placer.

Nombre ______________________

Palabras con *pl*
Sufijos *-ando, -iendo*

Palabras de ortografía				
planeta	sopla	plato	pluma	playa
hablando	andando	comiendo	cantando	saliendo

Escribe la palabra que falta.

1. Yo estuve ______________ peras.
2. Fuimos a la ______________.
3. Estábamos ______________ con mi papá.
4. El viento ______________ con fuerza.
5. El sol está ______________.
6. Se le cayó una ______________ al pájaro.
7. Estábamos ______________ la canción.
8. El ______________ se rompió.

Actividad para la casa Su niño o niña ha completado oraciones con las palabras de ortografía. Pídale que escriba un cuento con algunas palabras de ortografía.

Nombre ______________________________

Oraciones imperativas

A Alba su hermana mayor
no le hace caso.
Dile a Alba lo que debe
hacer para que eso cambie.
Escribe mandatos.

Actividad para la casa Su niño o niña aprendió a usar oraciones imperativas al escribir. Pídale que le escriba unas instrucciones para que usted haga un sándwich. Luego, dígale que subraye los mandatos que usó.

Nombre ______________________

Palabras con *pl*
Sufijos *-ando, -iendo*

Palabras de ortografía				
planeta	sopla	plato	pluma	playa
hablando	andando	comiendo	cantando	saliendo

Ordena las letras. **Escribe** la palabra.

1. b l a n d o h a ______________
2. m a p l u ______________
3. d o c o m i e n ______________
4. t o p l a ______________
5. d a n d o a n ______________
6. p l a t a n e ______________

Escribe la palabra que falta.

7. La luna está ______________.
8. Me gusta ir a la ______________.

Actividad para la casa Su niño o niña está aprendiendo a escribir palabras con *pl* y terminadas en *-ando, -iendo.* Ayúdele a escribir palabras que rimen con algunas de las palabras de ortografía.

Nombre ______________________________

Oraciones imperativas

Marca los mandatos.

1
- ⬭ Lee el periódico, Manuel.
- ⬭ Manuel lee el periódico.
- ⬭ ¿Leíste el periódico?

2
- ⬭ ¿Cuál es la respuesta?
- ⬭ Dime la respuesta.
- ⬭ La respuesta es correcta.

3
- ⬭ Elsa dejó la llave aquí.
- ⬭ ¿Dónde está la llave?
- ⬭ Busca la llave, por favor.

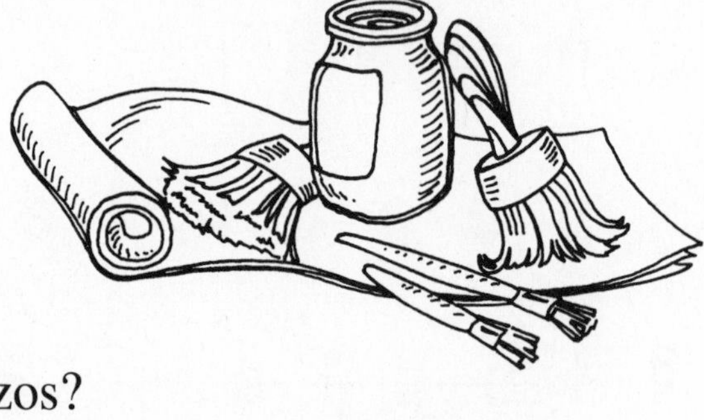

4
- ⬭ ¿Tendremos que pegar los pedazos?
- ⬭ Pégalos con cuidado.
- ⬭ Pegaré los pedazos.

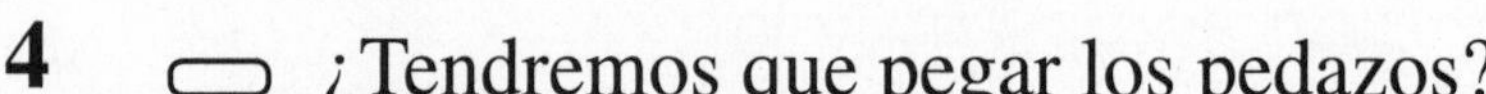

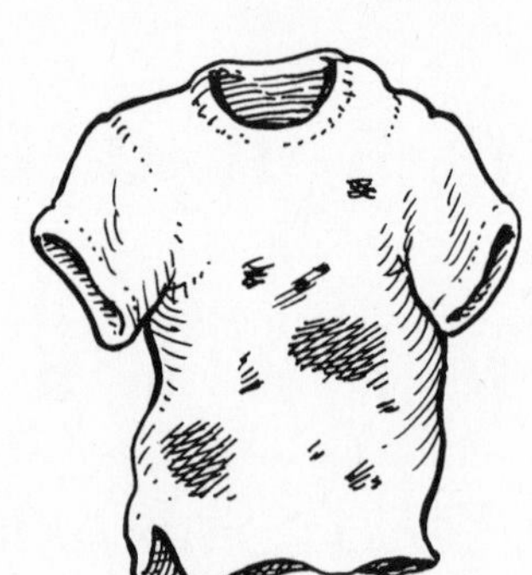

5
- ⬭ ¡Mira qué sucia está la camiseta!
- ⬭ Esta camiseta está muy sucia.
- ⬭ ¿Por qué está sucia esta camiseta?

Actividad para la casa Su niño o niña se preparó para tomar un examen de las oraciones imperativas. Lean juntos un cuento que les guste. Pídale que señale los mandatos, las preguntas y los enunciados que vea en el cuento.

Nombre ______________________

Escoge una de las palabras del recuadro para completar cada oración.
Escribe la palabra en la línea.

flota	flamenco	reflejo	flecha	florero

1. La ______________ dio en la diana.

2. Julia pone las rosas en el ______________.

3. El ______________ tiene patas muy largas.

4. El perro mira su ______________ en el agua.

5. El corcho ______________ en el agua.

Actividad para la casa: Su niño o niña ha identificado palabras con *fl*. Por turnos, digan todas las palabras que conozcan con este grupo consonántico y pida a su niño o niña que las escriba en un papel. Luego, por turnos, formen oraciones usando tantas palabras de la lista como puedan.

Nombre ______________________________

Escoge una palabra del recuadro para completar cada oración. **Escribe** la palabra en la línea. **Recuerda** usar letra mayúscula al comienzo de una oración.

ni si cada niña nuevos

1. La música suena ______________ vez que abres la cajita.

2. Debes darte prisa ______________ quieres llegar a tiempo.

3. No quiero ______________ galletas ni dulces.

4. La ______________ le hace cosquillas al bebé.

5. Papá tiene zapatos ______________.

Actividad para la casa: Su niño o niña ha aprendido a leer las palabras *ni, si, cada, niña, nuevos*. Pida a su niño o niña que forme una oración con cada una de estas palabras. Escriba las oraciones en un papel. Luego, pida a su niño o niña que lea las oraciones.

Nombre ______________________

Lee el cuento.
Escribe una respuesta para cada pregunta.

Jean hizo una pintura de un florero con rosas. Algunas rosas eran rojas. Otras eran rosas amarillas. El florero era azul. Jean llevó su pintura a una exhibición de arte. Un hombre colgó la pintura de Jean en la pared. Muchas personas vinieron a la exhibición para ver las pinturas. Jean vio una etiqueta azul en su cuadro. El hombre le entregó a Jean la etiqueta azul. Todas las personas aplaudieron.

1. ¿Por qué crees que aplaudieron las personas?

2. ¿Qué crees que significa la etiqueta azul?

3. ¿Qué crees que Jean hará luego?

Actividad para la casa Su niño o niña usó lo que ya sabía acerca de una situación para sacar conclusiones sobre un suceso. Vuelva a leer el cuento con su niño o niña. Pídale que le diga lo que ya sabía de las exhibiciones de arte que le ayudó a sacar conclusiones del cuento.

Nombre ___________________________

Por favor, Sr. Lobo

Estimado Sr. Lobo:

He leído muchos libros donde usted se aparece y causa problemas. Me siento enojado cuando veo que sopla y tumba la casa de los cerditos. ¿Qué le hicieron ellos?

Me siento triste cuando veo que espanta a Caperucita Roja. Ella sólo quiere pasar por el bosque para ver a su abuelita.

Por eso, por favor Sr. Lobo, trate de ser bueno y deje de espantar a las personas y destruir sus casas.

Gracias,

Patrick

Aspectos principales de una carta para un personaje

- Describe los sentimientos hacia un personaje de un cuento.
- Incluye un saludo y una despedida amistosos.

Nombre ____________________

Añade -ado/-ada o **-ido/-ida** a la palabra entre ( ) para completar la oración.
Escribe la nueva palabra en la línea.

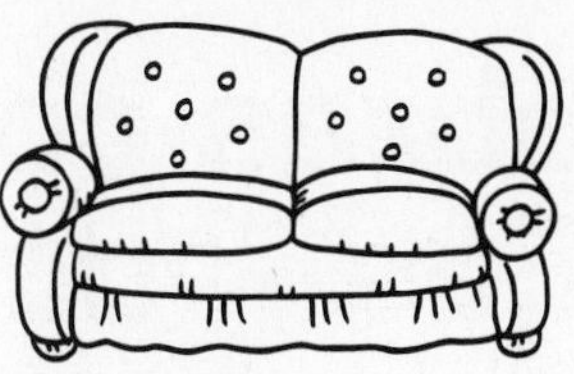

perder **perdida** **perdido**

1. El gato ha ____________ al árbol. (subir)

2. Ya he ____________ mi tarea. (terminar)

3. Isabel está ____________ en el sofá. (sentar)

4. Hoy he ____________ sopa. (comer)

5. Graciela se ha ____________ un auto nuevo. (comprar)

6. Daniela está muy ____________. (cansar)

7. La manta está ____________ con lana. (tejer)

Actividad para la casa: Su niño o niña ha identificado los sufijos *-ado/-ada, -ido/-ida*. Escriba estas palabras en una lista: *vestir, preparar, elegir, vivir, limpiar, beber, jugar*. Pídale que diga las palabras añadiendo los sufijos *-ado/-ada o -ido/-ida* y que forme una oración con cada nueva palabra *(preparar/preparado/preparada = La cena está preparada).*

Nombre ______________________

Palabras con *fl*
Sufijos *-ado, -ada, -ido, -ida*

Lee la pista. **Escribe** la palabra de ortografía.

Palabras de ortografía
flotando
flaco
flores
flecha
reflejo
sentada
querido
montada
cansado
comido

Comienza con *flo* y rima con colores

1. ______________________

Comienza con *can* y rima con asado

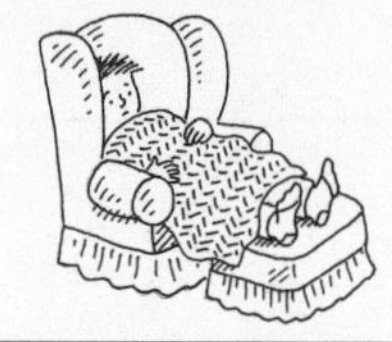

2. ______________________

Comienza con *sen* y rima con cantada

3. ______________________

Comienza con *fle* y rima con mecha

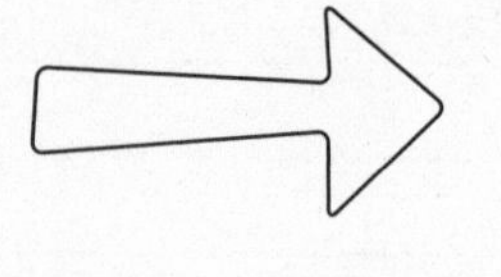

4. ______________________

Escribe la palabra que falta.

5. Juan está ______________________ por no comer bien.

6. Tío Luis se siente un poco ______________________.

7. He ______________________ ir al circo.

8. La burbuja está ______________________.

Actividad para la casa Su niño o niña escribió palabras con *fl* y terminadas en *-ado, -ada, -ido, -ida.* Ayúdele a encontrar palabras que rimen con las palabras de ortografía.

Nombre ______________________________

Pronombres sujeto

Los **pronombres** toman el lugar de los sustantivos en una oración.
Las palabras **yo, tú, él, ella, usted, nosotros, nosotras, ustedes, ellos** y **ellas** son **pronombres sujeto.**

Mi hermana limpia sus zapatos.
Ella limpia sus zapatos.

Encierra en un círculo el pronombre de cada oración.

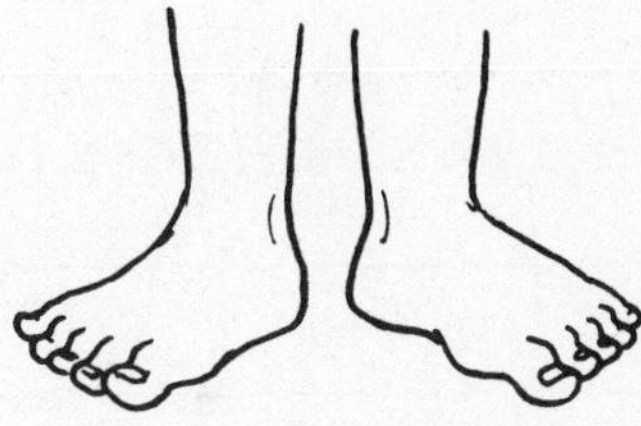

1. Nosotros hablamos con Juan.
2. Él tiene los pies grandes.
3. Yo no encuentro mis zapatos.
4. ¿Encontraron ustedes mis zapatos?
5. Tú llevas zapatos blancos.

Di otras oraciones con estos pronombres.

Escuela + Hogar **Actividad para la casa** Su niño o niña estudió los pronombres sujeto. Escriba *yo, tú, él, ella, usted, nosotros, nosotras, ustedes, ellos* y *ellas* en una lista. Señálelos uno por uno y pídale a su niño o niña que los use en oraciones.

Nombre ______________________________

Formato de carta

Querido(a) ____________:

____

____

____

____

____

____

____________________,

____

Nombre ______________________

16 17 18 19 20

Traza y **escribe** los números.

16

17

18

19 20

Copia las palabras. Deja el espacio correcto entre las palabras.

1. Luisa prende la flama para hacer la comida.

2. Los conejos se han comido las flores.

3. La flecha rosada muestra por dónde hemos caminado.

Actividad para la casa Su niño o niña ha practicado la escritura de los números 16 a 20 y palabras con *fl* y que terminan en *-ado, -ada, -ido, -ida*. Practiquen la escritura de los números una vez más. Luego, dígale que vuelvan a escribir una de las oraciones.

Nombre ______________________________

Lee las palabras numeradas de cada lista.
Une cada palabra numerada con las palabras guía que te muestran dónde encontrarías esa palabra en un diccionario.
Traza una línea de la palabra numerada a sus palabras guía.

1. motor	A. parte/planta
2. piso	B. genio/gota
3. girar	C. mosca/mucho

4. danza	D. dama/dato
5. béisbol	E. claro/cubo
6. color	F. barco/bello

7. presentar	G. nada/niño
8. dragón	H. disco/durazno
9. nevar	I. porche/primero

Escuela + Hogar **Actividad para la casa** Su niño o niña ha aprendido a usar el orden alfabético y las palabras guía de un diccionario. Ayúdelo a buscar en casa otras palabras en el diccionario.

Terminado el divertido paseo,
nos sentamos a comer flan.
Cerca, un picaflor vuela
de flor en flor.

Cuento de fonética En el zoológico
Destrezas clave Grupo consonántico *fl;* sufijos *-ado, -ada; -ido, -ida*

Nombre ____________________

En el zoológico

Grupo consonántico *fl*		Sufijos *-ado, -ada; -ido, -ida*		Palabras de uso frecuente	
flaca	flor	divertido	subidos	al	las
flamencos	Florencia	escondidos	terminado	amigos	muy
flan	picaflor	parado		comer	una
Flavia		queridos		con	y
flecha		rosados		la	yo

Florencia y yo vamos al zoológico.
Nos reunimos con Flavia y Claudio,
unos amigos muy queridos.

Unos monos están escondidos
entre las plantas.
Otros comen frutas subidos
a los árboles.

Los flamencos rosados
están en la orilla, cada uno
parado en una pata flaca.

Nombre ______________________

Palabras con *fl*
Sufijos *-ado, -ada, -ido, -ida*

Palabras de ortografía				
flotando	flaco	flores	flecha	reflejo
sentada	querido	montada	cansado	comido

Completa la oración. **Escribe** la palabra.

1. María estaba ______________________ en la banca.
2. Sobre la mesa había un jarrón de ______________________.
3. El perro callejero estaba ______________________.
4. El abuelo era ______________________ por todos.
5. Julia está ______________________ en el caballo.
6. El gato vio su ______________________ y se asustó.
7. El arquero apunta su ______________________.

Actividad para la casa Su niño o niña ha completado oraciones con las palabras de ortografía. Pídale que escriba un cuento con algunas palabras de ortografía.

Nombre ______________________________

Pronombres sujeto

Mira el dibujo.
Explica qué hacen la niña y su papá. **Usa** pronombres.

Actividad para la casa Su niño o niña aprendió a usar pronombres sujeto al escribir. Miren juntos un álbum de fotos de familia. Hablen de lo que ven en las fotos y usen pronombres en lugar de nombres.

Nombre ______________________________

Palabras con *fl*
Sufijos *-ado, -ada, -ido, -ida*

Mira la palabra. **Di** la palabra. **Escucha** el sonido de la *fl* y de los sufijos *-ado, -ada, -ido, -ida.*

	Escribe cada palabra.	**Verifica.**
1. flotando		
2. flaco		
3. flores		
4. flecha		
5. reflejo		
6. querido		
7. cansado		
8. comido		

Palabras de uso frecuente

9. si ______________________ 10. nuevos ______________________

Actividad para la casa Su niño o niña está aprendiendo a escribir palabras con *fl* y terminadas en *-ado, -ada, -ido, -ida.* Para practicar en casa, pídale que escriba otras palabras con *fl* y terminadas en *-ado, -ada, -ido, -ida.*

Nombre ______________________________

Pronombres sujeto

Marca el pronombre que toma el lugar de las palabras subrayadas.

1 La princesa se cayó.

- ⬭ Él
- ⬭ Ella
- ⬭ Ustedes

2 El rey y yo debemos ayudarla.

- ⬭ Nosotros
- ⬭ Ellas
- ⬭ Tú

3 El rey y la reina están muy preocupados.

- ⬭ Ellas
- ⬭ Ellos
- ⬭ Yo

4 Félix y tú tienen que encontrar sus pies.

- ⬭ Ustedes
- ⬭ Tú
- ⬭ Nosotros

5 La reina y la princesa están hablando.

- ⬭ Ella
- ⬭ Nosotros
- ⬭ Ellas

Actividad para la casa Su niño o niña se preparó para tomar un examen de los pronombres sujeto. Miren juntos un artículo del periódico o de una revista. Túrnense para buscar los pronombres *yo, tú, él, ella, usted, nosotros, nosotras, ustedes, ellos* y *ellas* y subrayarlos.

Nombre ______________________

Escoge una palabra de la caja para cada dibujo.
Escribe la palabra en la línea.

recicla ancla triciclo clavo bicicleta clase inclinado

1. ______________________

2. ______________________

3. ______________________

4. ______________________

5. ______________________

6. ______________________

7. ______________________

Actividad para la casa: Su niño o niña ha identificado palabras con *cl*. Pida a su niño o niña que escriba una lista con todas las palabras con este grupo consonántico que recuerde. Pídale que ilustre algunas palabras de la lista.

Nombre ______________________________

Escoge una palabra del recuadro para completar cada oración.
Escribe la palabra en la línea.

pronto	mismo	fin	debe	hacer

1. Miranda y yo llevamos el ________________ vestido.

2. Voy a ________________ la tarea ahora.

3. La cena estará lista ________________.

4. El timbre indica el ________________ de las clases.

5. El perro ________________ ir sujeto con una correa.

Escuela + Hogar **Actividad para la casa:** Su niño o niña ha aprendido a leer las palabras *pronto, mismo, fin, debe, hacer*. Escriba otras oraciones con estas palabras. Lea las oraciones a su niño o niña sin nombrar la palabra para que su niño o niña la diga.

Nombre ______________________________

Lee el cuento. **Mira** las ilustraciones.

Encierra en un círculo la respuesta a cada pregunta.

Pollito y Manchas son amigos. No se pelean. Les gusta jugar juntos. A veces, se persiguen por el patio. Me río cuando los veo jugar.

1. ¿Quién es grande?	Manchas	Pollito
2. ¿Quién es pequeño?	Manchas	Pollito
3. ¿Quién puede ladrar?	Manchas	Pollito
4. ¿Quién está parado?	Manchas	Pollito
5. ¿Quién tiene alas?	Manchas	Pollito

6. **Dibuja** dos gatos que se vean iguales.

7. **Dibuja** dos gatos que no se vean iguales.

Escuela + Hogar **Actividad para la casa** Su niño o niña comparó y contrastó los personajes de un cuento. Mientras lee cuentos con su niño o niña pídale que compare los personajes de los cuentos.

Nombre ______________________________

Animales de África

¿Dónde viven los leones?

¿Cómo comen las jirafas?

¿Cuál pesa más, el elefante macho o la hembra?

Lo puedo encontrar en una enciclopedia. Un elefante macho pesa unas 12,000 libras. Un elefante hembra pesa unas 7,000 libras.

Aspectos principales de las preguntas

- Muchas empiezan con *quién, qué, cuándo, dónde, por qué* o *cómo*. Cuando estas palabras se usan para hacer preguntas, siempre llevan acento.
- Al principio y al final llevan signos de interrogación.

Nombre ______________________________

Encierra en un círculo la sílaba tónica de cada palabra. Luego, lee las palabras con acento ortográfico.

1. claro

2. caminó

3. muñeca

4. círculo

5. amigo

6. papá

7. sacapuntas

8. niña

9. éste

10. tomó

Actividad para la casa: Su niño o niña ha identificado la sílaba tónica. Escriban juntos una lista de palabras favoritas. Luego, pida a su niño o niña que las lea y que diga cuál es la sílaba tónica en cada una de ellas.

Nombre ______________________________

Palabras con *cl*
Sílaba tónica y acento ortográfico

Identifica la sílaba acentuada y **encierra en un círculo** las palabras que tienen el acento en la última sílaba. **Escríbelas y léelas** en voz alta.

mamá	semillas
clase	perdón

sótano	caminar
clima	clavel

1. ______________
2. ______________
3. ______________
4. ______________

Palabras de ortografía

- clavo
- clima
- claro
- clase
- clavel
- perdón
- semillas
- caminar
- sótano
- mamá

Divide cada palabra en sílabas y léela.

5. mamá ________ ________
6. claro ________ ________

Escribe la palabra de ortografía que falta.

7. A Santiago le gusta ir a ______________.
8. De las ______________ brotan las plantas.

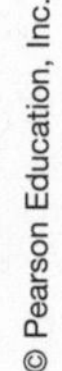

Actividad para la casa Su niño o niña escribió palabras con *cl* y palabras con el acento en la última sílaba. Pídale que subraye las palabras con *cl* de la lista de Palabras de ortografía, y que encierre en un círculo las palabras que tienen el acento en la última sílaba.

Nombre ______________________________

Pronombres objeto

Los **pronombres** toman el lugar de los sustantivos en una oración. Las palabras **me, te, se, lo, la, le, nos, los, las** y **les** son **pronombres objeto**.

Juan **me** llama. La ardilla **nos** mira.

Encierra en un círculo el pronombre de cada oración.

1. Félix me saludó.
2. Clara nos vio.
3. Sara le dio bellotas.

Escribe el pronombre que tome el lugar de las palabras subrayadas.
Ejemplo: La ardilla come bellotas. La ardilla las come.

4. Félix llama a Clara. Félix ______________ llama.
5. Clara mira a Félix. Clara ______________ mira.
6. ¿Tú conoces a Clara y Félix? ¿ ______________ conoces?

¿Cuáles de estas palabras son pronombres objeto? Subráyalas.

bellotas Félix nos Sara le saludaron mirar conoces me

Actividad para la casa Su niño o niña estudió los pronombres objeto. Dígale una oración que contenga un objeto, como *Yo como papas*, y pídale que la diga usando un pronombre en lugar de ese objeto: *Yo las como.*

Nombre ______________________

Red de ideas

Ideas

Preguntas

1. ______________________

2. ______________________

3. ______________________

Actividad para la casa: Su niño o niña puede formular preguntas y respuestas. Hable con su niño o niña sobre algunas preguntas que sean de interés para ambos.

Nombre ______________________

Traza y **escribe** las letras. No olvides poner los acentos.

Áá, Éé, Íí, Óó, Úú

Copia las palabras. Deja el espacio correcto entre las palabras.

1. El patito toma té.

2. Me gusta ese camión.

3. Lulú y Mimí están en clase.

4. Tomé un helado con mi papá.

5. Mamá me dió un libro.

¿Dejaste el espacio correcto entre las palabras? | Sí | No |

Escuela + Hogar

Actividad para la casa Su niño o niña ha practicado la escritura de letras con acento y de oraciones. Escriba estas palabras en una hoja aparte: *sillón*, *música*, *Félix*, *tomó*, *saltó*. Pídale a su niño o niña que copie cada palabra.

Nombre ______________________

Lee el artículo.

Las bellotas

Las bellotas son un <u>fruto</u>. Son el fruto de un árbol llamado *roble*. Las bellotas caen al suelo en el OTOÑO.

¿Quiénes comen bellotas?

- las ardillas
- los ratones
- los pájaros

La ardilla suele esconder sus bellotas.
La ardilla se come las bellotas en el INVIERNO.

1. ¿Cuál es el título del artículo? ______________________

2. Usa el dibujo para escribir una oración sobre las ardillas.

____

____

3. Escribe un encabezado de este artículo.

____

4. ¿Qué palabras están en letras mayúsculas? ______________________

Actividad para la casa Su niño o niña ha aprendido sobre las características de un texto. Miren juntos libros de no ficción. Pida a su niño o niña que señale otras características del texto, como títulos, subtítulos y palabras escritas con letras mayúsculas, en cursiva o en negrita.

A Clara y Claudia les encanta pasear en bicicleta.

Cuento de fonética En bicicleta
Destrezas clave Grupo consonántico *cl*; sílaba tónica y acento ortográfico

Nombre ______________________

En bicicleta

Grupo consonántico *cl*		Sílaba tónica y acento ortográfico		Palabras de uso frecuente	
bicicleta	clave	ayudar	muchas	ayudar	no
bucles	complicado	camino	pedalear	el	un
Clara	inclinado	enseñar	pequeña	está	voy
clases	triciclo	está	vamos	flores	y
Claudia		más		hoy	yo

Clara es pequeña, tiene bucles y maneja un triciclo.
Hoy, Claudia le va a enseñar a manejar la bicicleta.

—¡No es complicado!
La clave es pedalear.
—Pero... el camino está inclinado.
—Yo te voy a ayudar. ¡Vamos!

—¡Vamos hasta el lago!
—exclama Claudia—.
Es más plano y veremos muchas clases de flores.

Nombre ______________________________

Palabras con *cl* Sílaba tónica y acento ortográfico

Palabras de ortografía				
clavo	clima	claro	clase	clavel
perdón	semillas	caminar	sótano	mamá

Usa lo que sabes sobre la división de sílabas para deletrear. **Divide** cada palabra de ortografía en sílabas.

Subraya las palabras que tienen el acento en la última sílaba.

1. ______________________
2. ______________________
3. ______________________
4. ______________________
5. ______________________
6. ______________________
7. ______________________
8. ______________________
9. ______________________
10. ______________________

Ahora **lee** las palabras en voz alta.

Actividad para la casa Su niño o niña dividió palabras en sílabas. Diga otras palabras de dos o tres sílabas y pídale que las divida en sílabas.

Nombre ______________________________

Pronombres objeto

Imagina que descubriste un hormiguero con un amigo o una amiga. **Escribe** lo que vieron. **Usa** algunos pronombres del recuadro.

me	te	se	lo	la
le	nos	los	las	les

Actividad para la casa Su niño o niña aprendió a usar los pronombres objeto al escribir. Escriba algunos de los pronombres *me, te, se, lo, la, le, nos, los, las* y *les* en tarjetas de fichero. Diga oraciones que tengan esos pronombres y pídale a su niño o niña que levante las tarjetas de los pronombres que le oiga decir.

Nombre ______________________________

Palabras con *cl*
Sílaba tónica y acento ortográfico

Usa lo que sabes de la división de sílabas para deletrear. **Escribe** las sílabas que faltan.

Palabras de ortografía
clavo
clima
claro
clase
clavel
perdón
semillas
caminar
sótano
mamá

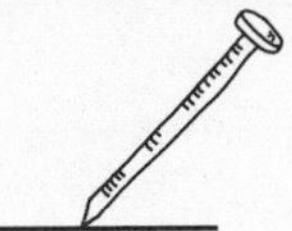

1. cla______

2. ______ se

3. ______mi______

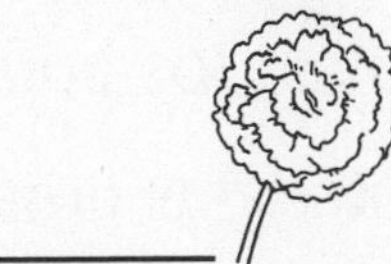

4. ______vel

Escribe las palabras en el crucigrama. Busca las sílabas acentuadas.

Horizontales:

6. andar
8. frío, calor
9. planta baja de la casa

Verticales:

5. de ellas salen plantas
7. aula de la escuela

Actividad para la casa Su niño o niña está aprendiendo a escribir palabras con *cl* y la sílaba tónica. Dele una palabra, pídale que la divida en sílabas y la escriba. Pídale que encierre en un círculo las palabras de la lista que tengan el acento en la última sílaba.

Nombre ______________________________

Pronombres objeto

Marca las oraciones con los pronombres objeto correctos.

1
- ⬭ Las bellotas las caen.
- ⬭ Las bellotas se caen.
- ⬭ Las bellotas los caen.

2
- ⬭ Luisa comió bellotas; los comió.
- ⬭ Luisa comió bellotas; las comió.
- ⬭ Luisa comió bellotas; nos comió.

3
- ⬭ Mira el topo; ahora nos verás.
- ⬭ Mira el topo; ahora lo verás.
- ⬭ Mira el topo: ahora se verás.

4
- ⬭ Yo estoy aquí. ¿Los ves?
- ⬭ Yo estoy aquí. ¿Se ves?
- ⬭ Yo estoy aquí. ¿Me ves?

5
- ⬭ ¿Nos dices adónde vamos?
- ⬭ ¿Se dices adónde vamos?
- ⬭ ¿Te dices adónde vamos?

Escuela + Hogar

Actividad para la casa Su niño o niña se preparó para tomar un examen de los pronombres objeto. Escriba algunos de los pronombres *me, te, se, lo, la, le, nos, los, las* y *les* en tarjetas de fichero. Señale una de las tarjetas y pídale que forme una oración que tenga ese pronombre. Repítalo con otras tarjetas.

Nombre ________________________________

Mira el dibujo.
Encierra en un círculo las vocales que completan la palabra.
Escribe las vocales en la línea.

1. 

ae ea

______ ropuerto

2. 

ee ao

l ______

3. 

eo ea

ald ______

4. 

ao ae

bacal ______

5. 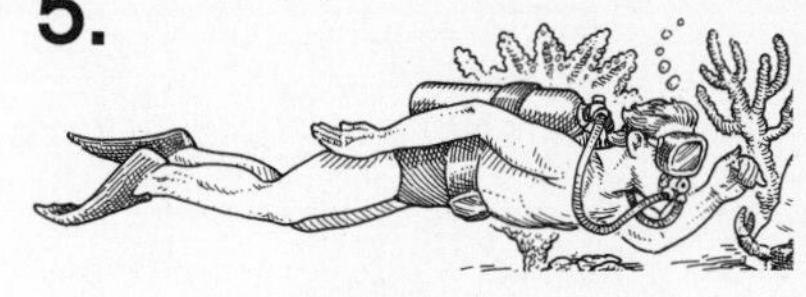

ae eo

buc ______

6. 

oa eo

can ______

7. 

oe eo

r ______ dor

Actividad para la casa: Su niño o niña ha identificado palabras con *ae, ao, ea, ee, eo, oa, oe*. Busquen en libros o revistas otras palabras con estos hiatos y cópienlas en una lista. Pida a su niño o niña que trace con crayones de diferente color las palabras (un color para cada hiato).

Nombre ______________________

Escoge una palabra o expresión del recuadro para completar cada oración.
Escribe la palabra en la línea. **Recuerda** usar letra mayúscula al comienzo de una oración.

vivir **tal vez** **abajo** **pero**

1. Estoy cansada ______________ voy a seguir jugando.

2. Me gusta ______________ en la ciudad.

3. ______________ llueva hoy.

4. Vive ______________ ,en el primer piso.

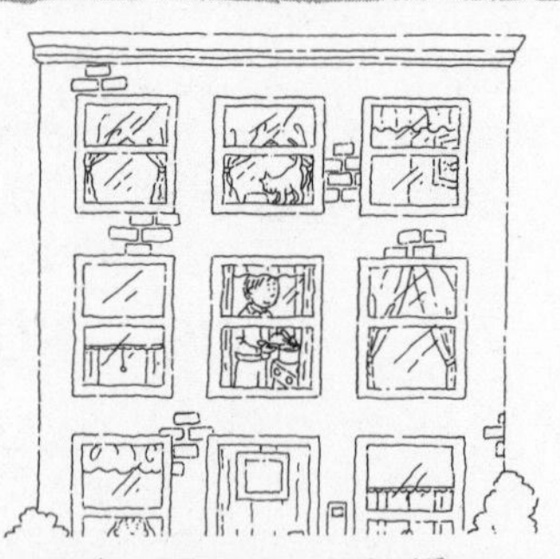

Actividad para la casa: Su niño o niña ha aprendido a leer las palabras *vivir, abajo, tal vez y pero*. Escriban juntos una obra de teatro en la que usen estas palabras. Pida a su niño o niña que lea los diálogos varias veces. Hagan marionetas con bolsas de papel y representen la obra con su niño o niña diciendo los diálogos.

Nombre ______________________________

Lee el cuento.
Encierra en un círculo la oración que dice de qué trata el cuento.
Haz un dibujo de lo que trata el cuento.

1. La tierra se sentía suave debajo de mis pies. Los árboles eran altos y verdes. El aire era cálido. Me gustaba caminar por el bosque.

2.

Lee el título del cuento.
Encierra en un círculo un detalle que podría aparecer en el cuento.
Haz un dibujo de ese detalle.

3. Título: La fiesta
Jen y Fran cantan.
"Feliz cumpleaños"
Jen y Fran tienen bicicletas.
A Jen y Fran les gusta la escuela.

4.

Actividad para la casa Su niño o niña ha aprendido sobre la idea principal y los detalles de un cuento. A medida que lea cuentos con su niño o niña, pídale que le diga de qué trata el cuento. Pídale que le diga detalles del cuento.

Nombre ____________________

Necesitas una computadora

¡Todos necesitamos una computadora!

Una computadora te ayuda a encontrar información.

En ella puedes hallar datos sobre tu animal favorito.

Una computadora te ayuda a mantenerte en contacto con los demás.

La puedes usar para enviar un correo electrónico a un amigo.

Puedes usar una computadora para comprar cosas.

Hasta puedes ver una película en la computadora.

¡Compra una computadora hoy!

Aspectos principales de un anuncio

- Promueve un producto o servicio
- Describe el producto o servicio.

Nombre ______________________________

Escoge una palabra del recuadro para completar cada oración.
Escribe la palabra en la línea.

truenos	ruido	eucalipto	cuento
suave	aullido	reunión	

1. Los caramelos de ____________ son buenos para la tos.

2. El bebé tiene miedo de los ____________.

3. Mi mamá nos leyó un ____________.

4. Mis papás están en una ____________ de vecinos.

5. El ____________ del lobo es muy triste.

6. Me gusta el ____________ del mar.

7. La piel del bebé es muy ____________.

Actividad para la casa: Su niño o niña ha identificado las sílabas con *ua, ue, ui, eu, au*. Busquen en libros y revistas otras palabras con estas sílabas y cópienlas en una lista. Pida a su niño o niña que forme oraciones con algunas de estas palabras.

Nombre ______________________

Hiatos *ae, ao, ea, ee, eo, oa, oe, oo* Diptongos *ua, ue, ui, eu, au*

Palabras de ortografía				
maestra	canoa	aldea	leo	poeta
igual	puede	reunir	autos	bueno

Encierra en un círculo la palabra correcta en cada línea. **Escríbela.**

1. maestra maistra mestra ______
2. knoa kanoa canoa ______
3. vueno bueno gueno ______
4. lleo loe leo ______
5. poenta poeta pueta ______
6. aldea adela aldae ______

Lee la oración. **Escribe** una palabra de ortografía que tenga un significado parecido a la palabra subrayada.

7. Yo <u>ojeo</u> libros de animales. ______
8. El cerdo es <u>semejante</u> al jabalí. ______

Actividad para la casa Su niño o niña escribió palabras con hiatos *ae, ao, ea, ee, eo, oa, oe* y diptongos *ua, ue, eu, au.* Pídale que encierre en un círculo los hiatos y diptongos en las palabras de ortografía.

Nombre ______________________

Más sobre pronombres

Recuerda que los **pronombres** toman el lugar de algunos sustantivos en una oración. Las palabras **yo, tú, él, ella, usted, nosotros, nosotras, ustedes, ellos** y **ellas** son **pronombres sujeto.** Las palabras **me, te, se, lo, la, le, nos, los, las** y **les** son **pronombres objeto.**

Sara y yo miramos la máquina. **Nosotras la** miramos.

Encierra en un círculo los pronombres de las oraciones.

1. Mamá me dibujó una polea.

2. Ahora yo puedo dibujar una.

3. Te explicaré cómo funciona.

4. Enseguida lo entenderás.

5. Ahora, dibuja tú una polea.

Di otras oraciones con estos pronombres.

Actividad para la casa Su niño o niña repasó los pronombres personales. Pídale que diga oraciones con los pronombres de esta página.

Nombre ______________________

Red

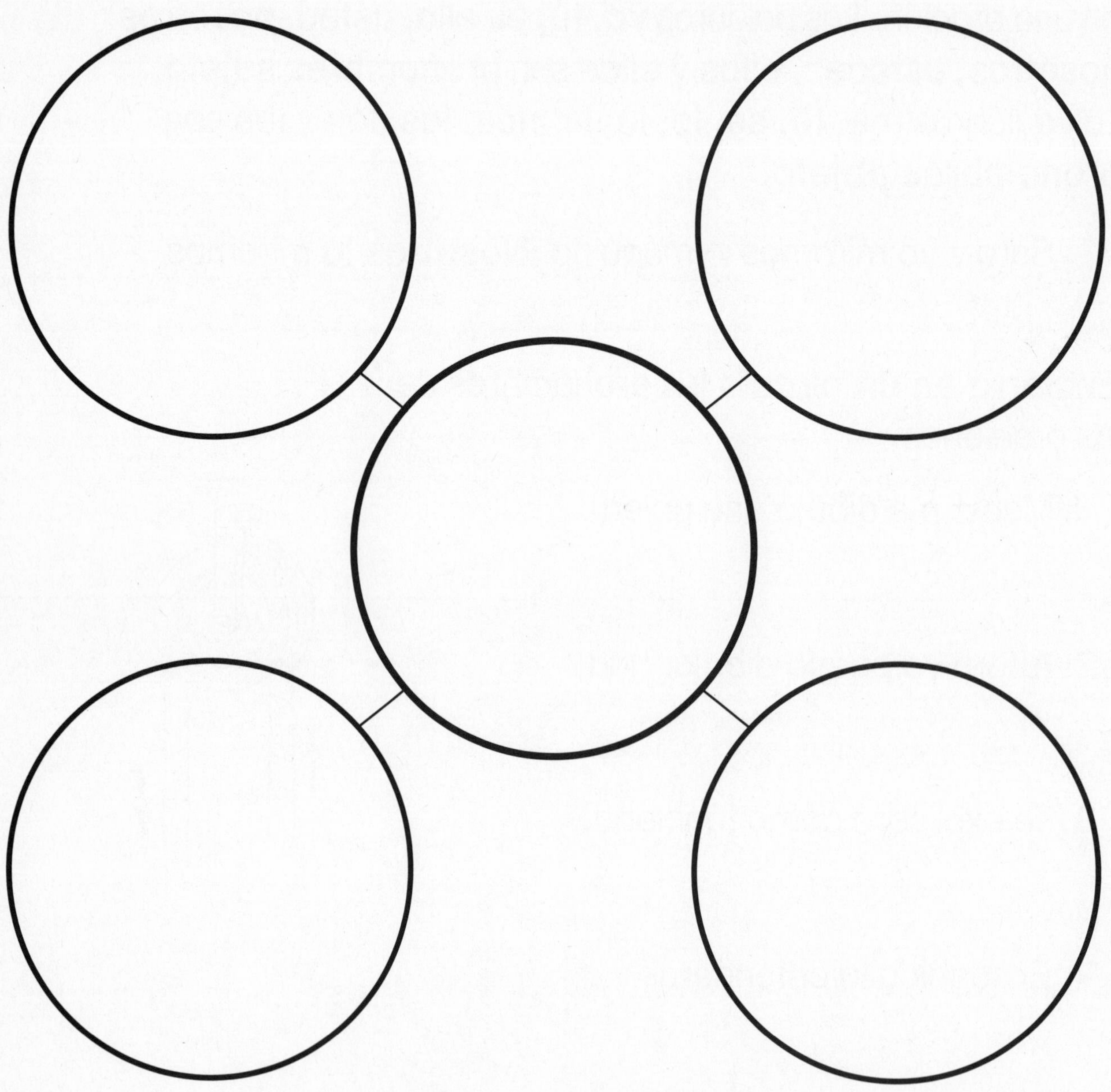

Nombre ______________________________

Copia las oraciones. Deja el espacio correcto entre las palabras.

1. Voy a la cueva ahora.

2. Mi nana me lee un cuento.

3. Lupita me cuida en el viaje a Europa.

4. En la escuela leo un cuento.

5. Claudia toca la flauta.

¿Dejaste el espacio correcto entre las palabras? | **Sí** | **No** |

Escuela + Hogar

Actividad para la casa Su niño o niña ha practicado la escritura de oraciones con palabras con hiatos *y* diptongos. Escriba estas palabras en una hoja aparte: *empiezo, a, leer, veo, una, cuerda*. Pida a su niño o niña que vuelva a escribir las palabras para formar una o dos oraciones.

Nombre ______________________________

Amy investigó qué inventos les gustan más a sus amigos. Esto fue lo que averiguó. A ocho de sus amigos les gustan más los carros. A siete les gusta más la televisión. A otros tres amigos les gustan más los teléfonos. A cinco les gustan más las computadoras. A un amigo le gustan más los aviones.

Con la asistencia de tu maestro, **completa** la pictografía con los resultados de la investigación.

1. ¿Qué muestra la pictografía? ______________________________

2. ¿A cuántos niños les gustan los teléfonos? ______________

3. ¿A cuántos niños les gustan las computadoras? __________

4. ¿Qué invento gusta más? ______________________________

Escuela + Hogar **Actividad para la casa** Su niño o niña aprendió a leer una pictografía. Hagan juntos una pictografía que muestre información sobre su familia, como los alimentos favoritos o pasatiempos favoritos de cada miembro de la familia.

La función termina
y salimos al recreo.
—¿Les gustó?
—pregunta Paula.
—Sí, sí —coreamos ruidosos—.

Cuento de fonética El teatro de títeres
Destrezas clave Hiatos *ae, ao, ea, ee, eo, oa, oe, oo*; diptongos *ua, ue, ui, eu, au*

Nombre ______________________

El teatro de títeres

Hiatos *ae, ao, ea, ee, eo, oa, oe, oo*		Diptongos *ua, ue, ui, eu, au*	Palabras de uso frecuente	
caer	recreo	agua	al	lo
canoa	teatro	aguanta	de	muy
coreamos	Tolomeo	cuentan	dentro	no
creen		Paula	dos	se
mareo		revuelto	la	y
		ruidosos		

Ha venido un teatro de títeres.
Ranas y payasos cuentan el caso
del río revuelto.

El príncipe Tolomeo se asusta dentro de su canoa. No aguanta el mareo y se va a caer al agua.

Pero llega la princesa Beatriz y lo rescata. Los dos salen de paseo muy felices.

Nombre ___________________________

Hiatos *ae, ao, ea, ee, eo, oa, oe, oo*
Diptongos *ua, ue, ui, eu, au*

Palabras de ortografía				
maestra	canoa	aldea	leo	poeta
igual	puede	reunir	autos	bueno

Encierra en un círculo la palabra que completa la oración. **Escribe** la palabra.

1. La **maestra** **maistra** me enseña a leer. ____________
2. Vamos a pescar en una **knoa** **canoa**. ____________
3. Los indígenas viven en una **aldea** **caldea**. ____________
4. En las noches **loe** **leo** cuentos de hadas. ____________
5. Dos veces diez es **igual** **iqual** a cuatro veces cinco. ____________
6. El **poema** **poeta** escribe versos de amor. ____________
7. ¿**Puede** **Peude** venir Juana a jugar conmigo? ____________
8. Camila y yo nos vamos a **reunir** **resumir** para ir al cine. ____________

Actividad para la casa Su niño o niña ha completado estas oraciones con las palabras de ortografía. Ayúdele a escribir nuevas oraciones con las palabras de ortografía.

Nombre ______________________

Más sobre pronombres

Mira el dibujo. **Explica** qué hacen la ardilla y el ratón. **Usa** algunos pronombres del recuadro.

la	él	lo
le	se	ella

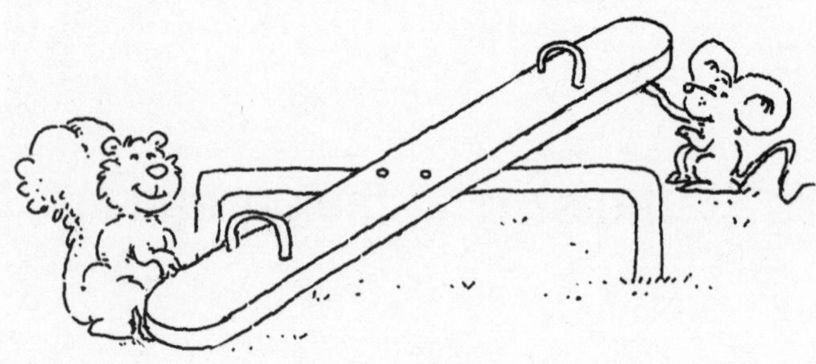

Escuela + Hogar **Actividad para la casa** Su niño o niña repasó el uso de los pronombres al escribir. Miren juntos fotografías e ilustraciones en una revista. Hablen de lo que ven en las fotos. Señale los pronombres que usen al hablar.

Nombre ______________________________

Hiatos *ae, ao, ea, ee, eo, oa, oe, oo*
Diptongos *ua, ue, ui, eu, au*

Palabras de ortografía				
maestra	canoa	aldea	leo	poeta
igual	puede	reunir	autos	bueno

Escribe estas palabras en orden alfabético.

reunir
canoa
maestra
aldea

1. ______________ 2. ______________

3. ______________ 4. ______________

Usa este código. **Escribe** las palabras.

5. ______________ 6. ______________ 7. ______________

8. ______________ 9. ______________

Actividad para la casa Su niño o niña está aprendiendo a escribir palabras con hiatos *ae, ao, ea, ee, eo, oa, oe* y diptongos *ua, ue, eu, au*. Pídale que subraye las palabras con hiatos en las palabras de ortografía y encierre en un círculo los diptongos.

Nombre ______________________________

Más sobre pronombres

Marca el pronombre que toma el lugar de las palabras subrayadas.

1 A Carlos y a ti les gusta montar en el subibaja.

- nosotros
- ustedes
- nos

2 Tú subes y Carlos baja.

- él
- ella
- nosotros

3 Sandra juega con Carlos y Lina.

- me
- ellos
- usted

4 Voy a subir por la rampa con mamá.

- ella
- tú
- nos

5 Dale el abridor a papá.

- ella
- ellos
- él

Actividad para la casa Su niño o niña se preparó para tomar un examen de los pronombres sujeto y objeto. Lean un cuento e identifiquen juntos los pronombres que encuentren al leer.

Nombre ______________________________

Escoge una palabra para completar cada oración.
Escribe la palabra en la línea. **Recuerda** usar mayúscula al comienzo de una oración.

ley	oigo	buey	reina	hay	voy	paisaje

1. El ________________ tira de la carreta.

2. ________________ nieve en la montaña.

3. Yo ________________ la voz de mi mamá.

4. Estoy dibujando un ________________.

5. La ________________ saluda desde la carroza.

6. La ________________ prohíbe tirar basura.

7. ________________ a pasear a mi perro.

Actividad para la casa: Su niño o niña ha identificado sílabas con *ai, ay, ei, ey, oi, oy*. Busquen en libros o revistas otras palabras con estas sílabas. Pida a su niño o niña que copie las palabras en una lista y que ilustre algunas de ellas.

Nombre ______________________

Escoge una palabra del recuadro para completar cada oración.
Escribe la palabra en la línea.

madre	libros	uno	hizo	quería

Querida Alicia:

La semana pasada fue mi cumpleaños. Mi ______________ me regaló 20 dólares.

Hoy he ido a comprar unos ______________ con ese dinero.

Compré tres libros y el vendedor me ______________ un descuento.

Yo ______________ un libro sobre piratas. Al final, encontré ______________ que me gustaba. Se llama *La isla del tesoro*. Te lo prestaré cuando lo lea.

Un saludo.

Simón

Actividad para la casa: Su niño o niña ha aprendido a leer las palabras *madre, libros, uno, hizo, quería.* Pida a su niño o niña que forme una oración con cada una de estas palabras. Escriba las oraciones en un papel. Luego, pídale que le lea las oraciones.

Nombre ______________________

Lee el cuento. **Sigue** las instrucciones.

La clase del Señor Gómez va a salir de excursión. Primero todos se suben al autobús. Va a ser un día divertido. Después la clase se baja del autobús en el zoológico del Parque Rocoso. Es un zoológico grande. Por último, la clase camina hacia la casa de las serpientes.

---

1. **Encierra en un círculo** las palabras del cuento que te ayudaron a identificar el orden de los sucesos.

2. **Escribe 1, 2, 3** para mostrar el orden de los sucesos.

   La clase se sube al autobús. ________

   La clase camina hacia la casa de las serpientes. ________

   La clase se baja del autobús. ________

3. **Vuelve a contar** el cuento. Luego, actúa con un compañero los sucesos importantes en orden lógico.

Escuela + Hogar **Actividad para la casa** Su niño o niña identificó palabras de orden y las usó para poner los sucesos del cuento en el orden correcto. Pida a su niño o niña que actúe los sucesos del cuento en el orden en que ocurrieron.

Nombre ______________________________

Instrucciones: *Piensa en algo fabuloso que te haya pasado. Ahora escribe una autobiografía que cuente lo que te pasó.*

El mejor día

El año pasado estaba con Mamá en una tienda. Una señora nos preguntó si yo podía aparecer en un anuncio de televisión para la tienda. Yo muy feliz le dije que sí. Al siguiente día, Mamá me llevó a la tienda. La señora estaba allí. Ella me dijo lo que tenía que hacer. Me dijo que actuara normalmente. Nosotras ensayamos el anuncio. Después, lo grabamos rápidamente. ¡El anuncio salió en la televisión! Muy pronto mi familia y mis amigos lo vieron.

Aspectos principales de una autobiografía

- Habla de la vida de una persona real.
- El autor o la autora escribe sobre su propia vida.

Nombre ______________________________

Une con una línea cada raíz con su terminación para formar una palabra.
Escribe la nueva palabra en la línea.

1. mar ______________________ adora

2. papel ______________________ ero

3. frut- ______________________ inero

4. cort- ______________________ ante

5. camin- ______________________ era

Actividad para la casa: Su niño o niña ha usado la raíz de palabras para formar palabras nuevas. Escriba en tarjetas de fichero las siguientes palabras: *personaje, viajero, azulado, barcaza, limonada, alejado, monedero*. Pida a su niño o niña que las lea y que encierre en un círculo la raíz de cada palabra (*persona, viaj-, azul, barc-, limon, lej-, moned-*).

Nombre ______________________

Diptongos *ai(ay), oi(oy), ei(ey)* Raíces de las palabras

Escribe las palabras de ortografía en el grupo al que pertenecen.

Palabras de ortografía
teléfono
artista
panadero
florero
cartero
hay
oigo
baile
peine
doy

1. pastelero, cocinero, ______________________
2. pianista, florista, ______________________
3. mesero, portero, ______________________
4. audífono, micrófono, ______________________

Escribe la palabra que falta.

5. Pasos y voces ______________________.
6. Desenreda el cabello con el ______________________.
7. Es muy alegre ese ______________________.
8. Todo mi cariño te ______________________.

Actividad para la casa Su niño o niña escribió palabras con diptongos *ai(ay), oi(oy), ei(ey)* y raíces. Pídale que encierre en un círculo la raíz de las palabras de ortografía.

Nombre ______________________

Adverbios

Los **adverbios** dicen algo sobre el verbo. Pueden decir cómo, cuándo o dónde pasan las cosas.

Ahora suena el teléfono.
El teléfono está **aquí**.

Encierra en un círculo el adverbio de cada oración.
Di una oración nueva con cada adverbio.

1. Primero, Alex se enfermó.
2. Luego, Alex fue de viaje para curarse.
3. Alex se fue lejos.
4. Ayer tuve una idea.
5. Hoy prepararé mi invento.
6. Mi laboratorio está aquí.

Escuela + Hogar **Actividad para la casa** Su niño o niña estudió los adverbios. Hagan juntos una lista de los adverbios que digan cuándo, cómo o dónde pasan las cosas.

Nombre ______________________________

Autobiografía

Respuesta de calificación máxima

Enfoque/Ideas	Una buena autobiografía habla sobre sucesos reales en la vida del autor.
Organización	Una buena autobiografía está narrada siguiendo el orden en el tiempo.
Voz	Una buena autobiografía muestra los sentimientos del autor sobre los sucesos.
Lenguaje	Una buena autobiografía usa palabras que dicen cómo, cuándo o dónde ocurrieron los sucesos.
Oraciones	Una buena autobiografía usa oraciones que al leerlas juntas dicen las ideas del autor.
Normas	Una buena autobiografía usa palabras como *yo* y *me*.

Nombre ______________________

Copia las oraciones. Deja el espacio correcto entre las palabras.

1. Hay dos inventos importantes.

2. Voy a comer mamey.

3. Te doy un peine.

4. Oigo el sonido del tren.

5. La casa está aislada.

¿Dejaste el espacio correcto entre las palabras? | Sí | No |

Escuela + Hogar

Actividad para la casa Su niño o niña ha practicado la escritura de palabras con *ai, ay, oi, oy, ei, ey*. Pídale que elija una oración para copiarla en una hoja aparte.

Nombre ______________________

Mira la página Web.
Responde las preguntas.

carro televisión horno

1. ¿En qué botón harías clic para ver la página que miraste antes de ésta? ______________________

2. ¿En qué botón harías clic para hacer una copia de la información de esta página? ______________________

3. ¿Cuál es la dirección de esta página? ______________________

4. ¿Cuál es el título de esta página? ______________________

5. ¿Qué harías para tener más información sobre los hornos?

____

Actividad para la casa Su niño o niña ha aprendido a usar una página web para buscar información. Cuando ustedes estén conectados a Internet, comenten cómo se navega en Internet.

Nombre ______________________

Cuando brilla el Sol

Diptongos *ai, ay, oi, oy, ei, ey*	Raíces de las palabras	Palabras de uso frecuente	
aire	Televisión, teléfono	al	no
béisbol	patines, patinetas	cuando	por
reina		el	se
		en	sol
		los	y

Cuando brilla el Sol...
Los niños no miran la televisión.
Los niños no hablan por teléfono.
Los niños salen al aire libre.

Cuando se oculta el Sol...
Los niños se meten a la cama.
Ahora reina la calma.

Cuento de fonética Cuando brilla el Sol
Destrezas clave Diptongos *ai, ay, oi, oy, ei, ey;* raíces de las palabras

Cuando brilla el Sol...
Los niños pasean
en sus patines y sus patinetas.

Cuando brilla el Sol...
Los niños juegan fútbol y béisbol.
Hay mucha emoción.

Nombre ______________________

Diptongos *ai(ay), oi(oy), ei(ey)* Raíces de las palabras

Palabras de ortografía				
teléfono	artista	panadero	florero	cartero
hay	oigo	baile	peine	doy

Escribe la palabra de ortografía que falta.

1. Me gusta el arte. Voy a ser _____ cuando sea grande. ______________
2. Como le gusta mandar y recibir cartas, Camilo quiere ser _____. ______________
3. Mi mamá tiene un _____ de porcelana. ______________
4. El _____ hace unas tortas deliciosas. ______________
5. El _____ de clausura salió muy bonito. ______________
6. En la alcancía _____ muchas monedas. ______________
7. Todo lo que tengo te lo _____. ______________
8. En la mañana _____ el canto de los pájaros. ______________

Actividad para la casa Su niño o niña ha completado estas oraciones con las palabras de ortografía. Ayúdele a escribir nuevas oraciones con las palabras de ortografía.

Nombre ______________________________

Adverbios

Escribe sobre alguna vez que construiste o hiciste algo. Usa **adverbios** para decir dónde, cómo o cuándo.

Actividad para la casa Su niño o niña aprendió a usar los adverbios al escribir. Pídale que lea en voz alta el texto que escribió en esta página. Dígale que le señale los adverbios que usó.

Nombre ______________________

Diptongos *ai(ay), oi(oy), ei(ey)* Raíces de las palabras

Palabras de ortografía				
teléfono	artista	panadero	florero	cartero
hay	oigo	baile	peine	doy

Tacha la *h* y la *u*. **Escribe** la palabra que queda.

1. t u e h l é f o n o 1. ______________
2. p h a n u a d e r o 2. ______________
3. c a r u t e r h o 3. ______________
4. p h e i n u e 4. ______________

Escribe cuatro palabras que rimen con *doy*.

5. ______________ 6. ______________

7. ______________ 8. ______________

Actividad para la casa Su niño o niña está aprendiendo a escribir palabras con diptongos *ai(ay), oi(oy), ei(ey)* y raíces. Pídale que busque y escriba nuevas palabras con diptongos *ai(ay), oi(oy), ei(ey)* y raíces.

Nombre ______________________________

Adverbios

Un adverbio te dice cómo, cuándo o dónde pasa algo.
Marca el adverbio de cada oración.

1 Maite y yo hicimos un invento ayer.

- ⊂⊃ Maite
- ⊂⊃ invento
- ⊂⊃ ayer

2 Lo hicimos arriba, en mi cuarto.

- ⊂⊃ cuarto
- ⊂⊃ arriba
- ⊂⊃ hicimos

3 Maite y yo trabajamos bien.

- ⊂⊃ trabajamos
- ⊂⊃ bien
- ⊂⊃ yo

4 Pronto conseguimos terminarlo.

- ⊂⊃ Pronto
- ⊂⊃ conseguimos
- ⊂⊃ terminarlo

5 Entonces se lo mostramos a nuestros padres.

- ⊂⊃ Entonces
- ⊂⊃ mostramos
- ⊂⊃ padres

Actividad para la casa Su niño o niña se preparó para tomar un examen de los adverbios. Léale su cuento preferido. Pídale que al escuchar se fije en los adverbios que dicen cuándo, dónde o cómo.

Nombre ______________________________

Añade *im-* o *in-* a la palabra entre ( ). **Usa** *m* antes de *p* o *b*, y *n* antes de *v*.
Escribe la nueva palabra en la línea.

(posible)

____

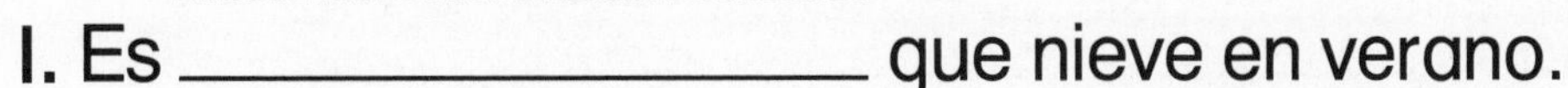

1. Es ______________________ que nieve en verano.

(cansable)

____

2. Mi hermana pequeña es ______________________.

(acabado)

____

3. El cuadro está ______________________.

(paciente)

____

4. Lucas está ______________________ esperando las vacaciones.

(variable)

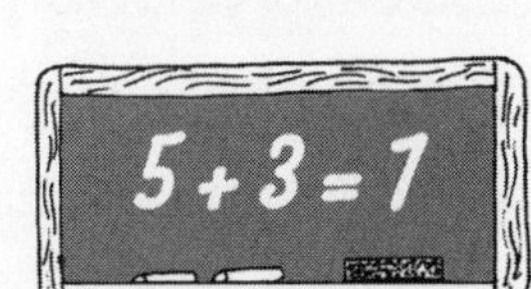

____

5. El resultado de la suma es ______________________.

(borrable)

____

6. Esta tinta es ______________________.

Actividad para la casa: Su niño o niña ha identificado los prefijos *in-*, *im-*. Escriba estas palabras en tarjetas de fichero: *prudente*, *cumplir*, *puro*, *comprensible*, *puntual*, *culto*, *curable*, *pensable*, *creíble*, *dudable*. Pida a su niño o niña que lea cada palabra, que le añada el prefijo *in-* o *im-* y que escriba la nueva palabra en la parte posterior de la tarjeta.

Nombre ______________________

Escoge una palabra del recuadro para completar cada oración.
Escribe la palabra en la línea.

como	**diferente**	**hola**	**muchacha**	**rojos**

1. Yo siempre digo ______________ para saludar a mis amigos.

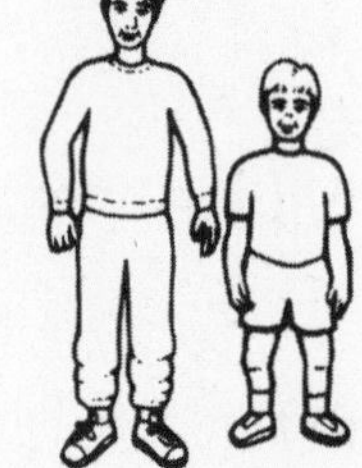

2. Mi perro es ______________ del suyo.
3. Mi hermano es tan alto ______________ un jugador de básquetbol.

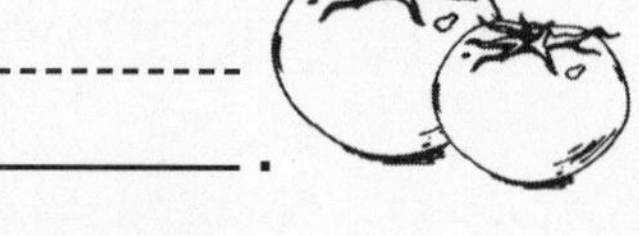

4. Los tomates maduros son muy ______________.

5. Esa ______________ vende flores.

Escoge dos palabras del recuadro.
Escribe oraciones nuevas con cada palabra.

6. ______________________________

7. ______________________________

Actividad para la casa: Su niño o niña ha aprendido a leer las palabras *como, diferente, hola, muchacha, rojos*. Anime a su niño o niña a escribir un cuento sobre una visita a un jardín en el que use estas palabras y pídale que haga dibujos para ilustrarlo.

Nombre ______________________

Lee el cuento. **Responde** las preguntas.
Este cuento es un cuento folclórico. Los indígenas nativos de las Filipinas lo contaron de una persona a otra.

Las estrellas y la Luna

Hace mucho tiempo, el cielo estaba cerca de la Tierra. Una mujer quería moler arroz con su martillo. Antes de empezar, se quitó las cuentas del cuello. Se quitó la peineta del pelo. Colgó las dos cosas en el cielo. Cada vez que alzaba el martillo, chocaba contra el cielo. Una vez, el martillo chocó tan fuerte contra el cielo que empezó a subir. El cielo subió tan alto que ella perdió sus cuentas y la peineta. Nunca regresaron. La peineta se convirtió en la Luna. Las cuentas se convirtieron en las estrellas.

1. Lee el título del cuento. ¿De qué crees que se trata?

____

2. ¿Cuál es la idea principal de este cuento?

____

3. ¿De qué manera cambió la mujer el cielo y la tierra?

____

4. ¿Cómo sabes que es un cuento folclórico?

____

Actividad para la casa Su niño o niña aprendió sobre los temas en un cuento. A medida que lea cuentos con su niño o niña comente las ideas principales del cuento.

Nombre ______________________________

Una media que canta

Hago un títere con mi mano.
La envuelvo con una media vieja.
Pinto el títere para que parezca abeja.
Con franjas de colores parecidas a las de un piano.

Aspectos principales de un poema

- Muchos son más cortos que un cuento.
- Las líneas terminan casi siempre con palabras que riman.

Nombre ________________________________

Añade *des-* o *re-* a cada palabra.
Escribe la nueva palabra en la línea.
Aviso: En algún caso pueden usarse los dos.

1. hacer ________________________________

2. gana ________________________________

3. abrir ________________________________

4. cuidado ________________________________

5. interés ________________________________

6. tomar ________________________________

7. abrochar ________________________________

Actividad para la casa: Su niño o niña ha identificado los prefijos *des-* y *re-*. Pídale que lea las palabras de arriba y que forme una oración con cada una.

Nombre ________________________________

Prefijos *in-/im-*, *des-/re-*

Palabras de ortografía				
imposible	incansable	invisible	incómodo	impaciente
desgana	descuidado	despegar	recalentar	relleno

Encierra en un círculo la palabra que completa la oración y está bien escrita. Escríbela. Recuerda que debes usar *m* antes de *p* o *b*, y *n* antes de *v*.

1. El pan está **relleno** **reyeno** de queso. ________________
2. El hombre **inbisible** **invisible** es un personaje de la fantasía. ________________
3. Me regalaron unas pinturas **imborrables** **inborrables.** ________________
4. El tráfico se pone **imposible** **inposible** cuando llueve. ________________
5. Ponte el cinturón al **dezpegar** **despegar** el avión. ________________
6. No seas **dezcuidado** **descuidado** con tus libros. ________________
7. Esperar lo pone **impaciente** **inpaciente.** ________________

Actividad para la casa Su niño o niña escribió palabras con prefijos *in-/im-, des-/re-*. Para repasar este tema juntos, una persona dice pistas de una palabra con prefijo *in-/im-, des-/re-* y la otra la escribe.

Nombre ______________________________

Preposiciones y frases preposicionales

Una **preposición** es la primera palabra de un grupo de palabras llamado **frase preposicional.** Algunas preposiciones son *a, en, de, con, para, por, sin, sobre* y *desde.*

Preposición Momoko se sentó en las escaleras.

Frase preposicional Momoko se sentó en las escaleras.

Encierra en un círculo la preposición de cada oración.
Di otra oración con cada preposición.

1. Susana leyó un libro sobre jardines.

2. Susana quería plantar plantas en su patio.

3. Se esoforzó para conseguirlo.

4. Plantó flores con su amiga Lina.

Copia la frase preposicional de la oración.

5. Las flores de su jardín eran hermosas.

____

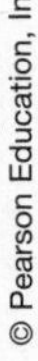

Actividad para la casa Su niño o niña estudió las preposiciones y las frases preposicionales. Léale un artículo de una revista y ayúdelo a identificar las frases preposicionales del artículo.

Nombre ______________________

Secuencia

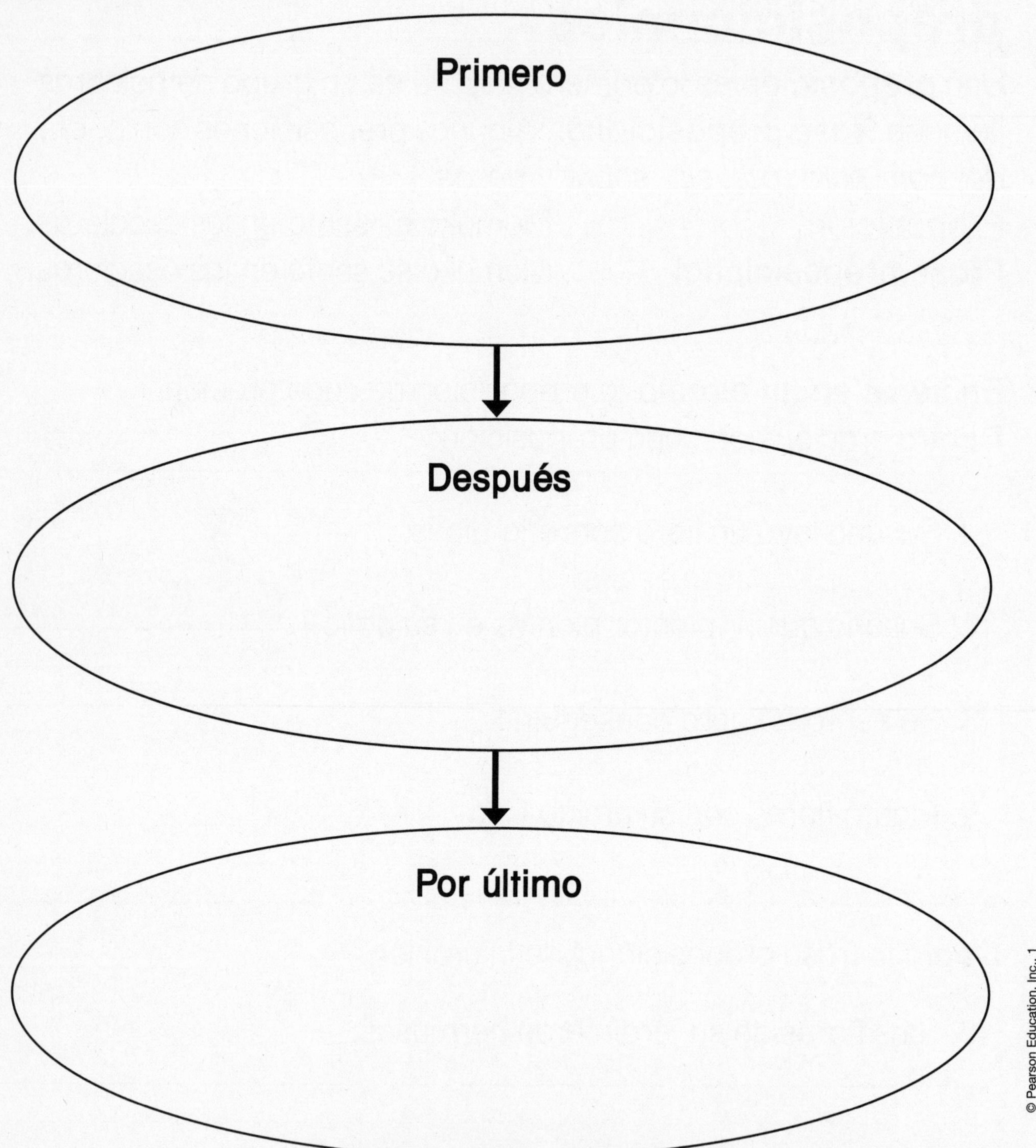

Nombre ______________________________

Copia las oraciones. Deja el espacio correcto entre las palabras.

1. Me siento incómodo con esta camisa.

2. Es imposible alcanzar la estrella.

3. Hay que desandar el camino.

4. Nos vamos a reunir mañana.

5. Pedro está desesperado.

¿Dejaste el espacio correcto entre las palabras? | Sí | No |

Escuela + Hogar

Actividad para la casa Su niño o niña ha practicado la escritura de palabras con prefijos *in, im, des* y *re.* Escriba las siguientes palabras en una hoja de papel y pídale que las vuelva a escribir lo más claro posible: *incómodo, imposible, desandar, reunir, desesperado.*

Nombre ___________________________

Investiga qué vegetales se necesitan para hacer una sopa.
Mira el dibujo.
Lee la introducción.
Ayuda a crear la dramatización.
Pide asistencia a tu maestro si la necesitas.
Escribe lo que dirá cada personaje.
Presenta la dramatización con tus compañeros.

Un día, un niño llegó al pueblo. Tenía hambre.
Tenía una olla y una piedra. Decidió hacer sopa de piedra.

Sopa de piedra: La obra de teatro

Niño: Voy a preparar sopa de piedra, pero necesito vegetales.

Granjero: ___________________________

Mujer: Aquí hay unas cebollas.

Niña joven: Aquí hay unos tomates.

Niño joven: ___________________________

Mula: Aquí hay agua.

Niño: La sopa está lista. Por favor sírvanse.

Todos: Si trabajamos juntos, todos disfrutamos la sopa.

Actividad para la casa Su niño o niña aprendió a escribir un guión. Junto con su niño o niña piense en un cuento popular favorito, en un cuento de hadas u otro cuento que les guste. Trabajen juntos para escribir un guión basándose en los personajes del cuento. Si es posible, asignen los personajes y presenten la obra de teatro con toda la familia.

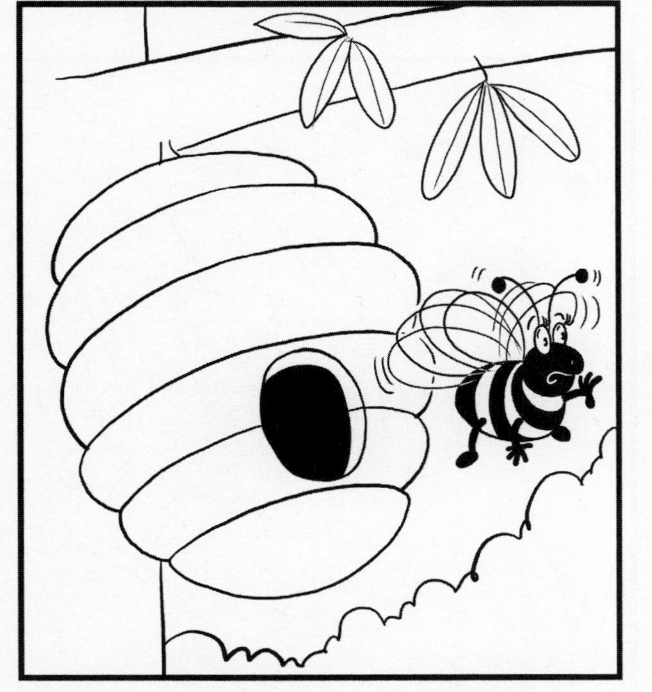

La señora Abeja espera impaciente.
Está preocupada. Pronto descubrirá
que la hormiga sólo estaba reposando.

Cuento de fonética La hormiguita inquieta
Destrezas clave Prefijos *in-, im-*; prefijos *des-, re-*

Nombre ______________________

La hormiguita inquieta

Prefijos *in-, im-*	Prefijos *des-, re-*	Palabras de uso frecuente	
impaciente	descubrirá	casa	pero
imposible	despreocupada	con	por
incapaz	refrescarnos	hoy	se ora
incre ble	reposando	la	una
inquieta		no	y
insoportable			

La hormiguita inquieta va
a visitar a la señora Abeja.
Hoy el calor es insoportable.
Se cubre con una hoja reseca.

—Hormiguita, ¿qué haces
por aquí? —pregunta la mariposa
despreocupada—.
¿Por qué no estás en tu casita?
—Es increíble, pero me he perdido.

—¡Y con este calor!
Yo soy incapaz de soportarlo.
—Sí, es imposible andar.
—¡Vamos a mi casa a refrescarnos!

Nombre ______________________

Prefijos *in-/im-, des-/re-*

Palabras de ortografía				
imposible	imborrable	justo	incómodo	impaciente
desgana	descansar	despegar	recalentar	relleno

Escribe los prefijos *in-/im-, des-/re-*. **Recuerda** que antes de *b* y *p* debes escribir *m*, y que antes de *v* debes escribir *n*. **Escribe** cada palabra.

1. Este marcador es ________ borrable. ______________
2. Se puso ________ paciente en clase. ______________
3. No voy a ________ calentar la sopa. ______________
4. Hay que ________ pegar la calcomanía. ______________
5. Fue ________ posible comunicarme contigo. ______________
6. Es una línea casi ________ visible. ______________
7. El pepino está ________ lleno de queso. ______________

Actividad para la casa Su niño o niña ha completado oraciones con las palabras de ortografía. Pídale que escriba otras oraciones usando las palabras de ortografía.

Nombre ______________________________

Preposiciones y frases preposicionales

Imagina que ayudas a plantar un jardín o un huerto.

Escribe sobre lo que sucede. **Usa** algunas preposiciones y frases preposicionales.

Actividad para la casa Su niño o niña aprendió a usar las preposiciones al escribir. Túrnense para escribir oraciones que tengan preposiciones y frases preposicionales.

Nombre ______________________

Prefijos *in-/im-, des-/re-*

Palabras de ortografía				
imposible	incansable	injusto	incómodo	impar
desgana	descansar	despegar	recalentar	relleno

Lee las palabras del recuadro. **Agrega** *in-/im-, des-/re-* para formar una palabra de ortografía. **Escríbela.**

lleno	cómodo
posible	cansar

1. ______________ 2. ______________
3. ______________ 4. ______________

Encuentra una palabra de ortografía en cada fila de letras. **Enciérrala** en un círculo. **Escríbela.**

5. l i n c a n s a b l e x ______________
6. m x i n j u s t o l e q ______________
7. r e c a l e n t a r w z ______________

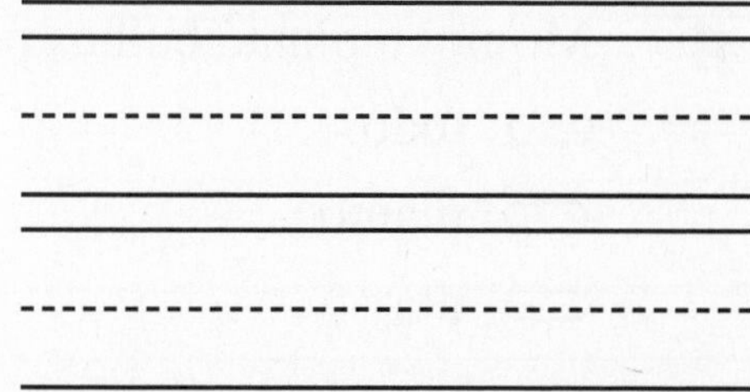

8. ñ p d e s g a n a r s ______________
9. t v i m p a r b x k i ______________
10. x k d e s p e g a r ñ ______________

Actividad para la casa Su niño o niña está aprendiendo a escribir palabras con prefijos *in-/im-, des-/re-*. Ayúdele a buscar palabras con prefijos *in-/im-, des-/re-* en un periódico.

Nombre ______________________________

Preposiciones y frases preposicionales

Una preposición es la primera palabra de un grupo de palabras llamado frase preposicional. Algunas preposiciones son *a, en, de, con, para, por, sin, sobre* y *desde*. Marca las palabras que son preposiciones.

1 El lote estaba rodeado por casas como la suya.

- ⊂⊃ lote
- ⊂⊃ la
- ⊂⊃ por

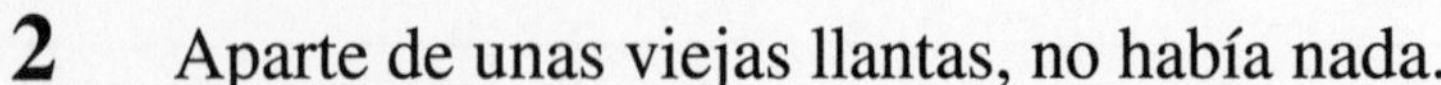

2 Aparte de unas viejas llantas, no había nada.

- ⊂⊃ había
- ⊂⊃ de
- ⊂⊃ unas

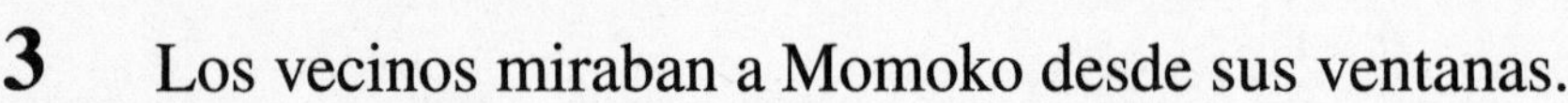

3 Los vecinos miraban a Momoko desde sus ventanas.

- ⊂⊃ desde
- ⊂⊃ sus
- ⊂⊃ Los

4 Momoko plantó bulbos por todo el lote.

- ⊂⊃ todo
- ⊂⊃ plantó
- ⊂⊃ por

5 Algunos vecinos ayudaron a Momoko.

- ⊂⊃ Algunos
- ⊂⊃ a
- ⊂⊃ Momoko

Actividad para la casa Su niño o niña se preparó para tomar un examen de las preposiciones y las frases preposicionales. Léale en voz alta su cuento preferido. Pídale que le diga "¡Ya!" cada vez que oiga una frase preposicional.

Lecciones del proceso de la escritura

Nombre ______________________________

Tabla del cuento

Llena esta tabla del cuento como ayuda para organizar tus ideas. **Escribe** tus ideas en oraciones.

Título ______________________________

Principio

↓

Medio

↓

Final

Nombre ______________________

Usa palabras que digan cómo te sientes

Escribe una palabra de la casilla para decir cómo se siente el autor.

Usa cada palabra una vez. Los dibujos te pueden ayudar.

Banco de palabras
feliz
triste
asustado
enojado

1. Mi hermano tomó mi libro.

Me siento ______________________.

2. Gané un premio.

Me siento ______________________.

3. Mi mejor amigo se mudó.

Me siento ______________________.

4. Me gruñó un perro.

Me siento ______________________.

Nombre ______________________________

Agregar una palabra, frase u oración

Lee cada conjunto de oraciones. **Responde** la pregunta.

1. ¿Qué palabra añadió el escritor? Escribe la palabra.

   Vi un pez.

   Vi un pez grande.

   ____

2. ¿Qué frase añadió el escritor? Escribe la frase.

   El pez nadó.

   El pez nadó hacia mí.

   ____

3. ¿Qué oración añadió el escritor? Escribe la oración.

   Después el pez nadó lejos.

   Después el pez nadó lejos. Yo me reí.

   ____

Nombre ______________________________

Guía de autoevaluación

Marca *Sí* o *No* sobre la voz de tu cuento.

	Sí	No
1. Usé palabras que dicen cómo me siento.		
2. Usé una o más palabras que describen.		
3. Usé una o más palabras que muestran acción.		

Responde las preguntas.

4. ¿Cuál es la mejor parte de tu cuento?

5. ¿Cuál es una cosa que le cambiarías a este cuento si lo pudieras escribir otra vez?

Nombre ______________________

Tabla del formato de carta

Llena esta tabla del formato de carta como ayuda para organizar tus ideas. **Escribe** tus ideas en oraciones.

¿Para quién es la carta?

____

¿Cuál es la idea principal de la carta?

____

¿Qué detalles apoyan la idea principal?

____

¿De quién es la carta?

____

Nombre ______________________________

Usar el formato de carta correcto

Escribe la fecha, el saludo y la despedida de la casilla para completar la carta. **Pon** las comas en los lugares correctos. **Escribe** tu nombre al final.

Banco de palabras
Atentamente
4 de mayo de 2011
Querida Sra. Allen

____

____

Usted trabaja muy bien. Siempre está ahí.

Se ocupa de que los niños lleguen seguros a la escuela.

Gracias.

____

____

Nombre ______________________

Borrar una palabra, frase u oración

Lee las oraciones. **Sigue** las instrucciones.

1. ¡La alarma de incendios era tan tan fuerte!

   Borra o saca la palabra que no es necesaria. Escribe la oración.

2. Juan estaba asustado y miedoso.

   Borra la frase que no es necesaria. Escribe la frase.

3. Juan se dio cuenta de que no había un incendio. El bombero dijo que no había un incendio.

   Borra la oración que no es necesaria. Escribe la otra oración.

Nombre ______________________________

Corregir I

Corrige estas oraciones. **Busca** los errores de gramática, puntuación, mayúsculas y ortografía. Usa marcas de corrección para mostrar las correcciones.

Marcas de corrección	
Borrar (Sacar)	∂
Agregar	^
Ortografía	⬭
Mayúscula	≡
Minúscula	/

1. Las niñas crusan la calle.

2. Ellos necesitan ayuda

3. El Sr. james los ayuda.

4. Las niñas es felices.

5. Nosotros tienen muchos ayudantes.

Ahora, corrige el borrador de tu carta. Sigue las instrucciones de tu maestro. Después, usa tu borrador para hacer una copia final de tu carta. Por último, publica lo que escribiste y coméntalo con los demás.

Nombre ______________________________

Tabla de idea principal y detalles

Llena la tabla con la idea principal y los detalles de tu artículo expositivo. **Escribe** tus ideas en oraciones.

Idea principal

Detalle

Detalle

Detalle

Nombre ______________________________

Verbos expresivos

Añade un verbo expresivo del recuadro a cada oración.

Banco de palabras
zumba brilla
dobla nada salpica

1. El lago ______________________ con el sol.

2. Un pato ______________________ hacia la orilla.

3. El agua ______________________ en las rocas.

4. El pasto se ______________________ con el viento.

5. Una abeja ______________________ en mi oído.

Nombre ______________________

Agregar o borrar una frase u oración

Lee las oraciones. **Sigue** las instrucciones.

1. Los pájaros vuelan.

   Agrega una frase a la oración. Di dónde vuelan los pájaros. Escribe la nueva oración.

2. Los pájaros comen pasto.

   Agrega una oración. Di por qué los pájaros comen pasto. Escribe la oración nueva.

3. Las hojas de otoño son rojas en el otoño.

   Borra la frase que no es necesaria. Escribe la nueva oración.

4. Hay muchos árboles. El bosque tiene muchos árboles. Algunos son altos y otros son bajos.

   Borra la oración que no es necesaria. Escribe las otras oraciones.

Nombre ______________________________

Corregir 2

Corrige estas oraciones. **Busca** los errores de gramática, puntuación, mayúsculas y ortografía. Usa marcas de corrección para mostrar las correcciones.

Marcas de corrección	
Borrar (Sacar)	∂
Agregar	^
Ortografía	⬭
Mayúscula	≡
Minúscula	/

1. La playa tiene grandes ola.

2. Se llama así por will rogers.

3. ¿ay caracoles en la arena?

4. El agua se siente muy fría

5. El aire uele a sal.

Ahora, corrige el borrador de tu artículo expositivo. Corrígelo según las instrucciones de tu maestro. Después, usa tu borrador para hacer una copia final de tu artículo. Por último, publica lo que escribiste y coméntalo con los demás.

Nombre ______________________________

Tabla del cuento

Llena esta tabla del cuento como ayuda para organizar tus ideas.
Escribe tus ideas en oraciones.

Título ______________________________

Principio

↓

Medio

↓

Final

Nombre ______________________

Adjetivos

Añade un adjetivo del cuadro a cada oración.

Banco de palabras

fuerte cinco
alto soleado silvestres

1. Era un día ______________ de primavera.

2. María oyó ______________ graznidos.

3. Los patos ______________ tienen un nido.

4. Fue en el pasto ______________ .

5. María vio ______________ patitos.

Nombre ______________________

Agregar o borrar una palabra o frase

Lee las oraciones. **Sigue** las instrucciones.

1. Tim caminó.

   Agrega una frase a la oración. Di a dónde caminó Tim. Escribe la nueva oración.

2. Tim tiene un juego.

   Agrega una palabra a la oración. Di más sobre el juego. Escribe la nueva oración.

3. Tim y Juan se divierten con el juego divertido.

   Borra una palabra que no necesites. Haz una línea sobre la palabra.

4. Tim dejó su juego y lo olvidó en la casa de Juan.

   Borra una frase que no necesites.

Nombre ______________________________

Corregir 3

Esto es parte de un cuento realista. **Corrige** este párrafo. **Busca** los errores de gramática, puntuación, mayúsculas y ortografía. **Usa** marcas de corrección para mostrar las correcciones.

Marcas de corrección	
Borrar (Sacar)	∂
Agregar	^
Ortografía	⬭
Mayúscula	≡
Minúscula	/

A Luisa le encantaba ler. Su libro favorito era sobre una niña y su perro. Luisa le el libro todas las noches. Un día el libro se perdió. Luisa lo buscó por todas partes esa noche ella estaba triste. No podía leer su libro favorito. No podía domir. Su almohada se sentía dura. Miro debajo de la almohada. ¡Allí estaba su libro! Luisa estaba muy coteta.

Ahora, corrige el borrador de tu cuento. Corrígelo según las instrucciones de tu maestro. Después, usa tu borrador para hacer una copia final de tu cuento. Por último, publica lo que escribiste y coméntalo con los demás.

Nombre ___________________________

Gráfica S-Q-A

Vas a escribir un informe sobre los diferentes tipos de carros. Con la asistencia de tu maestro, **llena** esta tabla como ayuda para organizar tus ideas. **Escribe** tus ideas en oraciones.

Lo que Sé	Lo que Quiero saber	Lo que Aprendí

Después de llenar la tabla, revisa el tópico, con la asistencia de tu maestro, para averiguar qué carros son los más baratos y cuáles son los más caros y por qué.

Si pudieras comprar uno de estos carros, ¿cuál comprarías y por qué?

Nombre ______________________

Característica de la escritura: Oraciones

- Usa toda clase de oraciones: enunciados, preguntas, mandatos y exclamaciones.
- Usa diferentes principios. No comiences muchas oraciones con *yo*, *él* o *ella*.

Escribe la letra de cada oración a la par de la palabra que identifique la clase de oración que es.

(A) ¿Quién es Alexander Graham Bell? **(B)** Él inventó el teléfono. **(C)** ¡Es un invento maravilloso! **(D)** No hay que olvidar su trabajo con personas sordas.

1. Enunciado: ______________
2. Pregunta: ______________
3. Mandato: ______________
4. Exclamación: ______________

Cambia las palabras en cada oración para que comiencen con la palabra subrayada. **Escribe** el párrafo.

Ejemplo: Ella inventó un juego nuevo la semana pasada.

Respuesta: La semana pasada ella inventó un juego nuevo.

Ella jugó el juego hoy. Lo cambió más tarde. ¡Le gusta más ahora!

Nombre ______________________________

Agregar o borrar una palabra u oración

Lee las oraciones. **Sigue** las instrucciones.

1. Kate inventó un juguete.

   Agrega una palabra para describir el juguete. Escribe la nueva oración.

2. El juguete puede cantar.

   Agrega una oración. Di qué más puede hacer el juguete.

3. El primer papalote fue una enorme gigante hoja.
   Borra una palabra que no se necesite. Haz una línea sobre la palabra.

4. La primera rueda de Chicago medía 250 pies de altura. ¿Cuánto mide la Estatua de la Libertad? Muchas personas podían divertirse en la rueda de Chicago.
   Borra la oración que no forma parte del texto. Haz una línea sobre la oración.

Nombre ___________________________

Guía para la autoevaluación

Marca Sí o **No** en la oraciones sobre tu informe.

	Sí	No
1. Usé hechos en mi informe de investigación.		
2. Usé diferentes tipos de oraciones.		
3. Usé diferentes comienzos en mis oraciones.		

Responde las preguntas.

4. ¿Cuál es la mejor parte de tu informe?

5. ¿Cuál es una cosa que cambiarías de este informe si lo pudieras volver a escribir?